本书系国家社会科学基金项目资助成果（15BGL108）

温州大学浙江省温州人经济研究中心资助

企业家隐性知识

家族企业持续发展与企业家成长

余向前 著

浙江大学出版社
ZHEJIANG UNIVERSITY PRESS

前　言

　　家族企业作为一种企业组织形式历久而弥新,对于世界各国的经济发展和社会进步发挥着难以替代的作用。在中国,随着创业企业家年龄的增长和创新技术的涌现,家族企业正迎来最关键的第一次"交接班时刻"——代际传承。据研究证实,中国的家族企业已经进入代际传承的高峰期,然而无论是中外企业实践还是科研成果都显示,家族企业代际成功延续的往往是少数,所以代际传承已经成为家族企业持续发展中面临的首要挑战。已往家族企业传承研究领域一直将重点聚焦在基于企业资源观的权力传递上,遗憾的是这一世界性难题至今难以被有效破解。随着企业知识观在家族企业研究领域的深入发展,许多实证研究表明,嵌入企业家身上的隐性知识是一笔战略性资产,家族企业比起非家族企业能够更有效地代际转移,所以代际转移的企业家隐性知识被认为是解决这一难题的关键所在。作为企业"家族性"部分的企业家隐性知识,对于企业竞争优势的发挥和保持具有重要意义,识别代际转移的企业家隐性知识的内涵及其影响对于家族企业代际传承具有特殊的理论和现实意义。

　　通过对企业实践和理论前沿动态的追踪,本书主要探究在中国家族企业的情景下,代际转移的企业家隐性知识对家族企业传承影响的机理,提出企业家隐性知识的有效转移能够改善家族企业成功传承结果,以及在企业家交接班意愿发挥中介效应的观点。通过对大量相关文献的梳理,笔者发现在探索家族企业代际传承的研究中,识别的隐性知识特别是企业家隐性知识内涵的研究方法以质性研究为主,较少涉及定量的统计分析;而且在有限的实证研究中,学者借鉴或引用测量量表的时候,没有对知识转移与隐性知识转移进行明确区分,导致早期研究隐性知识与知识的测量量表常常会混淆使用。所以真正意义上适合家族企业这种特殊组织的企业家隐性知识测量量表亟待开发。课题组通过对 21 位企业家进行深度访谈和谈话数据收集,运用扎根理论对数据编码,从而获取的"企业家意识""企业家精神""个体社会网络"是家族企业代际转移的企业家隐性知识的三个主范畴,然后通过探索性因子分析(EFA)、验证性因子分析(CFA)和信效度实证检验构建了家族企业代际转移的企业家隐性知识测量量表。在对量表题项的解释性判断上,采用因子分析降维获取三个公共因子,最终命名为"诚信好学""企业家精神"和"个体社会网络"维度。

根据上述代际转移的企业家隐性知识量表测量,笔者分析了其对家族企业成功传承的影响机理。大量问卷调查数据显示,企业家诚信好学和个体社会网络要素的代际转移对家族企业成功传承具有显著的正向影响;企业家诚信好学要素的转移对两代企业家交接班意愿都具有显著的正向影响。当两代企业家交接班意愿同时发生作用时,在任企业家的交班意愿会极为显著地影响成功传承,同时在任企业家交班意愿对企业家的诚信好学要素和成功传承的关系存在完全中介效应,从而推动家族企业"家业长青"。

企业家作为特殊个体,其成长过程中的学习行为具有个体学习的通性,又具有企业家学习的特殊性。企业家学习行为主要分为正规教育、社会关系网络和入职前后经验性学习,实证结果显示,企业家通过入职后经验性学习行为提高自己的能力,从而影响企业动态能力,即企业家能力完全对入职后经验性学习与企业动态能力产生中介效应。这样的结果可以解读为:第一,企业家的学习行为并不能直接影响企业动态能力,符合 Nonaka 和 Takeuchi(1995)提出的知识创造理论,企业家只有通过学习行为把外部显性知识内部化(internalization)为个体隐性知识,即转化并吸收成为自身的能力之后,才能在企业管理中把自身的隐性知识社会化(socialization)、外部化(externalization),从而影响企业持续发展的核心能力,即企业动态能力(Teece et al.,1997),解决如何维持企业竞争优势长期有效的问题;第二,企业家学习是一个持续不断、长期积累的过程,具有路径依赖性。本研究从动态演化视角解释企业家学习对于企业家成长的重要性,为企业家学习明确了切实可行的行为路径。进而研究显示,要维系企业动态能力,那么有效的学习应发生在解决问题的过程中,高自我效能的企业家经历了"成长中的痛苦"才能得到成长,这是企业家对创业环境适应的一种表现,也是一种自我能力的强化。

　　"轮流坐庄"机制是研究家族企业动态能力创新的有力分析工具,家族企业通过轮流坐庄机制不断打破现有束缚,利用新的知识与能力推行新的制度举措,传承动态能力,实现家族企业资源的优化配置和跨代际成长诉求。本研究运用理论驱动型案例研究方法,有针对性地选择了已有近40年历史,并成功实现了两代传承的温州 TL 公司作为案例研究对象,通过发掘有力的案例事实去验证家族企业"轮流坐庄"与跨代际成长的理论依据。深入研究案例后发现,知识创新与制度创新是进行"轮流坐庄"机制的根本动力所在,家族企业通过不断提升企业内部学习能力、资源整合能力和环境适应能力等一系列行为,可以突破现有约束,从而实现家族企业动态能力传承与跨代际持续发展。

　　本研究的创新体现在,关注家族企业传承研究中实质性影响因素——代际转移的企业家隐性知识。首次量化家族企业代际转移的企业家隐性知识内涵,并实证确认了家族企业传承研究内在实质;首次基于实证研究分析了代际转移的企业家隐性知识对家族企业成功传承影响的机理;首次基于统计数据检验了要维系家族企业持续发展,企业家入职后持续不断的学习过程具有路径依赖性。从现实的角度,本研究为家族企业实现持续发展和企业家成长提供了具有可操作性的具体内容,为地方政府行政决策的制定提供了理论依据。

目　录

第1章 导 论

1.1 研究背景

　　家族企业是一个古老的企业组织形式,在私有制的条件下,历史上最早的企业均是家族企业。历经历史变迁,许多知名企业时至今日仍然是家族企业。在企业管理研究中,由于家族企业早期家族式管理的"弊端",这些先天优势相伴的家族企业特殊性导致家族企业往往被认为是低效、落后和需要被替代的代名词。若果真如此就很难解释为什么世界上多数企业主动选择了这种所谓"落后"的制度(栗战书,2003)。仍有许多从事企业管理研究的学者从现代管理学发展的视角出发,认为家族企业研究缺乏新意。然而,家族企业作为一种常见的组织形式,具有旺盛的生命力,对全球经济具有实质性的影响(Boisot & Child,1996)。资料显示,在世界范围内,经济发达国家企业数的80%~95%是家族企业(Nordqvist & Melin,2010);在美国所谓广义的家族企业创造的国内生产总值高达64%,提供了约62%的就业机会(Astrachan & Shanker,2003);加拿大小型家族企业(员工人数少于100人),是加拿大经济结构中占据着最大份额的经济体,贡献雇佣的48%,占据GDP的26%,代表加拿大98%企业数(Canada,2011);在众多欧洲国家中排名前15位的家族企业控制了上市公司整体股份比例的20%以上;在东南亚各国和地区中这种现象更加明显,家族企业控制了这些区域绝大部分经济主体。由此可见,家族企业对所在国的经济贡献作用非常明显。

　　然而,家族企业在发展的过程中总是难逃"富不过三代"的挑战。家族企业在代际传承之时,往往最容易受到伤害,美国家族企业研究显示,家族企业的平均寿命仅 24 年,所以创业企业家正常退休或者突然离开的时候,一般伴随着企业生命的终结(Alcorn,1982)。Astrachan(2000)估计,美国家族企业成功传承到第二代、第三代和第四代的比例分别只有 30%、12% 和 3%。显然家族企业传承失败是其持续成长中面临的重要挑战,所以自 20 世纪中期开始,代际传承问题就成为西方家族企业研究中最为关心的热点。虽然当前学术研究大都将重心放在了代际间权力传递上,但无论是学术界还是现实企业,对家族企业成功代际传承的作用机理研究还仅仅停留在初级阶段,难以真正有效破解这一世界性难题。很多学者开始反思已有研究中存在的问题,其中分析并讨论家族企业代际有效转移的企业家隐性知识被认为是解决难题的关键(Cabrera-Suárez, De Saá-Pérez & García-Almeida, 2001)。知识以显性或者隐性的形式存在(Polanyi,1966),但是作为企业的"家族性"①(Habbershon & Williams,1999)部分知识的本质是隐性的。企业家和其他关键个人拥有隐性知识,这些隐性知识对于企业的竞争优势的发展和保持具有重要意义,与非家族企业相比,它们更具重要性(Cabrera-Suárez, De Saá-Pérez & García-Almeida, 2001; Dyer, 2003; Osterloh, Frey & Frost, 2002)。嵌入到企业家身上的隐性知识是一笔战略性资产,在家族企业比起非家族企业更为有效转移(García-Almeida, 2001)。

中国改革开放 40 多年,家族企业研究也面临着类似的问题。20 世纪 70 年代末中国大地由计划经济走向市场经济,以家庭为单位的组织开始涌现,并且掀起了巨大的浪潮,家族(民营)企业出现快速成长的景象。进入 21 世纪,民营经济的合法地位和重要作用在国民经济中获得认同,作为主体组织的家族企业发展也影响着中国整体经济发展的趋势。根据 2017 年中国统计年鉴的资料,我国规模以上工业企业(年主业务收入在 2000 万元及以上的工业企业)中,私营企业有 214309 家,占总数的 56.6%,相比之下国有企业占据总企业数的 0.65%;私营企业的利润总额是 25495 亿元,占总利润的 35.4%,而国有企业占总利润的 2.4%。由此可见,无论是经济发达的欧美国家,还是经济高速发展的中国,私营(家族)企业都在国民经济发展中发挥着重要的作用。特别是在我国,各经济区域发展态势不同,简单依靠国有经济难以解决中国经济的现实问题。如就业压力大,难以有效吸收剩余闲散劳动力的情况下,

---

① 关于"家族性"的概念将在家族企业代际转移的企业家隐性知识的理论基础中详细论述。

占据民营经济绝大部分比例的家族企业对解决社会就业等问题具有极其重要的现实意义,所以家族企业研究是当下一个具有时代意义的话题(储小平,2000)。

中国的民营企业大都以家族企业的形式存在,在它们相继创业成功之后,又将面临严峻的代际传承问题。由于目前中国社会低规范程度的信息特征,家族制可能比市场和科层制更有效率(陈凌,1998)。所有在改革开放之后创办的家族企业都经历了中国市场化改革,那些下海经商的老一辈家族企业的企业家现在都已年届交接之时,今后的 5 年或者 10 年将是家族企业代际传承的高峰期(余向前,2009)。然而,对家族制度研究的漠视程度,中国经济学者的态度是令人惊异的(李新春,1998)。在我国,面对正在或者已经进入交接班时期的家族企业,继任计划实施的正规程度不是很高,有书面计划的仅占6.2%,剩下 93.8%中包括没有考虑(24.1%),仅仅是停留在头脑中的概念(12.4%),大部分人还是处于初步(34.5%)、朦胧的打算(22.8%),而没有形成正式文字化的计划,体现了中国继任计划是一种比较含蓄的、非正式的形式并停留在现任企业主的脑海中(余向前,2010)。随着中国经济改革开放不断深入,民营经济发展日益壮大,家族企业传承危机逐步显现,深圳证券交易所上市公司海翔药业易手,创始人罗邦鹏耗费了 40 年将一个乡镇日化工厂打造成上市公司,其子罗煜竑上任不到 4 年时间,清空其持有的海翔药业 5940 万股股份,江山易主,不再姓罗;作为中国第二大民营钢企的海鑫破产重整进入法律程序,在这钢铁行业由"辉煌"走向"落寞"的十年里,年轻的企业接班人李兆会远离主业钢铁,而频频游走于资本市场……种种案例显示,兴趣相异、企业治理关键要素缺乏的传承等与家族企业的失败具有直接的联系。因此,研究家族企业持续发展的影响因素及其作用机理,从而通过有效传承过程来破解传承危机,实现家族企业持续发展和企业家健康成长,已经成为当前中国经济高质量发展的重中之重。

在这种背景下,基于代际转移的企业家隐性知识研究对家族企业持续发展影响的动力机制,很可能是破解家族企业代际传承难题,促进企业家健康成长的重要途径。企业家隐性知识是家族企业战略性资源,如何实现创业企业家隐性知识的有效甄别和转移,一直是家族企业代际传承中的核心问题。这些企业家隐性知识的代际转移方式及其影响因素,很可能会对家族企业持续发展及企业家成长产生重要影响。由此,从企业战略管理和知识管理的双视角切入家族企业发展,具有特殊的理论和现实意义。

　　本研究是目前国内首次关于家族企业的企业家隐性知识代际转移的内涵及其对家族企业成功传承影响机理的来自企业家问卷调查的实证性研究成果。家族企业的企业家隐性知识与普世的隐性知识及其转移在性质上存在着差异。这是因为,员工或组织间的隐性知识大都追求隐性知识的"显性化"过程,从而实现扩大企业竞争优势的目标。而企业家的隐性知识追求个体对个体的隐性转移,显然不存在知识显性化的过程。并且企业家隐性知识的转移并不是简单的知识转移,而是通过实践学习锻炼,以"干中学"和"师徒制"为主要形式的亲自授受的转移,所以在内容和形式上存在差异。Kogut 和 Zander (1992)认为企业家的技术诀窍等是一种无法编码化的知识内容,即内隐程度高的知识,正因为其难以具体化或编码化,所以必须通过高度的沟通互动方式来传递和学习,如以"干中学"的方式来获取。同时,内隐性程度越高的知识,对个体的依附性和对情境的依赖性就越强(Spender,1996),如果所传递的知识内隐性程度很高,比如企业专有的某些技术能力等类型知识,知识传递就需要依靠拥有知识的组织成员(Inkpen & Dinur,1998)。由于知识的缄默性会带来知识传递、解释、理解及吸收的困难,因此,隐性知识必须通过双方不断地互动、沟通、协调而得以分享,并借由外物来辅助、增强对知识内涵的了解,所需的互动频率亦需相对地增加(Tiemessen et al. ,1997)。

　　这些未完善之处也正是本研究所需要关注和解决的问题,亦是本研究的意义所在。

　　(1)加强基于知识观的家族企业代际传承理论基础研究是当前研究的重点

　　代际传承是家族企业研究领域中的重要问题。目前的研究者大多为经济学者和政府相关责任部门,论文也主要发表在经济类的刊物内。现有的研究采用不同的方法,如经济理论、模型或者调查研究,提出宏观政策性的对策。再有管理学者开始逐渐关注家族企业代际传承问题,也主要是基于所有权为基础的企业资源观视角,如继任影响因素,所有权和经营权如何顺利交接等。所以,现实中很容易忽视的是基于知识观的企业家知识和能力等软实力的代际传承研究,尚未形成符合时代变化需要的系统性理论体系。为什么会产生这种结果呢? 纵观这些研究,我们很容易发现,知识观的代际传承理论基础还相对薄弱,比如家族企业以知识为基础的资源包括哪些内容? 企业家隐性知识的内涵、定义、框架又是什么? 在家族企业代际传承的过程中,需要转移哪部分企业家隐性知识? 知识的传递需要家族企业两代企业家如何配合? 最终为了家族企业持续成长,接班企业家需要进行创新的知识又是什么? 基于知识观对家族企业代际传承开展实证研究之前,必须对相应的理论基础进行总结、归纳和发展,从而使不同的研究结论能够形成一个系统的代际传承理论体系。

(2)企业家隐性知识的转移决定家族企业核心能力的延续,是企业竞争优势的关键

家族企业传承的失败,很大程度上源自企业核心能力传承的失败。企业家隐性知识作为企业核心能力的关键,对家族企业传承和发展的影响是十分深远的。

就家族企业的知识特性而言,与一般企业相比,家族企业中的知识通常是异质性的、高度个人化的,以企业家隐性知识的形式存在。Lee(2003)等指出,许多家族企业都是高度异质化的,企业内即等同家族内的信息异质性为家族后代成为创业者或企业家提供了可能。家族后代的第一个功能是成为知识积累、分享、互动、传递的载体,而创业者正是从知识的异质性中获取利润。在具有传承意图的家族企业中,企业家往往成为知识尤其是隐性知识的传播者、分享者,通过知识的共享提高下一任企业家的创新创造能力。家族后代在获得了家族和企业内的隐性知识后,其创业的成功性就会大大增加,这也是创业者从异质性信息中获利的根本。因此,从传承的角度来看,家族后代从知识传递者那里学习、获取隐性知识,并转化为企业核心能力的竞争优势。

(3)当前研究集中关注企业层面的财富和权力的代际传递,对知识转移的关注及其构成体系的研究薄弱

创业初期家族企业更多依靠的是第一代企业家强烈的开拓精神以及敏锐的市场触角等要素,从而成为市场竞争的佼佼者。而家族企业能否成功延续,取决于那些给企业带来竞争优势的独特要素能否进行代际转移与传递。Drozdow(1998)认为家族企业代际传承意味着一个或者几个核心要素的传递,不是所有要素的转移,也不可能把所有要素都进行传递。对于第一代家族企业来说,那些能够给企业带来独特竞争优势的要素往往是企业家个人专有而不是企业专有的,并以企业家隐性知识(诀窍)的形式存在(Lee & Lim,2003)。延续 Drozdow 的研究思路,Lambrecht(2005)通过案例分析方法研究认为家族企业代际传承是一个长期的连续性过程,在该过程的创业时期必须将专业知识、管理理念、企业家特质以及企业家精神等企业家隐性知识由现任者转移给下一代企业家。Tan 和 Fock(2001)在对影响新加坡华人家族企业

成长和代际延续的关键因素进行研究时发现,继承人是否具备像他们长辈那样的企业家领导能力和企业家精神,以及他们是否继承了长辈的关系网络或者价值观,是决定家族企业能否成长和代际传承能否成功的关键因素。

这些学者的研究成果给本研究提供了可以借鉴的思路,即家族企业传承不仅仅是权力的传承,同时也是知识的转移,尤其是隐性知识的转移,但是我们也发现目前研究存在一些缺陷,企业家隐性知识具体包括哪些内容,受到哪些因素的影响以及转移过程是怎样的,都没有系统的研究结果。对于这些问题的研究将有助于企业有效转移企业家隐性知识,以及促进家族企业代际传承理论的发展。而且国内家族企业研究落后于实践发展的需要,虽然不少研究涉及企业家隐性知识的重要性,但是从已有的文献来看,对隐性知识转移的关注及其构成体系的研究依旧是薄弱的。

1.2　研究方法和调研说明

本研究旨在探索企业家隐性知识及其对家族企业持续发展的影响。首先,将采用文献归纳、案例调查和理论演绎相结合的方法对基于知识观的家族企业代际传承模式进行综述研究;然后,以企业家数据库、深度访谈、扎根理论编码和信效度相结合的方法比较分析代际转移的企业家隐性知识具体的内涵结构、转移影响模型;最后通过实证检验、案例分析等方法,分析有效转移的企业家隐性知识对企业绩效和企业利益相关者满意度的影响,从而推动基于知识观的家族企业代际传承理论等发展,为家族企业持续成长提供理论和实践指导。

1.2.1　研究方法

我们研究设计的核心在于完成一项研究时,总体逻辑是否清楚,构成研究项目的各部分之间联系是否清晰(Royer & Zarlowski,2001)。不同的研究方法可以为不同的研究问题提供解答,研究方法基本上可以分为五种(樊景立等,2008),分别是实验法(experiment)、准实验设计(quasi-experiment)、问卷调查(survey)、二手数据分析(second-hand data)和案例研究(case study)。这些方法从研究设计的角度来看并没有优劣之分,对于研究者来说设计研究时需要做的就是为特定研究问题选择最恰当的研究方法。根据本书研究问题的性质,本研究涉及五个主体研究内容,每个部分的研究方案设计有一定的差异性,具体方法如下。

研究内容一:"企业家隐性知识与家族企业持续发展理论文献综述"的研究方案

(1)相关文献分析(archival analysis)。本研究基于企业资源观、企业知识观和家族企业理论等相关领域的文献研究成果,提出家族企业代际转移的企业家隐性知识的研究主题。企业家隐性知识在家族企业研究领域还是一个涉足未深的研究课题,在国内研究刚刚起步。笔者进行了有针对性文献收集、阅读、翻译和整理工作,总共阅读文献1000多篇,其中中文文献300多篇,英文文献600多篇,并且选择性地对其中重要的文献进行精读和全文翻译。这些工作共计完成的两个文献综述《Family Business Review:文献综述》和《国外对家族企业代际转移的企业家隐性知识与成功传承的研究》,并且整理成文献综述形式论文。通过对国内外家族企业研究文献的梳理,笔者对企业家隐性知识和家族企业代际传承理论的历史发展变迁和前沿研究有了基础性的了解和把握。

(2)企业家数据库分析(entrepreneurs database analysis)。笔者与温州市工商业联合会(以下简称"工商联")合作课题研究"家族企业二代企业家健康成长机制研究",通过温州市工商联获取温州地区非公有制经济代表人士基本资料数据库,对包含1218名非公有制经济代表人士的知识文化、职称技能以及社会身份等分布情况进行分析。同时,对数据库中50周岁以上的市工商业联合会执行委员进行分类,根据数据分析的需要,有针对性地对家族企业代际传承情况进行深入的个案调查,对家族企业的企业家在实践中进行案例考察。

研究内容二:"家族企业代际转移的企业家隐性知识测量"的研究方案

(1)案例研究(case study)

本阶段的研究内容是围绕需要转移的隐性知识内涵和转移架构展开的,由于隐性知识具有"黏性"以及不易被对手模仿的特点,我们需要选择使用多重案例研究方法来分析具有中国情景的家族企业中企业家隐性知识有效转移的具体机理和内涵。Yin(2001)认为,多重案例研究得到的证据一般被认为是更加强有力的,相比于单一案例,整个研究常常被认为是相对稳健的。而且多重案例研究讲求典型性,所以不会因为样本大小而引发外部效度问题。

形成针对家族企业创始人及其继任者深入访谈的半结构化访谈提纲,在实施访谈之前,笔者先有针对性地提出"家族企业代际转移的企业家隐性知识"问题,在研究团队内进行了充分的交流、预演和完善。以此访谈提纲,笔者率先对温州市鹿城轻工产业园区、瓯海经济开发区东方路腾旭工业园、温州市望江西路金汇商住广场内的三家正在代际传承的家族企业进行了测试。在对提纲中个别比较特殊的措辞、解释、语法等做出修改之后,笔者通过温州市工商联和各地县工商联的推荐,对温州地区代表性家族企业家进行了正式访谈。

企业家访谈的时间发生在 2010 年 7—9 月,笔者访谈了 21 位企业家,最终以有效样本 19 家代表性企业作为量表设计的题项库,这些企业分别位于温州鹿城区、龙湾区、瓯海区、乐清市等地,涉及制造业、农业、高科技、外贸、房地产等不同行业。

(2)扎根理论(grounded theory)编码

扎根理论(grounded theory)强调对行动和过程的分析(Glaser & Strauss,1967)。扎根理论编码至少包括两个阶段:初始编码和聚焦编码。在进行聚焦编码的过程中一般选择看起来最有用的初始编码,并用这些编码进行广泛的比较检验,通过不断地比较以及应用现有的理论代码,可以使我们最终沿着特定的程序走出荆棘的理论丛林,形成不同于以往的理论体系。

(3)量表检验(verification of scale)

通过扎根理论设定的几个详细步骤,把深度访谈的文字数据转变为理论编码,最终转变为代际转移的企业家隐性知识的具体测量项。为了验证这些全新测量项的信度和效度,本研究采用构建信度、聚敛效度和区分效度等方法对新量表进行验证检验,最终通过验证性检验确认正式的测量调查量表。

研究内容三:"代际转移的企业家隐性知识对家族企业代际传承的影响"的研究方案

此阶段研究通过新开发的需要转移的企业家隐性知识测量模型,定量分析(quantitative analysis)其对家族企业成功传承的影响机理。

(1)研究设计

本研究设计的量表有自变量、因变量、中介变量和控制变量。其中自变量,即代际有效转移的企业家隐性知识采取自主开发量表的形式,而其他变量都是借鉴国内外学者已经开发的成熟量表进行测量。

(2)样本数据收集

本次调研的范围设定在温州地区,调查对象是 50 周岁以上的企业创业者,以及已接班或正在接班的企业家子女(年龄大约在 35 岁)。课题调研从 2010 年 9 月开始,调查总共发放了问卷 214 份,成功回收 143 份,有效问卷

133 份,无效问卷 10 份,回收率为 66.8%,有效问卷回收率为 62.1%。

(3)调查结果数据处理

基于回收的问卷调查数据,本研究使用 SPSS16.0 以及 Lisrel8.0 统计软件对实证数据进行分析。本研究的统计分析方法将包含代际转移的企业家隐性知识的**探索性分析、验证性分析**(结构方程模型 SEM)和**方差分析**(ANOVA),在代际转移的企业家隐性知识——家族企业成功传承影响模型中,运用**描述性分析、多元线性回归分析和中介分析(mediation analysis)**等分析方法。

研究内容四:"企业家成长与家族企业持续发展"的研究方案

企业家的成长得益于自身的学习行为,家族企业持续发展依靠的是企业维系动态的核心竞争力。根据知识创造理论,企业家知识通过企业家自身学习行为转化为企业家能力,而企业家能力影响企业动态能力。所以为了深入研究企业家学习方式与企业家能力以及企业动态能力之间的影响机理,课题组采用了**质性分析(定性分析)和定量分析**的方法进行了系统性的研究。其中质性分析部分以温州地区典型的成功代际传承的企业为对象进行**单案例分析(single-case analysis)**,构建理论模型,然后结合实际案例进行剖析。

在定量分析方面,课题组拓宽了调研范围,由温州地区拓宽到浙江省周边区域。浙江省是民营经济大省,扩大范围可以增加样本的代表性,所以调研数据采集是利用大学生暑期社会实践活动,由当地学生与企业家一对一进行问卷调查完成的。

问卷调查的对象设定为新生代企业家(45 周岁以下的企业家)和第一代创业企业家,研究的区域主要控制在浙江地区同时少量辐射周边民营经济发达省份,问卷变量的测量采用 6 级 Likert 量表的形式。调查时间为 2015 年 5 月至 9 月,本次调查总共发放问卷 350 份,成功回收 292 份,有效问卷 280 份,无效问卷 12 份,回收率是 83.4%,有效问卷回收率是 80.0%。

在统计方法方面,也是采用数据统计分析方法,使用 SPSS 以及 Lisrel 统计软件对实证数据进行分析。统计分析方法包含企业家学习的探索性分析、验证性分析和方差分析,然后运用描述性分析、多元线性回归分析、中介分析以及混合模型等分析方法。

研究内容五:"政企纽带:家族企业'青蓝接力'与企业家健康成长"的研究方案

本次调研的范围限定在温州地区的民营企业,调查对象是新生代企业家,其中包括创业企业家和企业家二代。课题调研从 2017 年 6 月底开始,于

2018 年 8 月中旬结束。

课题组主要采取以下三种调研方式。

其一,由温州市委统战部主导带队,偕同温州大学商学院调研队、温州网调研队以及世界温州人杂志社记者等采风团对温州市各个县市区的"青蓝接力"培养行动中优秀代表人物逐一进行深入访谈。课题组对 21 家企业规模较大、已经完成接班或者正在接班过程中的新生代企业家及其父辈企业家分别进行谈话。

其二,针对 45 周岁以下新生代企业家全区域纵横相结合进行问卷调查。问卷总体分为八个部分,分别是新生代企业家基本情况、企业家代际隐性知识传承、企业家能力、企业动态能力、企业家特质、企业家学习行为、企业持续优势以及填写人基本情况等。调查在温州地区纵向通过市委统战部向各级县市区下级统战部下发问卷,横向通过温州市新生代企业家联谊会等民间协会①总共发放问卷 290 份,成功回收 276 份,有效问卷 199 份,无效问卷 77 份,回收率为 95.2%,有效问卷回收率为 68.6%。

其三,温州大学商学院调研队单独针对新生代企业家代表性人物进行走访,充分听取新生代企业家对于市委统战部"青蓝接力"培养行动的意见和建议,从学术中立的视角引导企业家讲真话、说实话。

1.2.2　调研说明

基于企业知识观视角对家族企业持续发展进行研究,我们可以发现中国对于家族企业的企业家隐性知识代际转移的具体内涵的理论研究刚刚起步,而本研究正是基于我国家族企业发展的现状,运用科学的测量方法对此定义进行验证性实证研究。但是,对于我们需要研究的问题而言,它所包含的信息是不够的,需要有针对性地对各个变量和理论假设进行验证性调查,通过数据库来论证和分析研究主题。

首先需要说明的是,从课题组数次调研样本的构成来看,制造业占据大部分比例,会不会导致结论的外部性不高? 在我国经济改革发展的初级阶段,由于原始资金积累,中国的家族企业大都起家于资金成本较低的制造业领域,相对于一些需要高资金投入、高科技含量的领域行业,中国的家族企业分布是不

---

①　本调查报告中提到的"协会"是指除政府职能部门以外由商人自发或者非自发组成的团体。如商会、联谊会、企联会等。

均匀的。所以,从国内家族企业调查样本构成比例来看,家族企业中制造业的比重过高是一种普遍现象,不存在结论的外部性问题。类似调查报告结果都证明了我们调查信息的普遍性,例如 2005 年我国第一部《中国民营企业发展报告》蓝皮书正式面世,该报告由中华全国工商业联合会(以下简称"全国工商联")编写。蓝皮书系统回顾了我国民营企业 20 多年的发展史,也对当前民营企业发展的现状做了一系列详尽的描述。民营企业多集中在制造业和商业,根据全国工商联对上规模民营企业的调研结果,从三次产业划分的角度看,上规模的民营企业,主要集中在第二产业(79%)和第三产业(20%),第一产业企业仅占 1%。在第二产业中,民营企业主要集中在制造业(74%)和建筑业(3%);在第三产业中,民营企业主要集中在商业、餐饮业、综合类和房地产业。这其中九成以上是家族企业,家族企业是我国民营企业的主体部分。300 多万家私营企业中 90% 以上是家族企业,在这些企业中,绝大部分实行家族式管理。根据历次《福布斯》中文版首次发布的《中国现代家族企业调查》结果,从样本企业所属行业构成来看,在 A 股上市的家族企业中,制造业的比重高达 93%,在 H 股上市的家族企业中这个比例也达到 92%。

在我们的研究中,容易受到质疑的也包括测量变量的内生性问题,内生性偏误在当代实证研究中常常受到关注,而克服内生性偏误与数据和方法密切相关。在具体的实证研究中不能直接确定因果关系,研究者所提出的各个变量之间是否存在因果关系,主要取决于研究者和读者的理论解释。

在本书研究框架中,其中可能受到的质疑之一是交接班意愿是否是个内生变量?笔者的理解是,在家族企业代际传承之前,交接班意愿有可能对成功传承产生内生性问题。虽然企业交接班是一个过程,但是从长期的角度来观察,它只是家族企业成长过程中的一个时间点事件,往往不可能重复发生,而且家族企业传承之后,再强调交接班意愿没有现实意义。所以,在家族企业代际传承后,可以不考虑两者内生性偏误的问题。由此,笔者尝试运用理论逻辑推导、问卷设计说明以及实际调查数据三方面来解释本研究可能存在的内生性问题:

(1)在理论逻辑推导方面

理论方面,对于中介变量和因变量在本研究中已经进行了清晰的定义,从定义上明确交接班意愿的时间点与成功传承存在先后关系,关于这点我们在文中已经由假设 H3a 和 H3b(第 4 章)进行了严密的逻辑推导,得出单向因果关系的结论,这里就不再重述。

另外,补充相关文献,大量研究也的确表明,家族企业的传承过程大都是在高层管理者尤其是在任企业家的控制下进行的。因此,如果得不到在任企业家的支持,那么传承成功的概率就将微乎其微(Bjuggren & Sund,2001;Cannella & Shen,2001;Brady & Helmich,1984;Davis & Tagitri,1989;Lansberg,1988;Beckhard & Dyer,1983;Goldberg & Wooldridge,1993;Hofer & Charan,1984;Matthews,Moore & Fialko,1999;Stavrou,1999;Sharma,Chrisman & Pablo,et al.,2001;Vera & Dean,2005)。而要想通过家族成员的参与来实现家族对企业的永续控制,首先必须要有具备一定素质的后代成员对企业感兴趣。如果强行选择一个不情愿的家族成员来接班,传承过程可能不会太顺利,家族成员对传承过程的满意度也可能会因此受到一定程度的负面影响(Ambrose,1983;Berenbeim,1990;Handler,1992;Shepherd & Zacharakis,2000;Cadieux,Lorrain & Hugron,2002)。

因此,无论从创业企业家还是二代企业家的角度,交接班意愿与成功传承从现有的文献理论逻辑推导,两者是存在单向因果关系的。

(2)在问卷设计方面

从理想的角度考虑,我们设计这个研究调查,就应该是对大量家族企业进行长期的跟踪调查,从而获取数据,无论是从企业与家族多方面的意愿、满意度还是企业绩效的真实变化数据完成调查。所以现实中我们希望调查不断向理想的状态无限靠近。

关于调查方法方面,对于变量的测量,课题组多次强调时间点的先后顺序。在设计的问卷中,我们向被调查者强调交接班意愿是指发生接班之前的意愿,而成功接班是发生在正式接班这个时间点之后的满意度以及绩效变化。而且对于两者在问卷中的位置设置刻意拉开距离,中间设置了许多其他问题,尽量避免两者发生联想的可能性。希望尽可能避免两者出现互为因果关系的情况。

(3)在实际调查数据方面

课题组调研从课题立项前的 2010 年 6 月开始至课题结项的 2019 年 7 月结束,先后经历了 6 次以上大规模的实证调查取证,几十次企业家面对面访谈,为课题最终完成结题奠定了坚实的基础。

课题组在问卷中有一项调查问题是"企业领导人接班时间预计或者已经发生在什么时候?",回收问卷的统计结果显示,在接受调查的家族企业中,超过 70% 的回答表明在家族企业中,超过七成的家族企业已经发生了代际传承。而接受调查的企业家,无论创业企业家还是二代企业家,对于接班前的交接班意愿,以及接班过程中的满意度接受打分调查,大都是对过去事实的回顾,所以这两者已经存在先后关系,再次发生内生性问题可能性很低。

最后,本研究构建的变量是否属于企业家隐性知识? 它们的权威性如何界定? 隐性知识(tacit knowledge)是本书的研究主题。Polanyi(1958)首次明确提出隐性知识的概念。他指出,人类有两种知识。通常所说的知识是用书面文字或地图、数学公式来表达的,这只是知识的一种形式。还有一种知识是不能系统表述的,例如我们有关自己行为的某种知识。如果我们将前一种知识称为显性知识的话,那么我们就可以将后一种知识称为隐性知识。Nonaka(1991)则认为,隐性知识普遍难以用言语或文字直接表达,很多情况下只能采用隐喻、类比或者其他不需要正式的语言的方式来表达隐性知识,这种隐性知识高度个人化,很难规范化也不易传递给他人。Streb(2003)认为隐性知识具有三个关键性特征:第一,隐性知识的获得很少需要别人的帮助或者环境的支持,主要通过个人的经验来获得;第二,隐性知识是程序性的,是与行动紧密联系的、关于如何去行动并以行动为导向的知识;第三,隐性知识对个人有实际的价值。隐性知识的这三个特征相互联系,只有同时具备这三个特征的知识才是隐性知识,仅仅具有其中一个特征并不能说明那就是隐性知识。张庆普和李志超(2003)认为企业隐性知识具有如下特征:难以用数字和公式等来表达,也很难用文字、语言来精确表述,大部分不易编码或不能编码,交流与转化速度相对较慢、成本较高,在一定程度上具有独占性等。

综上所述,本研究认为,隐性知识是指难以用语言、文字等结构化的方式直接清楚表达的知识,其主要特征在于难以通过语言进行逻辑的说明和难以用规则的形式加以传递。隐性知识通常由技能、诀窍、习惯、信念、个人特技、洞察力、直觉、企业文化和共同愿景等形式得以呈现。

对于企业家的认识,法国早期经济学家萨伊认为,企业家是冒险家,是把土地、劳动、资本这三个生产要素结合在一起进行活动的第四个生产要素,他们承担着可能破产的风险。英国经济学家马歇尔(1890)认为,企业家是以自己的创新力、洞察力和统率力,发现和消除市场的不平衡性,创造效用,给生产过程提出方向,使生产要素组织化的人。美国经济学家熊彼特(1943)认为,企业家是不断在经济结构内部进行"革命突变",对旧的生产方式进行"创造性破坏",实现经济要素创新组合的人。熊彼特所谓的企业家,事实上是一种社会机制的人格化表述。美国经济学家德鲁克也认为,企业家是革新者,是勇于承担风险,有目的地寻找革新源泉,善于捕捉变化,并把变化作为可供开发利用机会的人。孙俊华、陈传明(2009)根据企业家在战略管理中所扮演的角色,将其界定为在不确定环境中承担经营风险、进行战略决策并为战略实施进行动员和配置稀缺性资源的人格代表或阶层。由上表述也可看出企业家的一些本质特征:冒险家,创新者。因此,企业家与一般厂长、经理等经营者之不同,主要表现在企业家敢于冒险,善于创新。

由此,现有的学术研究对于隐性知识与企业家的定义界定是清晰明确的,但是对家族企业的企业家隐性知识的概念界定目前没有形成统一的共识。本研究的创新点就在于我们采用科学研究的方法与步骤,尝试在国内首次对于家族企业的企业家隐性知识的构念进行测量,课题组测量的量表完全来自几十位企业家访谈的口述记录,通过小样本的测试修正,最后通过大样本问卷调查检验获取量表。量表的项目数由最初的53项运用聚类分析法,最后形成家族企业的企业家隐性知识的三个维度内涵。

因此,本研究运用科学的方法对中国家族企业的"企业家隐性知识"的内涵进行了界定和构建,其结论具有学术意义与实践意义。

1.3　本书所要回答的几个问题

代际传承是家族企业持续发展研究的重要议题,但是过去的研究往往局限在基于企业资源观的视角对所有权和经营权转移进行系统研究,而在最近的10多年集中转向基于企业知识观的转移和创新研究。国内学者对此的研究起步较晚,还停留在强调权力等有形资源传承的推演,鲜有基于企业知识资源传递的研讨,如企业家隐性知识等的实证研究。对于创业家族企业来说,那些能够给企业带来独特竞争优势的要素往往不是企业专有的,而是企业家个人专有的,并以企业家隐性知识的形式存在。家族企业能否成功延续取决于那些给企业带来竞争优势的无形的独特要素能否进行代际转移与传递,家族企业成功传承意味着一个或者几个核心要素的传递,不是所有要素的转移,也不可能把所有要素都进行传递。然而,企业家也需要通过后期自身学习等行为与时俱进构建新型企业家隐性知识体系,从而影响家族企业持续发展,获取企业动态核心能力。

因此,针对家族企业以企业家为研究对象进行隐性知识测量的相关探索,是对以往研究的有益补充和完善,具有重要的理论意义。本研究可以丰富和发展家族企业代际传承理论与知识管理理论的交叉研究,从企业内部知识积累和创新的视角为家族企业成功传承提供可借鉴的理论指导。具体地,本书拟着眼于回答以下几个共同关注的问题。

第一个要回答的问题是,什么是企业家隐性知识? 它与家族企业持续发展之间是什么关系?

基于上一节调研说明中笔者对于企业家隐性知识变量的阐述,我们初步构建了对于企业家隐性知识的认识,但是如果需要有效解释家族企业持续发展与企业家隐性知识的关系,破解家族企业的"谜团",就必须把需要代际转移的企业家隐性知识进行量化以进入实证研究过程。

为了关键研究术语使用的规范性和一致性,首先笔者在本书的开始部分对研究涉及的核心概念进行了总结性的概念界定,如家族企业、企业家隐性知识、代际传承和企业家学习。本研究基于战略管理和知识管理的视角明确了代际转移的企业家隐性知识与家族企业竞争优势之间的关系,同时通过梳理影响隐性知识转移的若干因素,系统构架了各个影响因素之间的关系。其次从国内外家族企业中有形资源转移和无形知识转移的理论脉络出发,对家族企业代际传承理论的历史变迁和目前研究的最新动态进行梳理和总结性概括。最后,针对目前研究中存在的不足之处提出了未来需要完善和开拓的研究问题。

第二个要回答的问题是,家族企业持续发展的核心是企业家隐性知识代际传承,那么如何测量家族企业代际传承中企业家隐性知识及其对家族企业的影响?

学术界对于企业内知识转移现象的观察和研究由来已久,但是人们对于代际转移的企业家隐性知识的内涵及其测量还没有一致的看法,这也体现了本书深入研究的必要性所在。首先,通过前期对国内外文献中的知识、隐性知识和企业家隐性知识的综述,结果显示在代际转移的企业家隐性知识研究中,常出现知识转移和隐性知识转移测量量表混淆使用的情况,而且目前在家族企业研究中,企业家隐性知识测量往往使用定性研究获取代际转移的隐性知识,现实中缺乏实证研究获取的代际转移的企业家隐性知识测量量表。其次在对家族企业代际转移的企业家隐性知识探索研究的基础上,深度访谈并且运用扎根理论编码揭示家族企业代际转移的企业家隐性知识的具体内涵和产生机理,形成相应的测量量表,并运用实证研究的方法检验相应的信度和效度,最终完成中国情景下家族企业代际转移的企业家隐性知识测量量表。

第三个要回答的问题是,家族企业代际转移的企业家隐性知识有什么及其对家族企业成功传承的影响程度是什么?

家族企业代际传承失败的事例众多,但是人们很少从企业家隐性知识的视角来揭示两者的关系。本研究以家族企业为对象,对代际转移的企业家隐性知识与家族企业成功传承的关系进行实证调查研究。在实证调查过程中,本研究选取了中国家族企业最为活跃的温州地区,采用工商联、大学和行业协会相结合的方式,运用严谨的科学研究手法,很好地保证了实证调查的效度。通过统计软件的数据分析,本研究识别出家族企业代际传承中需要代际转移的企业家隐性知识要素及其相对影响机理。同时构建企业家的交接班意愿的中介效应模型,最终解决了困扰家族企业长期发展的问题——家族企业代际传承是由上一代企业家"推动"还是由下一代企业家"拉动"?

第四个要回答的问题是,企业家成长过程中哪些学习行为影响隐性知识的转化获取?企业家自我效能又是如何调节企业家学习、企业家能力和企业动态能力的?

本书将针对如下几个方面进行研究:首先,本研究以学习曲线效应(the learning curve effect)为基础,探讨中国新生代企业家成长过程中企业家学习对能力提升的影响;其次,在企业家能力发挥作用的选择上,由于在企业核心能力形成过程中,企业家对企业资源的获取、整合发挥至关重要的作用,所以本研究也关注企业家能力对企业持续核心能力的影响;最后,笔者将从企业家个体特质的视角分析企业家自我效能(self-efficacy)对以上关系的权变影响,由此可以有效识别中国情景下新生代企业家有效学习方式及最佳学习路径。

第五个要回答的问题是,从宏观层面上,政府如何应对和引导非公有制经济人士"青蓝接力"与企业家健康成长?

为了营造企业家健康成长环境,弘扬优秀企业家精神,课题组专题对温州地区家族企业进行了实地访谈和问卷调查。结合国内外已有的研究成果,拓展企业家成长与政府宏观引导之间的关系,分析了新生代企业家成长过程中面临的企业家个体差异、协会职能重复以及政府与协会关系复杂等问题。调研的最终成果以政策建言的形式提出了在政府与企业家之间建立新型政企纽带,常态化新生代企业家健康指数年度报告、精简协会机构、成立非公有制经济人士服务中心和携手走出国门共同学习成长等政策建议。这些成果应用对激发新生代企业家活力、实现经济社会持续健康发展具有重要的意义。

第2章 个体隐性知识与家族企业持续发展

　　家族企业代际传承所体现的利他主义是经济个体的重要特征之一,为了下一代延续财富所做出的努力也是人类社会发展的重要动力之一(袁志刚等,2012)。为此,可以把凝聚的企业内部的隐性知识,特别是企业家隐性知识(诀窍)传递给后代以提高下一代获取收入的能力,此谓"授之以渔";也可以通过权力寻租或者积累财富,提升下一代的社会资本和财富资本,以此直接提高下一代收入,此谓"授之以鱼"。

　　由孟子的"君子之泽,五世而斩"演变而来的"道德传家,十代以上,耕读传家次之,诗书传家又次之,富贵传家,不过三代",表达的是传统中国文化不赞同直接传承财富来提高下一代的福祉。在家族中只有优秀能干的后代人才辈出才能富过三代,所以财富传承是表象,其本质是具有优秀品质和勤俭耕作的后代人才涌现才能更好地保值、增值家族的财富。由此我们可以发现中国历代对于"家业"的传承方式早有定论,但是为什么家族企业失败的事例还是层出不穷? 这一直困扰着家族企业的实践者和研究者。究其原因,影响家族企业命运的隐性知识是一个复杂的、动态的系统,一方面研究者很难将其量化纳入实证研究,另一方面实践者虽然积累了大量企业成功治理的隐性知识,但是又没有刻意去区分和识别这些知识,随着时间的流逝,环境变化可能导致知识的重要性降低。因此,对于家族企业研究者来说,解析家族企业隐性知识的"谜团",特别是凝聚在企业家个体身上的隐性知识成为重中之重。

　　基于上述分析,为了实现家族企业持续发展的目标,破解家族企业的发展"谜团",就必须深入研究企业家隐性知识这个关键的复杂系统,并且把需要代际转移的企业家隐性知识进行量化以进入实证研究过程。与此同时,中国的家族企业传承研究还必须注意"文化差异"等情景变量。老一辈的企业家几乎都经历过物资匮乏,体验过挨饿的岁月,虽然接受的正式教育少,但是凭借干劲、敏锐的洞察力以及企业家精神获取了事业的成功。相对年轻一代接班人87%以上拥有大学学历(余向前,2013),部分还有出国深造的经历,热衷于将西方管理体制引入家族企业,常常会与其父辈就企业治理、政府社交等发生摩擦。所以考虑到中国近年面临经济改革开放后首次代际传承的高峰,企业家隐性知识成功转移不仅涉及单一企业的持续性问题,而且高度关系到整体中国经济持续繁荣。因此,代际转移的企业家隐性知识研究是一个具有时代意义的话题。

2.1　企业资源与家族性:一个战略的视角

竞争优势是战略设计的基石,企业知识观是分析家族企业竞争优势的一个独特视角。许多学者从战略管理视角研究家族问题的重要性,并且强调研究家族企业特殊资源会影响企业战略管理过程、目标和绩效(Ward,1987;Harris,Martínez & Ward,1994;Wortman,1994;Sharma,Christman & Chua,1997)。家族和非家族企业之间因为所有者的目标、价值观的差异,决定他们在获取竞争优势方面所扮演角色的不同。所以本研究是在企业资源观的基础上识别企业知识观带来的特殊家族企业特征,特别是嵌入到企业家身上的个体隐性知识,这些隐性知识的转移可以促使企业竞争优势的延续。

企业资源观在战略管理领域作为一个研究企业竞争优势理论得到长足发展(Penrose,1959;Wernerfelt,1984;Barney,1991;Grant,1991;Peteraf,1993)。根据企业资源观,资源集合位于企业竞争优势的核心,它并不是为了资源部署而选择的产品市场组合,也不是企业复杂行为的汇总,而是作为一种综合资源体考虑,它具有复杂性、动态性和触摸不到特征,包括企业所拥有的资源和能力(Barney,1991;Grant,1991)。因为家族企业在无形资源上被描述为极为复杂、动态和富有的,所以企业资源观为学者在家族企业领域提供了有效的方法来剖析企业各种机理(Cabrera-Suárez & De Saá-Perez,1996;Habbershon & Williams,1999)。

Amit 和 Schoemaker(1993)定义一个企业的资源(resource)为组织所拥有或者控制的有效要素的库存。企业通过使用企业资源,比如技术、管理信息系统、激励系统、劳资信任等转变为最终的产品或者服务。与此同时,企业调配资源的能力(capability)通常通过组合和应用组织流程来影响渴望的结果。而这种能力是通过企业人力资本的形式发展、转移和交换信息构成的。由此通过企业资源间复杂互动,随着时间的流逝逐步发展而成的有形或者无形的某种企业优势。

虽然企业可以具有丰富的资源和能力,但是仅仅是资源和能力不能保证企业获取竞争优势,不能充分保证企业持续发展。竞争优势来自企业控制的独特资源或者能力的运用,即和他们的竞争对手相比在某些方面家族企业做得特别好。Habbershon 和 Williams(1999)进一步认为,作为家族参与的结果导致一个企业与众不同的资源和能力的集合定义为企业的“家族性”(familiness)。因为家族和它的个体成员以及企业三者的相互影响,“家族性”作为特别组织所具有的唯一资源和能力的集合。

为了企业具有更多的竞争优势,企业需要更多特殊资源和能力集合的“家族性”,即要求个体隐性知识嵌入到企业日常规范来成功地整合、协调和调动那些资源和能力(Grant,1991)。所以,商界和学界认为企业家的隐性知识,如同有能力创造和转移一样,是一种与更高层面的绩效相关的关键战略资产,这是因为隐形知识很难去交易以及模仿,而且是稀缺的、专供的和专业针对的(Nonaka & Takeuchi,1995;Bierly & Chakrabarti,1996;Spender,1996;Teece,1998)。

坚持企业资源观的研究发展在战略管理领域导致一种新的重要理论涌现——企业知识观(Cabrera-Suárez et al.,2001)。关于企业的大量知识,此领域最具权威和认可的知识分类是由隐性知识和显性知识构成的(Polanyi,1966;Nonaka & Takeuchi,1995;Tsoukas,1996;Nonaka & Konno,1998)。对于隐性知识这个概念,Nonaka 和 Takeuchi(1995)认为如同使用能力、诀窍、技巧来执行任务,它包括精神指示、信仰和见解(关键是感知和定义环境)。而 Bierly 和 Chakrabarti(1996)指出家族企业竞争优势源自于企业家拥有的隐性知识。这些研究可能对家族企业竞争优势的潜在资源做出解释,但是家族企业的成功必须识别它特殊的“家族性”。一旦识别家族企业的资源和能力,那么他们就能够在有效评估自身的竞争优势的情况下做出决断。而“家族性”可以使企业构想或者实施战略的效率和效用得到提高。

为了家族企业具有可持续竞争优势,“家族性”必须接受恰当的评估和管理,组织必须重新投资到补充、扩充和升级“家族性”等领域(Grant,1991),而这个战略过程具有强烈的隐性要素(Fernandez,1993),即“家族性”相关的信息常常是嵌入到某一个体中,一般是企业的灵魂人物,比如创业企业家等。所以,理解在传承过程中企业隐性知识有效转移的重要性有助于家族企业维持一种动态的竞争优势。

2.2   隐性知识管理与转移

转移知识不但为企业内部创新提供了基础,而且可以有效增进企业生产效率提升,这就体现了知识的潜在价值(Davenport & Prusak,1998)。尽管如此,知识并非总是很容易在组织内流动,比如它的隐性要素阻碍它的移动性。传送和接收者间转移难易程度定义了它的本质,比如通过编码和符号转移。一个转移表示两个主体通过转移,占据那些知识(Kogut & Zander,1992)。另一方面,一个个体或者团体的隐性知识内嵌在复杂的情景中,而情景又是发展变动的,所以知识转移是一个非常复杂的过程,在实践的应用中通过慢速和有代价的才能实现转移(Grant,1996;Szulanski,1996;Brown & Duguid,1998;Wareham & Gerris,1999)。这个转移的过程表明发送和接受知识保持一个持续和直接的接触。所以知识发送的诀窍是通过接收者的能力去捕获和内在化,这与隐性知识转移差别甚微。这个办法,使接收者能够吸收(常常为无意识地)知识的特质特征和它的情景。家族企业在这个方面独具优势,尤其表现在嵌入到创业者自身的隐性知识管理和代际知识转移。另外由于市场竞争更加激烈、变化更为快速,基于知识的管理对家族企业而言是关键竞争优势的重要来源(Marcu & Watters,2003)。

2.2.1   有效知识管理和转移是一个长期的过程

根据 Leonard 和 Sensiper(1998)研究,知识能够定义为具有相关性、可行动的以及至少可以部分基于经验的"信息"。知识的这个定义包括情景信息、固定的经验、价值观和专家见解。基于这个原因,知识允许不确定性减少和让事实具有意义(Beijerse,1999)。企业的知识研究关键在于分析组织如何创造、获取、应用、保护和转移知识(Cabrera-Suárez et al.,2001)。Argote 等(2000)指出能够把知识有效地从一个单位向其他单位转移的组织比起知识转移逊色的组织更有成效而且更有可能生存。

根据 Polanyi(1962,1967)最早对知识内隐性的理解,知识划分的大类可以分为显性知识与隐性知识。Nonaka(1991)基于 Polanyi 的分类方式,认为隐性知识具有两个主要组成部分(Nonaka & Konno,1998),即技能和感知。隐性知识是非编码和无法专利化的知识,在组织中通过产品或者服务的生产和销售的商业活动而积累。与可编码的或者正式的知识相比较,隐性知识是不可言喻的或者难以形容的(Tsoukas,2003)。因此,企业家隐性知识是局外人难以接近的,它也是私人的、情景特异性和通过经验后天获取的(D'Eredita & Barreto,2006),是企业流程和人事交流的产物(Hatch & Mowery,1998)。从这个角度,隐性知识的用途局限于已经获取它和在应用上有经验的人(Turner & Makhija,2006)。

然而,管理隐性知识是一个困难、长期和高成本的过程,常常具有失败的特征(Kogut & Zander,1993)。有研究者认为稳定的、长期的和基于信任的关系是有效隐性知识管理的重要基础(Andrews & Delahay,2000;Cabrera-Suárez et al.,2001)。在家族企业的知识管理方面,则是应该强调创业者学习和传承知识的重要作用(Cabrera & Martin,2010)。创业企业家在家族企业中被认为是一个能胜任企业文化转移,成功创业和持续发展企业以及成为隐性知识的主要来源的人(Bracci,2008)。此外,如果创业者可以长期控制企业,那么就有机会逐步进行知识转移,让继任者从小开始在企业学习、实践(Trevinyo-Rodríguez & Tàpies,2010)。最后,当家族企业传承过程成立、发生之时,隐性知识将从一代向下一代顺利传递,最终完成家族企业的延续和成长(Chirico & Nordqvist,2010)。

2.2.2　隐性知识的社会化与内部化

继任者是否是家庭成员,导致企业家隐性知识转移给继任者过程也有所不同。家族继任者的知识转移过程比起非家族继任者开始得早。隐性知识是家族企业的关键资源,它常常为企业主和其他关键个人所有,对于维系家族企业持续不断的竞争优势具有重要意义,相较非家族企业它对家族企业更加重要(Cabrera-Suárez, De Saá-Pérez & García-Almeida,2001;Dyer,2003;Morris, Allen, Kuratko & Brannon, 2010;Osterloh & Frey, 2000;Osterloh, Frost & Frey,2002;Rusu, Isac, Cureteanu & Csorba,2012)。而且,隐性知识嵌入到企业家是一种战略性资产,只有在家族企业中才能更为有效地转移(Cabrera-Suárez, De Saá-Pérez & García-Almeida,2001)。

当继任者是家族成员时,两代企业家的知识转移特征是有更多隐性之间的转移,更少隐性转化为显性(Henry et al.,2013)。当企业代际转移给家庭成员时,Garcia-Alverez 等(2002)提出知识转移过程遵循"两步走"模式。他们认为家族企业代际传承过程中存在两个阶段,而关键知识转移中的社会化阶段是本质性的。比起企业或者企业实践,家族社会化第一阶段早在家族成员参与企业、接触到更多家族价值关系和文化之前就会发生。而第二个阶段,当家族成员加入企业,根据 Garcia-Alverez 等(2002)研究认为是企业社会化及其开始。此时此刻文化、实践和价值观嵌入到家族企业,家庭成员开始社会化第二阶段。在他们的模型,两代人间的知识转移同时发生在家庭和企业社会化两个阶段。

当继任者不是家族企业的成员,知识的转变坚持螺旋模型,即社会化、外部化、内部化、组合四个组织知识发展螺旋。根据 Nonaka 和 Takeuchi(1995)研究,知识转移首先发生在非语言沟通的交换,其特征在于隐性——隐性知识转化。接下来在组织的情境下,经过隐性知识转化为显性知识,就可清晰地表述。Nonaka 和 Takeuchi(1995)的"内部化"阶段讲述知识必须呈现为实践或行为。在一个组织的情境,这个尺度通常取决于训练项目或者显性知识呈现为组织实践的其他具体表现。"组合"阶段,在组织中的散布涉及显性知识会转化到更加复杂系列的系统化显性知识。家族企业传承情境下,当继任者使显性知识具体化,然后用有意识的方式清晰表达,最终把知识改编成显性企业实践的时候,有理由推出一个不同于 Nonaka 和 Takeuchi(1995)定义的"组合"的平行概念。

2.2.3　东西方知识管理的差异

家族企业成功创业之后,根据利他主义思想,创业企业家同时肩负把自身拥有的大量隐性知识转移到组织内其他家族成员,尤其是下一代继任企业家的责任。为了家族企业长期生存,有效的知识管理大都关注企业隐性知识转移(Coff et al.,2006)。传统上存在着东西方两种不同的知识管理范式(Nonaka & Konno,1998):西方(以美国为代表)强调隐性知识和显性知识之间的相互作用,趋向于个体层面。各种概念基本实施通过高层领导人"显性化"努力而创作出来,经营实践强调通过分析技能、口述和视觉传达等形式创造出显性知识,强调显性知识的分配、传递和重新利用;而东方(以日本为代表)注重隐性知识和显性知识的相互作用,则趋向发生在团队层面。中层管理者对团队成员之间隐性知识的共享起着关键作用,知识创造过分依赖隐性知识转移,分析技能较弱,通过隐性知识的直接共享来创造条件促进新知识的产生。

家族与企业之间强烈的相关,使得家族企业的运营和行为动机受到文化和种族特性的重大影响(Litz,1997),相关研究的结论及其解释就会自然而然地对文化背景产生较强的依赖(Howorth & Ali,2001)。目前,关于家族企业代际传承的研究大都是在欧美国家(主要以美国和加拿大)为主,一定程度上反映了美国文化。但是不同国家文化有显著的差异,以我国而言,众所周知,中美文化存在着集体主义与个人主义的差别,中国文化是典型的集体主义(梁漱溟,1963;李美枝,1993)或"关系取向"(Yang,1986),强调团队和谐性及团队内成员人际关系的合理安排(Abboutt,1970)。这种文化背景下,企业家隐性知识的要素转移对家族企业代际传承的影响可能与国外的研究有所差别。因此,在中国文化背景下,开展这项研究就显得格外重要和有意义。

2.3 隐性知识转移与企业家成长

资源和能力在企业创新和竞争优势方面发挥重要的作用,由知识及其转移的重要性讨论引申出家族企业代际传承的相关命题,大部分此领域的学者认为代际传承是家族企业持续发展面对的首要问题(Handler,1994)。究其逻辑,"如果知识转移是主要资源来维持竞争优势,那么它的可转移性将决定知识所有者能够从中获取利益"(Spender & Grant,1996)。如果在执行某一行为上优秀表现对获取竞争优势是关键的话,那么那就是个体学习。个体学习在企业获取竞争地位上表现非常重要(Fiol & Lyles,1985;Pisano,1994)。

学者指出如同"接力棒转移"的概念(Vancil,1987),家族企业代际传承的结果会存在大量的失败,可以推断代际传承问题并非一蹴而就(Leach,1993;Gallo,1995)。相反地,所有权成功转移取决于各种要素,这些要素影响家族企业正确发展、家族的完整性以及参与者的需要和利益的满足。所以代际传承研究应该考虑不同利益相关者在不同层面交织的看法,而在企业环境内主要包括在任者和继任者等(Lansberg,1988;Handler & Kram,1988;Handler,1994;Barach & Ganitsky,1995)。

关于这些要素,本书主要涉及两代企业家和他们之间的关系。本书假设并且试图证明家族企业最具价值的资源和能力是企业家隐性知识,通常与企业家连接的知识通过两代人和他们之间的关系的形式实现他们的利益。继任者必须最终以继任过程的考核形式通过审查,所以,在家族企业代际传承过程中他们的态度、能力和绩效能够满足参与者的目标,引导家族企业步入新的阶段(Barach & Ganitsky, 1995)。

无论是否有能力经过历练、通过考验,继任者很大程度上将根据自己的能力去诚实、合法地适应最大职责的岗位(Barach & Ganitsky, 1995)。实现合法的继任过程中关键变量之一是继任者培养,使他们能够接受和胜任上层管理职责。但问题是需要如何发展培训过程,以及什么培训内容来转移和保存家族企业与众不同的实力呢?为此目标,有必要区分获取的企业知识和领导力(Ward & Aronoff, 1994)。

根据 Foster(1995)的研究,由继任者到领导者的过程,不仅需要参与企业内所有的特殊业务(即愿景、产品、生产、供应、顾客、财务、技术等),而且他们必须掌握自己企业所在行业的知识和"秘诀"(即财务资源、重要合约、管理条约等)(Tsoukas, 1996)。此外,他们必须发展自身某些管理技能以影响他人(如沟通、激励和其他管理能力),认识和理解自己以识别自身的优势与劣势。

因此,在整个企业家成长过程中,继任者在完成高层管理任务中必须取得显性和隐性知识来确保自己将来的表现,而此类知识可以识别、解决甚至预感问题(Leonard & Sensiper, 1998)。尤其在中国家族企业首次代际传承之际,如果把在任企业家比作知识库,那么将继任者培训过程与企业战略格局设计进行关联尤为重要。一旦继任者进入企业之时已经成长并且已经掌握深度管理战略知识,那么借助正规教育和经验性培训,继任者将能大体吸收显著标注的"显性知识"(Tsoukas, 1996)。

继任者也将整合基于知识的散乱背景,依靠社会化过程吸收这个背景,包含一系列管理细节,这些管理细节通过个体默默地被吸收并且根植于社会实践。所以,像奇闻轶事一样,隐性知识通过建立分享个体间的理解,能够相互交流,包括一般的图示和认知结构、比喻和类比(Grant, 1996)。此类观点有力解释了一种现象,那就是尽早接触企业和低职位工作对于继任者是一种有价值的学习体验。这个经验表明,继任者在完成培训后马上加入企业的情况,如同在其他地方获取经验后加入自家企业一样具有价值(Barach, Ganitsky Carson & Doochin, 1988; Cabrera-Suárez, 1998)。继任者熟悉企业发展的需要,使员工以尽早接受继任者,从而可以让继任者获取更加广泛的公信力和企业内人际关系。

企业家培养过程促进了组织和个体两个层面隐性知识的渐进转移。虽然事实是隐性知识容易保护来自竞争对手可能的剽窃,但是恰恰因为这个特征使它很难转移(Brown & Duguid,1998),导致家族互动无法确保继任者完全成功继任,所以家族企业会承担风险(Seymour,1993;Lansberg & Astrachan,1994;Cabrera-Suárez,1998)。然而,由于在先前的工作中继任者早期接触企业,延长了继任者知识转移的时间长度,所以弱化了这个问题。另外,早期从事家族企业的工作经历,让继任者意识到在任者的心理历程、想法、经验等,从而有助于继任者企业家有效吸收在任企业家的隐性知识。所有这些方面使继任者拓展了知识基础,增强了包括隐性知识在内的知识吸收能力(Cohen & Levinthal,1990;Szulanski,1996)。

2.4　小　结

本章讨论家族企业具有不同寻常的资源(承诺、信任、荣誉、诀窍等),以及嵌入到这些资源中的隐性知识会给企业带来竞争优势。通过本研究的讨论,笔者认为家族企业应该聚焦在它们擅长的传统领域,特别是,它们应该发挥自己潜在优势,处理好代际转移的企业隐性知识。这些嵌入在家族创业者身上的隐性知识是家族企业的战略性资产,只有在家族企业才能更有效发挥它们的效用。这是因为只有在家族企业,两代企业家超越工作之外保持了个人和家族等特殊关系。

因此,家族企业的代际传承可以解释为企业领导人角色替换的特殊过程。比如继任者来自家族内部,那么这是一个实现企业家隐性知识在代际间转移的有利格局,它不局限企业所有权和经营权的传递。在两代企业家交接班的过程中,家族成员基于利他主义精神不仅把财富和权杖等有形的资源传递给继任企业家,而且期望倾囊把所拥有的企业家隐性知识代际转移给继任企业家,从而保持和增进家族企业竞争优势,最终实现家族财富平稳过渡。究其本质,家族企业代际传承成功过渡的关键要素是继任企业家获取掌控与企业核心竞争力有关的隐性知识,其中绝大部分来源于创业企业家。

家族企业中的知识转移,尤其是嵌入到企业家个体层面的隐性知识的代际转移能够为企业赢得竞争优势。但是由于隐性知识本身具有"黏性"等特征,造成隐性知识难以转移,由此凸现了家族企业代际转移的企业家隐性知识问题的重要性。本研究预计从家族企业代际转移的企业家隐性知识的理论基础、量表测量及其对企业代际传承的影响机理等方面对国内外前沿研究进行系统实证研究。这些研究结果的意义在于理清各项影响要素与代际转移的企业家隐性知识存在的复杂关联性和因果关系,并在此基础上对家族企业成功传承做出结构性调整的政策建议,最终把家族企业代际转移的企业家隐性知识研究提升到企业战略前沿层面。

根据上述讨论,战略管理框架作为家族企业战略计划的关键要素适应了继任问题的分析。在这个意义上,企业资源观与企业知识观对于家族企业战略管理的研究具有巨大的潜能。这两个理论框架有助于分析家族企业持续发展与企业家成长,即继任者吸收企业隐性知识成为成功的战略领导者,从而保证家族企业的延续性。

2.4.1　现有研究存在不足

通过上述相关研究文献的整理与回顾,家族企业代际传承理论的研究经历了早期基于经济学的研究思路,度过了基于企业资源观的过程研究和影响因素研究对家族企业代际传承历史变迁,而如今刚刚进入基于企业知识观视角的家族企业代际传承理论的实证研究阶段。

(1)基于企业知识观视角的家族企业代际传承基础研究薄弱。代际传承是家族企业研究领域中的重要问题。目前的研究者大多为经济学者和政府相关责任部门,论文也主要发表在经济类学术刊物内,真正意义上管理类研究成果不足。在政策引导上现有政策主要侧重宏观政策性,而对于微观性质的、企业实践操作细则等人性化的微观引导缺乏力度。再加上管理学者即使已经开始逐渐关注家族企业代际传承问题,由于惯性思维导致现有研究也主要是基于所有权为基础企业资源观的视角,如传承影响因素,所有权和经营权如何顺利交接等。所以,现实中很容易忽视基于知识观的企业家知识和能力等软实力的代际传承研究,尚未形成符合时代变化需要的系统理论体系。

(2)现有代际转移的企业家隐性知识量化困难以及影响要素缺乏整体系统性。由于隐性知识本身的特性和识别问题等原因,至今代际转移的企业家隐性知识的量化工作难以有效开展,造成我们对隐性知识转移研究难以形成突破。而且代际间隐性知识具有"黏性"特征,所以其转移的影响要素借鉴Szulanski(1996)提出的"黏性"知识转移模型。阻碍(影响)隐性知识转移的四大假设因素为转移源特征、接收方特征、知识特征、转移情景,该模型实证结果显示接收方特征、知识特征和双方之间的关系质量在统计上达到显著相关,但是对于双方的知识转移意愿没有达到显著相关。随着后续研究的不断深入,又出现一些新的影响要素,如继任者性别、裙带关系等家族企业特有影响因素与原先要素之间的系统关系日趋复杂,而目前几乎没有针对此整体系统分析给予充分关注。

(3)家族企业代际转移的企业家隐性知识作为独立构念的测量,现有研究仍处于起步阶段。需要注意的是,家族企业成功传承意味着一个或者多个核心要素的转移(Drozdow,1998),关于这个核心要素的专业术语研究和使用至今没有实证研究的概念界定。这些原因导致了这个构念的术语使用混乱,目前专家学者尚未就其专用术语界定和内涵结构达成共识。而且在使用各自术语过程中,内涵定义出入较大,在测量方法方面也存在差异,最终给假设验证测量的有效性带来了挑战。

(4)代际转移的企业家隐性知识对家族企业成功传承影响研究缺少实证检验。从企业知识观的视角,代际转移的企业家隐性知识与企业竞争优势具有相关性,而代际传承又是家族企业最为薄弱之时,最需要加强竞争优势之际,所以企业家隐性知识的有效转移对于家族企业传承及持续成长极具研究价值。但是,嵌入到企业家个体的隐性知识哪些部分是关键呢?企业家交接班意愿是否对代际转移的企业家隐性知识与企业传承之间的关系产生中介影响?这都是企业实践最为关心的部分,然而目前学术研究甚少涉及,并且鲜少用科学的方式实证这些内容的存在,需要今后学者进一步进行探索研究。

2.4.2　需要完善和开拓之处

(1)完善基于企业知识观视角的家族企业代际传承基础研究是未来研究的当务之急。梳理以往文献研究,笔者发现基于知识观的家族企业代际传承理论基础还相对薄弱,比如家族企业以知识为基础的资源包括哪些内容?企业家隐性知识的内涵、定义、框架又是什么?家族企业需要代际转移哪些企业家隐性知识?知识的传递需要家族企业两代企业家如何配合?最终为了家族企业持续成长,作为接班企业家需要进行创新的知识又是什么?所以,为了夯实基于知识观家族企业代际传承理论研究,使不同的研究结论形成一个系统性体系,必须对相关的理论基础进行梳理、总结和创新。

(2)加强代际转移的企业家隐性知识的量化研究,提升不同影响要素之间整体性框架研究。企业家隐性知识转移是一项艰巨的研究,在今后的研究中,我们需要通过企业资源观、"家族性"理论和企业知识观的研究方法,量化家族企业情境下代际转移的企业家隐性知识的测量量表开发研究,推进基于知识观的家族企业代际传承研究。另外,虽然每一项隐性知识转移影响因素都会涉及诸多的研究成果,已经被不同的研究反复验证,但是由于缺乏统一的理论分析依据,缺少整体的实证分析支持,所以目前的研究成果还是处于零散存在状态。不同领域的影响因素之间存在诸多联系,例如代际间的信任关系会影响到对继任者能力的判断,家族成员间的关系影响继任者的接班动机,接班人的性别影响代际间信任关系等。因此不同影响要素之间的内在机理的深入讨论和实证,也是未来研究的一个重要问题。

(3)家族企业代际转移的企业家隐性知识测量量表开发亟待解决。家族企业企业家隐性知识的有效转移有别于一般的知识转移,因为它只涉及从个体到个体,知识中的隐性知识有效地传递到继任者才能真正发挥企业竞争优势的作用。Patel 和 Fiet(2011)也指出,家族企业成员极力致力于整合企业内他们相互知道的知识才可以提高家族企业的竞争优势。因此,在家族企业未来的研究中必须梳理和区分知识转移与隐性知识转移混淆使用的误区,开发与完善代际转移的企业家隐性知识测量的量表,以便获取更加准确、有效的数据,只有这样才能最终促进未来家族企业获取竞争优势,从而成功延续企业。

(4)开拓代际转移的企业家隐性知识对家族企业成功传承的实证研究。解决家族企业成功传承一直是企业、学界关心的热门议题,其中"诀窍",即所谓企业家隐性知识转移最为关键。目前从笔者整理的中外文献资料来看,至今没有发现用科学的定量方法实证两者的直接或者间接关系。借鉴企业知识观和知识管理双理论,可以科学地对代际转移的企业家隐性知识进行测量,从而实证检验其对家族企业成功传承的影响机理。此外,也可以将继任者成长作为连接代际转移的企业家隐性知识和家族企业成功传承的中介或者调节变量。优秀继任者的成长过程中需要代际间良好的关系去创造一种鼓励知识转移的环境。所以对于两权一身的创业企业家,一方面愿意欣赏和自豪继任者的成功和发展潜力;另一方面可以弹性探索和接受新管理方法。反之,继任者必须感激在任者积累的知识和为企业做出的贡献,接受已经制定的工作方法和实践,而不是执着于自己对企业的价值观。所以,如同投资在更有价值的资源——知识上,继任者在自己的培训过程中必须有效吸收来自在任者的知识转移,评估和管理好企业(Habberson & Williams,1999)。如上文所述,由于代际转移的企业家隐性知识是继任者成长的主要前因变量之一,故而可从企业知识观的角度深入探究代际间隐性知识、影响要素以及家族企业成功传承的传动机制。

第3章 家族企业代际转移的企业家隐性知识测量

家族企业在经济社会中占据重要地位，但家族企业代际传承之际，正是其最容易受伤之时。近年来，随着中国家族企业第一次代际传承步入高峰，相关影响成功传承的"心灵鸡汤"报道和研究层出不穷，从总体上看，目前国内家族企业研究成果与实际发展需求存在一定的落差。在中国古人云："富不过三代"来形容家族企业难以长久持续；在美国约1/3的家族企业能传到第二代，不到10%能传到第三代，相似的情况在英国分别是24%和不到14%（Sardeshmukh et al.，2011）。Trevinyo-Rodríguez和Tàpies（2010）提出有别于企业家能力的观点，认为代际间有多少知识成功进行转移可以解释为什么大部分家族企业没有延续到第三代，即代际间知识有效转移与家族企业相当高的死亡率有直接的关系。Jaskiewicz等（2013）进一步聚焦在如果家族企业代际间隐性知识有效转移出现问题，那么将可能导致企业竞争优势的丧失，最终影响企业的传承过程。Royer等（2008）研究也认为众多家族企业的消亡源自隐性经验性知识的正确识别、应用。虽然家族成员可能一时不具备控制企业的关键知识，但是他们会长期致力于代际间隐性知识有效转移与积累，所以代际间企业家隐性知识有效转移对家族企业继任者成长具有战略影响作用。

因此，家族企业代际转移的企业家隐性知识已经成为近年来家族企业领域的一个研究热点，本章拟解决以下两个关键问题：（1）家族企业代际间需要转移的企业家隐性知识内涵是什么？（2）企业家隐性知识有效转移在家族企业代际传承过程中又是如何实现测量的？围绕家族企业代际转移的企业家隐性知识，国外在这方面取得的研究成果值得我们去借鉴和思考。本研究在对上述国内外研究成果进行系统回顾和梳理的基础上，初步构建一个基于中国情景下,关于家族企业代际转移的企业家隐性知识测量研究的整合框架,以求为国内相关学术研究和企业实践"抛砖引玉"、奠定基础。

3.1　代际转移的企业家隐性知识

在研究过程中,对于某个概念的明确界定是任何社会科学研究领域理论体系构建的前提和基石,简单而明确地定义一个概念是一项极具难度的工作。

3.1.1　企业家隐性知识的界定

(1)知识的基本概念与分类

知识是一个我们每天接触而又十分抽象的概念,从古至今关于知识的界定一直存在争议。有学者视古希腊时期以来哲学史为探索"知识是什么?"这类问题的答案的过程,西方哲学家一般都接受柏拉图首次提出知识的界定:"经过验证的真实信念"(justified true belief)。然而要精确定义知识是非常困难的,知识的定义在逻辑上距离完美相去甚远(Nonaka & Takeuchi,1995)。我们只有明确知识的概念界定和分类,才能有效地利用知识提高生产效率(Purser & Pasmore,1992)。

从现有研究文献整理来看,其中比较具有代表性的界定就是从数据(data)、信息(information)和知识(knowledge)三个概念之间的区别与联系来对知识进行认识的(Bender & Fish,2000;Boisot,1998;Zack,1999;疏礼兵,2006)。Boisot(1998)认为,数据是人们一系列观察事物并以一定形式来记录,其本身没有任何意义。信息是将数据按照一定的逻辑进行有机的整理,赋予数据一定的意义。而知识则是人们对信息的分析和应用。人们往往把知识与信息之间的关系比喻称为相互支持的关系,即信息的开发需要大量知识应用,知识的创造需要庞大信息资料的投入。因此,总结上述三者之间的关系,可以归纳为一种明显的阶梯深入关系,同时它们内部又存在一定的转化规律。

根据知识应用的不同角度,知识有着多种不同的分类方式,其中最具影响力和说服力的当属把知识分类为两个维度:Polanyi(1958,1962,1967)首次明确提出显性知识(explicit knowledge)和隐性知识(tacit knowledge)的概念(Polanyi,1966;Nonaka & Takeuchi,1995;Nonaka & Konno,1998)。基于 Polanyi(1958，1962,1967)的分类方式,显性知识(相互链接或者可编码)是能够以系统语言或者编码被转移,不需要链接非常复杂的情景而具有意义(Polanyi,1966)。在这层意思上,企业内包含信息(内外部统计,产品描述等)的许多元素是显性知识的例证,这是因为它们很容易被转移。而隐性知识相关的知识很难表达或者正规化,正如 Polanyi 指出,"我们知道的多于我们说的"。其原因是隐性知识通过个体和所处环境之间的相互作用而出现和发展,最终成为特殊情景下的产物。关于隐性知识的这个概念,Nonaka(1994)和 Takeuchi(2001)都相信隐性知识具有技术和认知两个维度。技术性隐性知识是技能诀窍,通过经验暗中精通。其通常不可能由个体说清楚或者描述这个技术性的诀窍,但是它依旧能够通过非文字、观察和行为模仿等手段被转移,由专家辅导从学徒转变成专家。认知隐性知识是一种通过"心智模式"或者榜样情景暗中表达的知识。这些心智模式如此根深蒂固以至于我们认为它们是理所当然的。当专家被要求说清楚他们的认知隐性知识的时候,他们口头表述可能错误,这是因为在意识层面他们也不见得知道为什么选择某一行为(Schon,1983)。因此,他们的解释与他们的想法相关,应该强调他们的知识,而不是他们的实际行为(Hsia, 1993；Johnson, 1983；Parnas & Clements,1986)。可是 Nonaka 和 Takeuchi 认为这个隐性知识至少可以使用暗喻、类比和举例的方式部分明确表述。Sternberg 和 Wagner(1986)以及 Klein、Calderwood 和 MacGregor(1989)认为基于讲故事的形式促进这种隐性知识的提炼,推动了访谈技巧提升和隐性知识的有效转移。

(2)个体隐性知识

关于隐性知识也可以分为个体隐性知识和组织隐性知识,围绕本研究的目标,我们就此对个体隐性知识的概念进行总结分析。Ambrosini & Bowman(2001)认为隐性知识是唯一与个体的技能发展相关的要素。Blackler(1995),Castillo(2002)和 Lam(2000)等却把隐性技能和隐性知识视为一体,没有区别。然而,学者们的研究也相继聚焦在是否能够明确表达或者转移到他人这个关键点的个体隐性知识。

Castillo(2002)与 Ambrosini 和 Bowman(2001)不仅考虑了集体维度的隐性知识,而且也区分了个体隐性知识内涵的三个层次。Castillo 认为隐性知识的第一层次,即非表达型隐性知识是指内隐学习的结果和完全地难以表述或者 Ambrosini 所谓的"根深蒂固"的知识。非表达型隐性知识对于个体极为困难使用,所以不太可能明确地转移给其他个体(Ambrosini & Bowman,

2001；Castillo，2002；Leonard & Sensiper，1998）。然而，Nonaka 定义的隐性知识的技能诀窍形式属于非表达种类，因为它是含蓄精通和表述不清的，但是通过学习、观察和辅导的方法，它依旧以更加睿智的方式进行转移（Leonard & Sensiper，1998；Nonaka，1994；Spender，1996）。

　　Castillo 认为隐性知识的第二层含义是睿智知识，相匹配的是 Ambrosini 的"不完美表述的技能"和 Nonaka 的隐性知识认知形式。睿智知识是知识的隐性形式，"散发尖锐、锋利的实践感受"。Ambrosini 认同 Nonaka 的观点，作为暗喻和类比的方式观察这种知识。

　　最终，Castillo 的第三层次隐性知识是语义知识，这是一种含蓄制造的显性知识，或者是 Nonaka 知识创造理论中的"内部化"概念。识别语义知识通常来自专家间的交谈，基于他们在专业领域对技术基础和抽象表述的一般理解，所以从未明确论述基础术语和概念（Castillo，2002）。无论如何语义，知识只要清晰表述一次，就可以相对容易地通过提问形式重新捕获（Ambrosini & Bowman，2001；Castillo，2002；Nonaka，1994）。

　　针对上述对个体隐性知识的界定，总结部分有代表性的观点梳理归纳成表 3-1：

表 3-1　个体隐性知识概念界定——部分学者代表性观点

如何获取？	如何保留？	如何显示、表达和转移？	学术语言
隐式	隐式	表现在产出或者行动。 最有可能以技巧为基础。 表述不清。 通过演示、观察、当学徒、行为模仿、实际应用或者行为来转移。	非表达型隐性知识 根深蒂固的隐性技能 具体化知识 技术技能诀窍 无意识知识子集
隐式	隐式	表现在产出或者行为，以及尖锐、锋利的实践感受演示。 最有可能通过心智模式或者示范认知。 也许部分表述，虽然尝试解释，但是可能是错误的。 转移方式上同，再加上辅导、暗喻、类比、讲故事、关键事件研究和示范等方法。	睿智隐性知识 无法表述的隐性技能 隐性知识——认知维度 实践思维 实践智力——隐性知识 无意识知识子集

续表

如何获取?	如何保留?	如何显示、表达和转移?	学术语言
显式	隐式	表现在共同或者分享技术基础的理解和专业领域的抽象表达。 已经"内部化"的显性知识。 清晰表达。 转移方式是通过询问来引导出或者浮出潜在的显性知识。	语义隐性知识 能够清晰表述的隐性技能 内部化(从显性到隐性) 有意识知识子集
显式	显式	从集体储存的"硬数据"来解释个体能力。 容易表述。 通过正式学习的步骤进行转移,例如学校、阅读、正式的培训等等。	客观知识 有意识知识 脑化知识 陈述性知识

（3）概念界定

Busch(2003)提出隐性知识的主要特征是难以被识别、编码和表述的,但是研究发现相当一部分的隐性知识经过长期训练和不断积累是可以进行编码的。比如"学习骑车技巧",到"人际往来、商务交流中的诀窍"等隐性知识可以通过一些长期的反复的训练和积累达到知识的明确表达。

关于知识转移的载体,在家族企业代际间隐性知识转移涉及的关系至少有两个主体(Hendriks,1999),即知识的拥有者(一般是父母,即在任企业家)和知识的接收者(一般是儿女,即继任企业家)。正如 Hedlund(1994)、Nonaka 和 Takeuchi(1995)提出根据知识在不同媒体转移分类,可以分为个人层面、团队层面、组织层面以及组织间层面这四个不同层次互动所构成,而本研究的知识转移载体限定在家族企业代际间企业家,即家族企业内来自家族成员的企业家双方。

然而至今学者对于企业家的认识也存在差异,法国经济学家萨伊(1888)认为,企业家是土地、劳动、资本这三个生产要素之外的第四个生产要素,承担着可能破产风险的冒险家;英国经济学家马歇尔(1890)提出,企业家是具有洞察力和创新力,能够发现市场的不均衡,充分利用市场要素获取财富的组织化的人物;美国经济学家熊彼特(1943)提示企业家是在经济结构内部不断突变,进行创造性破坏,实现经济创新的人物;美国经济学家德鲁克指出企业家是变革者,能够承担风险并且善于利用机会的人;孙俊华、陈传明(2009)对于企业家的定义,认为企业家在战略管理中的角色,将其界定为在不确定环境中承担经营风险、进行战略决策并为战略实施进行动员和配置稀缺性资源的人格代表或阶层。由上表述也可看出企业家的一些共通本质特征:冒险家,创新者,而我们的研究对象就限定在这些具有特殊特征的企业家中。

综上所述,作为特殊个体的企业家,企业家所具有的企业家隐性知识界定为,具有冒险和创新精神的企业家拥有的难以用语言、文字等结构化的方式直接清楚表达的知识。其主要特征在于:其一,难以通过语言进行逻辑的说明和难以用规则的形式加以转移;其二,个体隐性知识通常由技能、诀窍、习惯、信念、个人特技、洞察力、直觉、企业文化和共同愿景等形式得以呈现;其三,具有难以规范和不易转移的特征。而正是由于这些特征,企业家隐性知识才能够成为企业防止因为受到模仿而损失企业的核心能力,进而丧失竞争优势。同时,由于企业家隐性知识超越了单纯的技术能力等范畴,还包括个体思想上的价值观和理念等,所以其发挥的功效远远大于显性知识。对家族企业来说,企业家隐性知识转移比权力交接更难。

Le Breton-Miler 等(2004)认为家族企业代际间企业家隐性知识的吸收应该开始在晚餐桌上,构建于企业工作现场,持续整个职业生涯。这种关系构建在家族成员内部关系的基础上才能实现真正的转移。综合来看,代际间企业家隐性知识的吸收和积累是一个漫长的过程,也是家族成员内由隐性知识持有者向接收者转移的过程。

3.1.2 代际转移的企业家隐性知识的影响要素

Szulanski(2000)在对组织内部的知识转移进行研究的过程中提出企业家隐性知识的转移具有"黏性",所以探讨哪些要素会影响以及如何影响家族企业家隐性知识的有效传递过程是一个重要的研究议题。综合梳理国外在此领域的相关文献,归纳为以下几个方面:

3.1.2.1 隐性知识识别问题

家族企业大都集中控制了企业所有权和经营权,数十年在重要决策制定方面几乎没有变化(Miller et al.,2003)。随着时间的流逝积累了大量知识,而家族企业往往没有刻意去划分这些知识(Hatak et al.,2013)。事实上,在任者常常构建具有个人色彩的社会网络关系,不仅和家族企业内部利益相关者,比如员工、股东或者家庭成员,而且和外部的利益相关者相关,比如顾客、供应商和相关公共部门(Sharma，2001)。然而破解现有企业家社会网络关系,即具有隐性知识特征的社会网络关系是非常困难的,每种关系的交易内容都不是相通的,关系并不是出现什么就是什么,比起正式表述或者最初意图,关系总是提供不一样的资源(Granovetter，1985)。作为结果,在很多情况下在任企业家就成为企业如何运作的隐性知识库(Steier，2001),以及运作的结果程度都会对家族企业延续产生关键性影响(Sirmon & Hitt，2003)。

　　然而,随着时间的流逝,在任企业家积累的所有的知识并不是和将来企业运营有关,这是因为环境变化可能贬低以前的重要知识(Chirico & Salvato，2008)。因此,要使企业家隐性知识在代际传承的过程中发挥功效,作为第一步不得不识别在任企业家应具备什么相关知识。在这一点上,在任企业家往往没有直接感知到自己拥有关键知识是什么,从而造成企业面临显著的挑战(Brown & Duguid，1998)。为了解决这个识别问题,作为先决条件,在任企业家不得不反思自己的行为和决策,以便自己能够筛选出对于继任者具有重要意义的隐性知识(Kransdorff & Williams，2000)。另一方面,为了避免继任者知识与在任者转移的知识无法相通,阻碍代际间知识转移,继任者也需要主动了解、分析和获取在任企业家的知识。

　　因此,如果家族企业继任者早期暴露知识储备不足问题,那么就能够减弱相关知识识别和转移所引发的问题(Le Breton-Miller et al.，2004)。从年少开始和家族一起生活、和企业一起工作,能够使继任者感受在任者的心理历程、想法和经验,这些经历可以使在任者的相关隐性知识逐步曝光、识别,有利于家族企业传承过程中隐性知识在代际间顺利、高效转移。

3.1.2.2　在任者/继任者能力与动机

　　关于企业家隐性知识的有效转移,Szulanski(1996)考虑到的另一个影响要素是关于在任者/继任者能力和动机问题。在接手企业所需的众多能力当中,继任者吸收能力对于知识成功转移极为重要。Szulanski(1996)认为吸收能力是指识别、消化以及应用有价值的新信息的能力。Cohen 和 Levinthal(1990)也认为吸收能力是一种理解、吸收和应用新知识的能力。这是一种先验知识的功效。这是因为随着时间的流逝,隐性知识是含蓄的经验沉淀,许多事先交换、常见的社会化、先天的信任和理解将可能提升吸收能力——使家族成员比非家族成员占优势(Jaskiewicz et al.，2013)。当继任者具备初步的知识储备时,那么在一定程度上有助于接收上代企业家转移的知识。如果继任者自身不具备一定的知识储备,那么就不能理解和吸收新的知识,更不可能对知识进行重构和编码,最终形成自己的知识体系(Kogut & Zander,1993)。

同时,在任者优异的知识传递能力也是提高知识转移效率和质量的重要前提。知识转移能力是指知识发送者能够根据知识本身的特性,选择合适的传递渠道,同时能以适合接收者理解和吸收的方式传递知识。在任者在创建企业的过程中积累的大量隐性知识具有默会性、专有性,往往难以表达和编码,所以在任者必须提高自身的知识转移能力,与继任者建立良好的关系,赢得继任者的信任从而有助于自己的隐性知识转移。

随着传承过程的发展,在任者也可能遭受动机问题。感受自己地位或者价值的丧失,确实这会成为创业者的外伤(Lansberg,1988)。在家族企业情境下在任者抗拒改变的意愿提升将影响积极转移知识(Roessl,2005)。如果在任者拒绝转移自己的知识,那么可能对家族企业内的延续产生影响,而在家族内表现为维持"家长立场"(Sharma et al.,2003)。不仅作为一个企业家,在任者有资格评估家族成员是否为合格的继任者,而且作为在企业工作的家庭成员,他们仍然能够选择家庭成员成为继任者(Handler,1990)。通常在任者在自己的位置上不得不转移自己的知识到作为继任者的家庭成员,但是如果面对继任者缺乏技能或动机,那么在任者担心企业未来,有可能刻意隐藏自己某些关键知识(Zellweger et al.,2012)。

同样,大量家族企业传承失败的原因都在于继任者可能拒绝和低估在任者提供的知识,或者继任者没有接班的兴趣和动机(Cabrera-Suárez et al.,2001)。继任者缺乏动机会导致消极被动、甚至抗拒接收父辈传递过来的各类知识。所以家族企业继任者不仅在行动上积极主动地接收上一辈所传承的各类知识,并且在心理上具有接替家族事业的真正意愿之时,代际间知识转移的通道才会顺利通畅。

3.1.2.3　企业家代际间信任关系

在家族企业成功传承研究中作为一个要素需要培养和创造的就是两代企业家之间的信任(Anderson et al.,2005)。所谓信任,就是理解委托人的期望,代理人也自动愿意放弃机会主义,信任能够吸收家族企业继任固有行为风险(Hatak et al.,2013)。因此,如果其他协调机制完全无法起作用,或者如果他们在降低风险上代价昂贵,那么在任者和继任者之间基于信任的关系能够协调出一个有效知识转移(Chirico & Salvato,2008;Sharma et al.,2003)。信任作为一种在任者和继任者关系协调的基础,有效的知识转移的前提是在任者必须明确继任者是否值得信任,往往在进入信任关系之前这个特征在很大程度上是隐蔽的(Levin & Cross，2004)。

同时，两代人缺乏信任作为一个要素阻碍传承也受到广泛研究(De Massis et al.，2008)。Brockhaus(2004)描述的信任作为先兆、基础或者先决条件对企业隐性知识有效转移发挥作用。在涉及 10 家企业的案例研究中，Cater 和 Justis(2009)发现从创业者到继任者的知识转移发生在亲密的两代人之间的关系，它基于信任。Cadieux 等(2002)也认为作为企业家知识转移的先兆，必要的信任在于创业者放弃企业的控制，增加对家族知识转移的支持作用。

家族企业传承中，两代企业家相互信任的程度影响隐性知识转移过程(Henry，2013)。嵌入家庭的这个信任不同于在企业内信任，家庭信任起源于家庭(Arregle et al.，2007)，它的发展也不同于非家族企业(Sundaramurthy，2008)。两个个体关系的强度不同决定了感受到的信任级别和隐性知识发送和接收者的关系亲密程度具有差异。因此，Barach 和 Ganitsky(1995)强调两代人合作关系的关键特征必须是积极的共同感受。根据这些研究，继任者需要相信自己获取在任者的尊重，由此他们的关系愈发变得成熟(替代父子关系的正式关系)。为了处理这些命题，Matthews 等(1999)建议通过感知的等级编码和分类的过程，让两代人之间相互评估对方和自己来影响传承过程。这个成熟的沟通要求调和两代人的期望。为了实现这个组合，继任者应该接受父母的某个策略，即使他们不同意。同样地，父母应该力图适应继任者的某些发展需要。

另一方面，Fiegener 等(1994)总结家族企业继任者成长中特别青睐个性化，直接聚焦于关系。他们注意到家族企业领导者以导师制和督导制的形式参与到继任者的培养，这是因为他们相信两代企业家间紧密的互动是经验等知识传递的最优形式。因此，这个学习方法促进继任者对隐性知识的吸收。与此类似，Brown 和 Duguid(1998)指出知识在兼容的社会环境容易转移，Szulanski(1996)注意到一个困难的关系阻碍正确的知识转移，根据亲密程度和沟通流畅度，他主张在家族企业内信任关系对有效地转移知识是一种决定要素。

同样地，Handler(1989)描述两代企业家间关系越好，越具有尊敬、理解和互助行为的特征，在传承过程中成功的可能性更大。其原因是那些具有工作关系特征的个体在企业倾向于感受到支持、承认以及更满足于他们的经验本身。为了互相学习和建立友谊，这些感受涉及信任、反馈和能力的发展，在第二代企业家进入企业以及作为工作关系持续存在之前已经注定了彼此友谊的演化结果。

因此,Cabrera-Suarez 等(2001)指出代际间信任关系是重要的,这是因为它会影响在任者去指导和训练继任者,以及是否把自身掌握的隐性知识转移给继任者。如果两代企业家的关系以开放、诚实、成熟的沟通为特征,那就有可能双方会表达自己真实的愿景和期望,向往企业的持续发展,结果促进代际间隐性知识的转移。

3.1.2.4　家族情景

家族情境,具有和谐的价值观和信任特征更有可能培养一个高质量家族成员间的关系,从而促进知识转移(Bracci,2008)。根据组织内、个体间的关系分类,可以分为家族组织内成员关系和同世代关系。

（1）家族成员间关系

在家族成员内,促进知识转移的特殊特征也表现为它们的承诺、信心、信任、名誉、诀窍和强烈的身份认同(Bracci,2008)。此外这些企业拥有一种共同的家族语言,这种语言在家族内会出现更有效的沟通和交换更多的信息(Hoffmanet al.,2006)。家族企业可以代表一种强社会共同体,定义为组织成员间开放式沟通的关系网络。在这个共同体中,个人的接触是知识交流的基础(Zahra et al.,2007)。家族企业也表现为家族成员的高承诺和高奉献。在家族成员身上我们可以观察到这个特征,相较非家族企业他们相信自己拥有家族责任,如同其他员工一样感到自己是团队的一部分和展示更多热情的态度(Gallo,1995)。

同样地,客户信任和质量感知是家族企业的另一个特征。此类企业常常保持自己的做事风格——与他们的竞争对手有所区别的特殊技术或者商业诀窍。这些和其他稀少的、有价值的、无形的、不可模仿的家族企业资产可以使企业得到发展、选择和实施战略,而不具备这些资产的企业则无法实施。所以,家族企业的独特特征让某些战略资源和能力能够解释它的长期成功(Habbershon & Williams,1999)。

传承多代的家族企业,代际间相互一起工作、交换想法,促进家族成员之间多元化的学习(Barroso et al.,2013)。这种情况下,家族成员相互面对面交流,更长时间的互助学习可以使成员很好地工作在一起,彼此帮助来创造、分享和转移他们的知识(Chirico,2008)。关于家族内的关系,成员越团结、拉近彼此的距离,知识越容易转移,这是因为将有更多的非正式接触的机会(Zapata et al.,2009)。在非正式的接触中将获取更多的知识,因为无意识地传输，家族成员间的这种沟通会出现知识的转移，特别是隐性知识（Trevinyo-Rodríguez ＆ Tàpies，2010）。

（2）同世代关系

家族企业成长面临重要的障碍之一是继任者之间相互冲突（Ward，1997）。如果同世代成员间的关系运作失误，影响继任者之间的知识的分享和转移，就有可能重蹈同门相残的"玄武门之变"。

当同世代成员共同工作时，他们经常扮演不同的角色。同时他们能成为家族、所有者、员工、老板、下属和管理者等，因为无法区分从家族范围到企业范围，这将在其成员内产生困惑（Kellermanns ＆ Eddleston，2004），这些特征对企业会产生优势和劣势（Tagiuri ＆ Davis，1996）。尽管分享知识的事实是重要的，但是 Zahra 等（2007）指出这些要素又限制继任者之间的知识交换。特别是家族企业内大部分具有价值的知识通常由单一家族成员或者指定的家族成员控制，由此可以提升家族对企业的掌控能力。所以一个有限的经验交换方式会抑制家族企业发展创新能力。同世代的成员内角色的多样性有时因为试图拥有他人的职位，倾向表现为嫉妒，从而导致沟通障碍，最终影响较低效的知识转移（Stanley et al.，1995）。

所以为了避免同世代人相互干扰，人们应该尝试避免同世代关系冲突。为了做到这一点，有必要以一个感知到的努力去满足和理解其他人的需要，每个同世代成员必须清晰自己的角色定位，理顺和其他家庭成员沟通渠道，同时也有必要分享自己掌握的信息（Handler，1991）。因此，同世代成员间良好关系将会促进知识的快速转移。

3.1.2.5　继任者性别

男女继任者在获取企业知识上是有差异的，所以继任者的性别差异在家族企业传承过程中影响知识转移过程。比起父子间关系质量可能受到性别的影响，父女关系通常具有更多互补而更少争议的状况，但是 Dumas（1992）认为某些传统性别观念会限制女性继任者通向企业领导者的职位。Dumas（1990）认为在家族或者企业发生突发事件时，通常假设儿子将在企业领导岗位上接班，而女儿仅仅是定义为候选人。与儿子相比，Dumas（1989）指出女儿往往陷入女儿角色和企业内角色之间困惑。Martinez-Jimenez（2009）归纳女性持有隐性能力、情绪领导、传承和长子继任权、家族企业职业生涯以及运作家族这五个特征。Vera 和 Dean（2005）研究认为女性继任者，她们不得不像男性继任者一样努力工作，构建她们自己的身份。女性传统上主要职责是照顾小孩操持家务,此前即使男性承担一些照顾小孩和家庭的事物,但是女性还是保留主要的职能。所以当女性运作她们自己的企业时,在家庭忍受的经历将使她们寻找更多的工作——生活上的平衡(Adkins et al.,2013)。最近家族企业出现更多的女性作为领导者,但是在企业组织面上,男女面对的挑战无论家族还是非家族企业都是一样的。

3.1.2.6　裙带关系

此外,我们必须考虑在文献中被识别的一些其他重要变量影响代际转移的企业家隐性知识。比如 Jaskiewicz 等(2013)发展一个概念模型来解释为什么一些家族企业得益于裙带关系,而另一些不会。他们利用社会交换理论(SET)来识别裙带如何被选择和裙带关系的独特类型会对组织带来什么结果,并且辨别出裙带关系的两种类型——互惠裙带(reciprocal nepotism)和权利裙带(entitlement nepotism)。互惠裙带与三种家族情况(即互相依赖,交流程度,对家庭成员法定抚养义务)有关。这些情况在企业内家庭成员之间能导致广义社会交换关系。由于广义交换关系对于有效隐性知识管理的存在重要影响,所以互惠裙带能够增进企业隐性知识转移的实力,最终保持或者改善企业竞争性优势。与此相反,权利裙带不考虑家族情况发生的变化,限制企业内家族成员的社会交换,最终忽视与家族关系有关的潜在利益等等。

3.1.3　家族企业代际转移的企业家隐性知识测量研究

隐性知识转移的目的是向接收者成功传递,由于个体获取关键的知识往往是具有内隐性和复杂结构(Nonaka,1991),所以它的转移往往难以识别和测量(Spender & Grant,1996)。通过对大量相关文献的梳理,笔者发现此领域有如下特征:

(1)文献中对于家族企业代际转移的企业家隐性知识研究以质性研究为主。

关于代际转移的企业家隐性知识对家族企业成功传承的研究在西方也只有十多年时间,梳理现有研究我们发现目前的研究成果主要由质性研究获取。Hugron(1991)描述家族企业代际传承是从在任者到继任者管理诀窍(know-how)和所有权的转移的过程。在他的模型中,管理诀窍转移的过程被分成四个步骤,其中第一阶段传授家族信奉的价值观、规范和行为,第三阶段管理诀窍通过态度、技能、知识和权力等形式传递,这将有助于家族企业持续发展

(Dumas et al.，1995)。Drozdow(1998)讨论家族企业持续性应该定义为一系列独特的核心要素(elements)的留存,同时意味着多个要素的消失。所以他认为家族企业必须确保七项要素的留存,分别是战略、所有权及其治理、家族对企业的控制、家族的凝聚力、企业文化、使命以及独立自主。Cabrera-Suárez 等(2001)综合前人的研究,基于企业知识观理论,首次规范分析提出家族企业必须发挥自身的"家族性",即通过嵌入到企业家的隐性知识(tacit knowledge)来整合、协调和动员这些资源和能力以维持竞争优势,顺利进行企业成功传承。Tan 和 Fock(2001)认为新加坡华人家族企业成功延续的要素(factors)是企业家领导力、企业家精神传递和家族价值观等。Lee 等(2003)把嵌入到企业创始人身上的特殊人力资本(specific human capital)作为企业家隐性知识的一种形式。Lambrecht(2005)指出家族企业的传递是一个终身持续的过程,这个过程中家族必须重视培养传递过程的内在要素(soft element):企业家精神、自由、价值观、外部经验、教养和教育。Kellermanns 和 Eddleston(2006)提出为了家族企业保持竞争优势,在家族企业传承中关键要素(key factor)是理解企业家精神以及在传承和成长中如何识别、追求以及充分地运用。Cadieux 等(2007)对四位女性企业家案例研究的结果认为两代人之间存在相互交流(exchange),她们向继任者灌输的是企业责任、重大决策的诀窍、商界知识以及她们的经验,同时她们也从继任者身上吸收学术知识和对商界的看法。在国内,通过基于个体隐性知识研究的理论推导,丁栋虹和赵荔(2009)理论分析了企业家隐性知识水平差异对实践能力的影响。他们提出企业家经验、学习风格和网络等特征构成隐性知识水平的概念模型,其中最重要的因素是企业家经过经验性学习转化成为个体隐性知识。

(2)在实证研究中学者借鉴或引用测量量表的时候,没有对知识与隐性知识转移进行严格的区分,所以导致早期研究隐性知识转移与知识转移的测量量表常常会混淆使用。

在知识转移的测量方面,Cummingsa 等(2003)把知识转移的测量方法主要分为四类,其标准分别是知识转移的数量、完成预算程度、源知识再创造程度和内部化程度等,其中在家族企业应用最广泛的测量是第一种方法和第四种方法。第一种方法,提出在一定的时间内用知识转移的效果来衡量,比如单位时间内流动知识的数量或者质量(Hakanson & Nobel,1998)。如 Hatak 等(2013)结合自身测量过程的研究目标,选择了基于内部效度的实验场景模拟法对代际间知识转移进行测量。知识转移的维度分为两个部分,一部分是公布信息(open information)的数量,一部分是可靠信息(honest information)的质量(对于可靠信息作者进行了权重处理)。第四种方法,取决于从知识接收方获取知识的产权、承诺和满意程度等变量指标,即基于制度理论有效的知识转移取决于知识内化与吸收程度(Meyer & Rowan,1977)。Simonin(1999)和 Joshi 等(2004)认为知识接收者的主观度量思路的变化,才能充分地理解知识有效吸收、利用以及再创造。Cummingsa 等(2003)理解知识接收方的承诺主要包含他们对知识的认知程度和知识的转化能力等。按照他们的设计,知识(诀窍)转移测量条目分为三部分,分别是所有权获取、承诺、满意度。基于方法四的研究,国内学者窦军生(2009)实证检验了企业家默会知识(隐性知识)代际转移效果的四个维度:诀窍知识承诺、诀窍知识获取、心智模式承诺、心智模式领悟。

Drozdow(1998)提出家族企业的代际传承是一个多维的现象,成功传承意味着一系列核心要素的留存和转移,Lee 等(2003)认为在第一代家族企业中,能够给企业带来竞争优势的独特要素往往是被创业者私人拥有,并以企业家隐性知识的形式存在。诸多心理学研究也表明,个体隐性知识与企业竞争优势存在较强的相关性,所以通过个体隐性知识测量可以一定程度上预测工作的绩效。McClelland(1973)指出在校的成绩、智力测验、态度测验分值不能预测职业上的成功,而所谓个体隐性知识与上述测验则更能预测重要地位。Wigdor 和 Garner(1982)研究表明智力测验只能解释 4% 的工作绩效变异。然而 Wagner 等(1987)以企业职业经理人为调研对象,结果显示隐性知识与工作绩效之间存在 $0.56(p \leqslant 0.05)$ 的相关性;Sternberg 等(1995)也发现个体隐性知识与管理者自身的成就具有相关性,与报酬为 $R=0.39$、工龄为 $R=0.38$ 和职位水平为 $R=0.36(p \leqslant 0.001)$。由此笔者可以认为,如果可以明确测量个体隐性知识的内涵等各项指标,那么我们就可以预测其个体将来的绩效,从而影响个体所属整个组织的绩效和成长。

然而事实上目前界定并且测量个体隐性知识及其转移的研究成果基本上是依据研究的需要而开展的,尚无统一的标准。Sternberg 和他的耶鲁团队自 20 世纪 80 年代从心理学角度界定了隐性知识,他们认为作为实践智力(practical intelligence)隐性知识具有三个特征,从周围的情景中获取、能够引导行为和实用性引导好的绩效。然后他们(2000)也对隐性知识进行了测量,对象分别是管理者、销售员和商务人士等,制定了"管理者隐性知识调查表"用于测量个体隐性知识得分的高低。测试设置一定的情景,分别让专家和新手同时处理这个问题,然后比较他们实际处理的差异并给出质量评估(Difference between Expertise and Novice);Wagner(1987)在Sternberg等研究基础上进行改进,把隐性知识分为内容、情景和取向三个维度,并且提出隐性知识不仅包括经验的数量,而且包含学习和利用知识的质量;Keer(1991)采用评价中心法(assessment center),发现隐性知识与模拟绩效具有相关性;Martz等(2003)对学生内隐学习与隐性知识转移进行了测试,结果显示在内隐学习中学习经验活动增加与隐性知识的数量具有正向的关联。在国内也有学者对隐性知识测量进行了尝试,如郑兰琴和黄荣怀(2005)综合国外的已有研究成果,结合中国的情景设计了与大学生相关的隐性知识评价指标体系。

关于隐性知识的转移,Szulanski(1996)在对组织内部的知识转移进行研究的过程中提出企业家隐性知识的转移具有"黏性",其转移过程受到诸多要素影响。Zander和Kogut(1995)根据Rogers(1980)定义"创新"构念的五个维度和Winter(1987)对企业知识的五种分类法,开发并实证了隐性知识转移的五个维度测量量表。他们强调隐性知识转移的构念不同于知识转移,而且隐性特征如果只有一个维度是令人费解的。所以隐性知识转移具体维度包括:可编码性、可传授性、复杂性、系统依赖性和结果可观察性,每个维度分别设置了3~5条不等测量条目。Subramaniam和Venkatraman(2001)据此引用选取隐性知识的复杂性、可编码性和可观察性三个维度构成隐性知识转移对组织的跨国产品开发能力具有显著的影响,最终跨越国界的隐性知识转移能使企业获取竞争优势。Cavusgil等(2003)也采用此量表的三个维度,通过回归分析验证了有效转移的隐性知识对美国企业(制造服务业)创新能力具有显著的正向作用,另外它与隐性知识转移双方之间的关系也呈现显著正向作用等。其他相关的隐性知识转移的测量,如Joia和Lemos(2010)关于巴西企业在新老员工个体间隐性知识转移方面,综合以往的文献认为在13种情况下会产生影响作用,如个体时间管理、训练的类型、多元信任、共同语言、关系网络、知识路径、奖励、知识转让、知识储存、权力、咨询有利环境、关键知识类型、媒体。据此问卷测量设计成为13个条目,采用定序数据5级里克特量表。

（3）为了维持家族企业持续竞争优势，代际转移的企业家隐性知识等学术研究术语的使用有待统一。

根据上述研究成果来看，无论是企业实践还是学术研究，企业家在日常企业工作中很少对知识进行筛选和分类，随着企业情景的变化部分贬低了隐性知识的价值。所以对于代际间需要传递的隐性知识的表述就十分混乱，比如诀窍（know-how）、核心要素（core element）、隐性知识（tacit knowledge）、要素（factors）、特殊人力资本（specific human capital）、内在要素（soft element）等。从出现的频率和重视程度来看，专业术语主要围绕企业家隐性知识和企业家人力资本的转移居多，这两个术语哪个更符合实际研究的现实呢？

从人力资本理论视角，Sardeshmukh 等（2011）认为继任者人力资本分为特殊人力资本和一般人力资本。特殊人力资本通过家族企业内训练和经验而形成，它能够使个体获得一个特定企业的独特相关技能，而在外部情景下不具有一般的适用性或者可转移性；而一般人力资本适合跨情景或者能够适用于多种情景，通过教育和外部工作经验得以发展。需要注意的是，所谓的继任者需要从家族企业获取的"特殊人力资本"恰恰具有特定情景、难以转移性、专用性、黏性、长期内部训练等一系列隐性知识的属性。另外，从人力资本本身定义来说，舒尔茨（1961）指出人力资本本身是无法在个体间进行转移的，它只能以知识的形式进行流动。因此这就解决了在代际间能够转移的部分不是人力资本而是知识，而能够产生企业竞争优势的又只是其中隐性知识部分。

3.2　企业家隐性知识要素提炼

Zander 和 Kogut（1995）初步梳理并提出隐性知识转移的测量量表，由于量表过多侧重隐性知识特性本身，另一方面由于"通用型"个体隐性知识转移的测量还在家族企业的研究中涉及企业家个体隐私等原因，所以他们自己还在对该理论和实证进行完善。在这种情况下，综合梳理国内外大量关于家族企业代际转移的企业家隐性知识的文献为起点，通过访谈等环节编制相应的题项库（question pool），通过题项编码界定分析、修订、信度效度检验等环节确定"家族企业代际转移的企业家隐性知识"量表问卷，本研究思路框架结构如图 3-1：

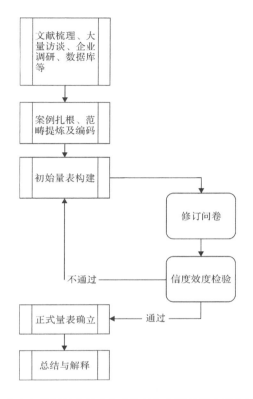

图 3-1　家族企业代际转移的企业家隐性知识测量量表研究思路框架图

3.2.1　研究方法选择

家族企业代际转移的企业家隐性知识的内涵以及如何实现量表测量是本章需要探索的核心问题,这个问题属于典型的"是什么"和"怎么样"问题。Yin(2004)认为在研究"是什么""怎么样"等类型的问题时,案例研究是比较适合的方法。该方法有助于我们对现实中复杂而具体的事物进行深入、全面的考察。对于家族企业代际转移的企业家隐性知识这个概念的内涵,目前尚无可以直接借鉴的成熟概念和变量测量量表。而且根据我们与企业家直接谈话的结果来看,很多访谈对象对代际转移的企业家隐性知识的理解出入较大,甚至存在相互矛盾的理解,由此研究小组综合判断直接结构化访谈和大样本问卷调查未必有效。所以研究小组决定通过半结构化深入访谈在任企业家与继任企业家以收集第一手家族企业代际传承案例资料,运用扎根理论的方法(grounded theory methodology)以便有效地探索家族企业代际转移的企业家隐性知识内涵的轮廓。

扎根理论的方法广泛应用到许多学科领域,比如心理学、社会学、管理学、教育学等等(Suddaby,2006；Shah & Corley,2006；Denzin & Lincoln,1994)。费小冬(2008)根据现有文献认为扎根理论研究方法共有三个版本,分别是原始版本(original version)、程序化版本(proceduralized version)和构建型版本(constructivist's approach),其中程序化扎根理论方式已经变得相当程序化和公式化,是目前使用最为广泛的版本。

Glaser(2001)认为扎根理论是提出一个由初始概念化、范畴化和主范畴特征所组成的行为模式概念化结果,围绕这样的中心范畴开展扎根理论并不是描述也不是验证(Glaser,1978)。扎根理论的目的并非描述研究的发现,而是形成全新的概念和理论(Denscombe,2003)。所以扎根理论研究分析通常涉及社会中最抽象、最具结合性的问题所在(Charmaz,1995)。由此,本节主要采用扎根理论这一探索性研究(exploring research)技术,分步骤来构建家族企业代际转移的企业家隐性知识的测量量表。例如通过对访谈文本资料进行初始编码、聚焦编码、轴心编码、理论编码和理论饱和度检验等。

3.2.2 资料来源及收集方式

研究的质量和可信性是从数据开始的。数据的深度和范围非常重要,基于丰富、充实而且彼此相关的数据是科学研究的基础。数据除了要具有发展核心范畴(core categories)的有用性之外,还有两个标准,分别是描述经验事件的确切性(suitability)和充分性(sufficiency)(Charmaz,2009)。

不管采用什么方法,都要充分搜集符合你所研究主体的数据,要尽可能给出关于该问题的完整图景。一些扎根理论学者(Glaser,1998；Stern,1994)反对关注数据的数量,认为对有限数据的小型研究也是合理的。他们认为小样本和有限数据并不会带来什么问题,因为扎根理论方法的目的就在于形成概念范畴,然后把数据收集指向了解释范畴的属性以及范畴之间的关系。经典扎根理论(Glaser & Strauss,1967；Glaser,1978)强调对行动和过程的分析。当通过数据搜集来形成我们的生成性(emerging)分析时,我们要同时进行数据搜集和分析,这一扎根理论的方法有助于我们始终重视对行动和过程的分析。

在本研究的过程中,笔者主要通过媒体报道信息、企业家数据库资料分析、企业接班人座谈会、较大规模企业家和子女深入访谈(depth interview)以及企业参观调研等途径来收集所需要的研究资料。

首先,笔者针对各种媒体的文字报道和视频访谈进行了信息的收集和分析,初步形成对该问题的感性认识。

其次,通过温州市工商联的非公有制经济代表人士数据库,检索和锁定调查样本对象的范围,通过对 1000 多位温州市非公企业家年龄等数据分析,实时把握家族企业企业家及其接班人的基本情况。

再次,参加了世界温州人新生代国情研修班,深入了解企业二代接班人对于家族企业传代接班的真实认识,以及对家族企业代际转移的企业家隐性知识的看法,记录下发生在他们企业内隐性知识在代际间转移的事例。

最后,形成针对家族企业创始人及其继任者深入访谈的半结构化访谈提纲,其主要围绕"您认为代际间企业家应该转移哪些企业家隐性知识(诀窍)才能有助于企业成功传承? 请列举最重要的 3 项,能否具体描述一下?"。在实施访谈之前,笔者有针对性提出的"家族企业代际转移的企业家隐性知识"问题在研究团队内进行了充分的交流、预演和完善。以此访谈提纲,笔者率先对温州市鹿城轻工产业园区、瓯海经济开发区东方路腾旭工业园、温州市望江西路金汇商住广场内的三家正在代际传承的家族企业进行了测试。在对提纲中个别比较特殊的措辞、解释、语法等做出修改之后,笔者通过温州市工商联和各地县工商联的推荐,对温州地区进行了正式访谈(访谈提纲见附录 1)。

之所以选择温州地区,是因为温州是中国民营经济最早出发地,在温州企业经历的事项对于全国各地的民营企业具有一定的风向标的作用。 所有参与我们访谈的企业家都是事先通知他们大致的访谈方向,等具体会面之后我们会提交一份纸质版访谈提纲并征得他们的同意。 大部分访谈都是在企业办公室内进行的,个别在工商联组织的企业家联席会之后进行。 访谈时间一般在1.5 小时以上。 访谈过程中,笔者和两位研究助理由于没有获取当事人的同意,所以相互配合进行现场交叉笔记记录,并在当晚将访谈内容整合、查漏补缺形成 Word 文本,并单独建立文件夹存档。 对企业家进行访谈的过程中,我们又针对地访谈了相关社科联的主管部门负责人,从另一个侧面获取相关的信息。 最后,通过媒体报道相关资料来补充和印证所获取的信息。

3.2.3　扎根案例样本选择

由于家族企业企业家隐性知识在代际间转移是一个复杂的漫长过程,所以我们在选择访谈样本企业时,除了考虑家族企业基本界定之外,还要考虑其所在的传承阶段。即我们在注重企业规模和代表性之外,尽可能选择不同传承阶段的企业和企业家,同时在访谈的过程中除了当事人——在任企业家和继任企业家之外,增加了企业职业经理人的访谈,确保企业内情景对家族企业隐性知识转移影响的视角。

所有访谈的前后工作经历了近半年时间,直到从访谈中采集的数据达到理论饱和(theoretical saturation),即当收集到全新案例不再对已有数据产生新的见解,即没有再出现新的概念、新的范畴之时,扎根理论就"饱和"了。在最后 3 次访谈中基本上没有获取新的信息,表明数据已经达到了足够的饱和度。最终我们总计访谈了 19 家企业 21 位对象,其中在任企业家 10 位,继任企业家 10 位,企业内部相关人员 1 位。笔者随机选择了 2/3 的访谈记录(14份)进行范畴构建和量表构建,另外 1/3 的访谈记录(7 份)则留作进行饱和度检验。

3.2.4   扎根案例企业特征

在对不同企业家及其相关人员访谈资料整理筛选之后,笔者确定了 19 家代表性企业作为量表设计的题项库,这些企业分别位于温州鹿城区、龙湾区、瓯海区、乐清市等地,涉及了制造业、农业、高科技、外贸、房地产等不同行业。其中绝大部分是白手起家,从企业规模来看,8 家企业的员工在 100 人以下,属于小型企业;4 家企业的员工在 100～500 人之间,属于中型企业;7 家企业的员工在 500 人以上,属于大型企业,其中正泰集团人数达到 29000 多人,属于特大型企业。从样本家族企业所处传承阶段来看,7 家企业的准接班人没有参与企业经营,其原因有在外创业、没有接班兴趣、两代人关系不佳、企业制度等;7 家企业的准接班人还在中层或者高层领导岗位上锻炼,参与部分企业经营与决策,对于重大决策需要与创业者请示之后方能执行;其余 5 家企业已经完成企业的权杖交接,第一代不参与企业的经营与重大决策,担任企业咨询或者转战其他领域发挥余热。最后,从受访者的性别来看,企业的创业者除了一位女性之外,剩余都是男性,继任者中有 3 位女性,16 位男性。深度访谈企业的基本情况如下(见表 3-2):

表 3-2　访谈企业基本情况

受访序号	公司名称	所属行业	员工人数	受访人职位	创业者与受访人关系	访谈时间	访谈地点	企业传承进展
1	温州市鹿城新兴实业有限公司	眼镜、外贸	1200	总经理	叔侄	2010-7-20	温州市鹿城轻工产业园区	创始人担任董事长,子女无意接班企业,目前培养侄子接任。
2	温州腾旭服饰有限公司	服装、外贸	1200	董事长/总经理	本人(女)	2010-7-20	瓯海经济开发区东方路腾旭工业园	创始人兼任董事长与总经理,子女尚幼,考虑经理人团队接班。
3	中国金旭达集团	房地产	100	总裁助理/经销经理	父女	2010-7-20	温州市望江西路金汇商住广场	创始人担任总裁,参与企业重大决策,有家属参与企业经营,培养女儿接班。
4	温州市法兰茜姆服饰有限公司	服装	80	董事长/总经理	本人	2010-7-21	温州经济开发区天目山路38号	创始人兼任双职,儿子帮助打理企业的一般事务,负责生产和运作管理。
5	温州市吉福五金有限公司	五金	50	董事长/总经理	父子	2010-7-21	温州市雁荡西路48号	创始人已经退休,继任企业家已经全面接班,全权负责企业事务。
6	浙江奥奔妮服饰有限公司	服装	1500	董事长	本人	2010-7-21	瓯海经济开发区瓯海大道378号	创始人担任董事长,女儿没有接班意愿与能力,将来考虑职业经理团队接班。
7	温州捷利达鞋业有限公司	制鞋	1200	总经理	父子	2010-7-22	温州经济开发区雁荡东路17号小区纬二路	创始人担任董事长,负责企业财务、生产,继任企业家负责开发和销售,人事方面父子协商。
8	浙江恒丰拉链有限公司	制造业	350	董事长	本人	2010-7-22	温州扶贫开发区凤舞路1号	创业者担任企业董事长,继任企业家对接班兴趣不高,在外有自己的副业。
9	温州精密互感器制造公司	高科技	100	董事长/总经理	本人	2010-7-22	温州经济开发区温州大道38号	创业者身兼两职,安排儿子从采购、人事,最后进入销售部门。
10	温州精密互感器制造公司	高科技	100	副总经理	父子	2010-7-22	温州经济开发区温州大道38号	接受父亲的培养思路,不断积累企业经营的知识,精益求精,强调信任和责任。
11	温州市文泰笔业有限公司	笔业	600	总经理	父子	2010-7-23	温州经济开发区温州大道185号	创业者担任董事长,继任企业家全面接手企业,母亲负责财务和原材料采购,创业者另外涉足餐饮行业。

续表

受访序号	公司名称	所属行业	员工人数	受访人职位	创业者与受访人关系	访谈时间	访谈地点	企业传承进展
12	江南控股集团有限公司	制造业	2500	董事长	本人	2010-7-23	温州香格里拉大酒店二楼大宴会厅	创业者担任董事长,书面宣布继任企业家接手企业,董事长只负责企业规划与重大决策。
13	温州金泰集团	外贸、机械等多元化	80	执行总裁	父子	2010-7-23	温州市鹿城路185弄19号	创业者担任董事长,负责公司财务和政府接触,儿子留学美国归来,全面接手集团事务,由亲属参与企业经营。
14	温州藤桥禽业有限公司	农业	260	总经理	父子	2010-8-6	温州市车站大道财富中心大厦803	创业者担任董事长,负责财务和投资,大哥负责生产,继任者负责销售和行政,家族成员占据企业重要岗位。
15	温州永高食品有限公司	食品	60	总经理	父子	2010-8-11	温州瓯海经济开发区	创业者担任董事长,但是平时已经没有参与企业管理,继任企业家全面接手企业,采取聚焦战略,收缩生产种类,提升品牌。
16	江南阀门有限公司	制造业	2500	总经理	父子	2010-8-14	温州去茶去茶餐厅	创业者担任集团董事长,继任企业家担任子公司负责人,子公司经营层面继任者负责,与集团关联事项要请示创始人。
17	温州市新伟金属材料有限公司	制造	30	总经理	本人	2010-8-30	温州市六虹钢材市场6-15号	创业者改制创业,依旧负责公司,子女对企业接班没有兴趣,在做IT产业,希望将来IT产业与家族企业相结合。
18	温州市瓯海房地产有限公司	房地产	30	书记/总经理	本人	2010-8-17	温州市景山勤奋组团19幢1-3层	创业者改制创业,3年后到期退休,由于是股份制企业,虽然是大股东,但是继任企业家的选拔会受到多因素的影响。
19	温州之民信息服务有限公司	高科技	50	董事长	本人	2010-8-31	温州市新城大道中园大厦A幢1603室	创业者身兼两职,有一女,国外留学,目前自主创业,只要女儿有兴趣接班,就要从基层做起,逐步过渡。
20	温州市化学用料厂	化工	70	董事长	本人	2010-8-31	仰义沿江工业区	创业者已经退休,两个儿子,大儿子接班,小儿子创业,创业者平时接受企业咨询。
21	正泰集团股份有限公司	电器	29000	公共事务部副总经理	同事	2010-9-18	温州红太阳宾馆大厅	创业者重视子女教育,让子女下企业基层锻炼,培养下一代不等于培养接班人,能则上,不能则下。

3.3　范畴提炼和量表构建

扎根理论编码至少包括四个主要步骤:首先,一个初始(开放式)阶段,为数据的每一个词、句子或者片断命名的初始编码;然后,通过在一大堆数据中发现和形成最突出的范畴的聚焦编码;再后,选择性阶段中使用最重要的或者出现最频繁的范畴来对大部分数据进行分类、综合和组织的轴心编码;最后,理论化阶段对于聚焦形成的各类范畴化编码进行深层挖掘,形成理论整合的理论编码。

在进行数据编码之前,笔者邀请了本研究相关领域的一位管理学副教授和一位博士成立编码小组,并且配合进行内容效度检验。我们随机选择了2/3被访者的数据进行了范畴化,剩下 1/3 的访谈记录打算在编码完成之后进行理论饱和度检验。

编码小组的工作分为两个步骤,首先每人分到总量 2/3 中的 1/3 企业家访谈记录数据,在告知这些专家家族企业代际转移的企业家隐性知识的相关概念的基础上,大家各自独立进行编码;然后,各自把自己手头编码后的数据汇报给小组,编码小组对每一条数据经过讨论进行打分表决。编码小组按照每一数据的描述对相应的初始概念、范畴和主范畴的适合程度进行评分:1 表示具有代表性;2 表示保留意见;3 表示不具代表性(Zaichkowsky,1985)。选择多数的意见以决定保留或者剔除初始概念和原始语句,如此反复直到获取多数意见。

3.3.1　初始编码

在初始阶段,广泛收集原始数据整理初始(开放式)编码,为进行编码数据范畴化夯实基础。初始编码(initial coding)是对原始数据内容进行逐字逐句定义的过程,是扎根理论编码分析的起始。初始编码就是把数据进行片段化处理,然后注明标签、分类进行概括和说明(Bowker & Star,1999)。质性代码把数据分解为片断,用简明的术语对其进行命名,并为解释每一部分数据提供分析性工具,以此来发展抽象概念。在初始编码过程中我们尽量使用被调查者原话从中发掘,这样可以减少编码过程人为偏见造成概念锁定和其他因素影响。经过这个流程,编码小组总共得到 170 余条由原始语句构架的初始概念。为了从繁杂的数据中精简和提取关键信息,编码小组逐条对信息进行核对和判断,选择了重复频次在三次以上的初始概念,删除了重复频次少于两次的初始概念,最终确定了53条初始概念数据。见表3-3。

表 3-3　初始概念化

编码序号	初始概念	原始语句
1	行为感知	A8.2 儿子已经在企业工作了,但从去年开始,儿子对接班开始不感兴趣,虽然儿子现在还在公司工作,但有部分精力放到开泡芙工坊上去了。(踏实做事,培养职业志趣*)
2	企业家直觉	A14.2 由于和父亲有一段共同创业的经历,在企业的从业志趣浓厚,懂得企业管理,能够接收新鲜事物。(培养职业志趣*)
3	环境认知	A20.3 他还经常带儿子出去谈生意,见世面,儿子从初中毕业之后就跟在他身边学习,总共跟在他身边十几年。(具有一定的职业志趣*)
4	创业培养	A19.1 丁总认为主要让子女自己去创造条件,需要自身的努力,如在创业中培养女儿的工作兴趣。(勤奋、努力,尽量提前做事*)
5	在行业树诚信	A9.2 公司诚实守信,凭着创新的技术和过硬的质量深得行业的好评。(对客户讲诚信*)
6	对客户讲信用	A10.2 与客户事先达成协议,互惠互利,做到真实公平。(做事诚信,互惠互利*)
7	对朋友讲信用	A3.1 我从父亲那学到了(要素):对朋友讲义气、讲信用。(讲义气、讲信用,但是有原则*)
8	对家族成员言行一致	A20.1 大儿子已经当厂长了,权力都下放给儿子了,包括财务方面。但是重大决策方面,李总会帮儿子参谋一下。(办企业、讲诚信*)
9	干中学	A1.3 继任者谈到了自己除踏实肯干外,还有在任者(三叔)对他严格的教导及给予锻炼的机会。在任董事长时常会将棘手的事务委托于继任者处理,使他身临其中,锻炼了他的处事能力。(做企业的方法与手段*)
10	言传身教	A20.2 先让儿子做仓库员,然后是销售,总共跟在他身边十几年。(能吃苦耐劳、对企业有敬业精神*)
11	师徒制	A13.8 他与父亲的关系既是师徒的关系,父亲把自己的经验传授于他;又是工作上的伙伴关系,父亲对他比较严格。(师徒制学习)
12	坚持不断地学习	A1.5 继任者还会不断阅读大学教材,坚实自己的知识基础。(坚持不断地学习*)
13	留学经历*	A7.3 曾经去英国留学过,主修专业是鞋类设计,这段留学经历对他在语言和思路方面有很大的帮助。(工作经验*)
14	在外工作	A8.5 认为可以让儿子出去闯一下,也积累一些社会经验,但最终希望儿子继承自己的事业。(在外工作经验的积累)
15	再教育	A14.3 到浙江大学参加MBA,学习生产管理、经营能力的技巧。(勤奋好学、树立威信*)

续表

编码序号	初始概念	原 始 语 句
16	政府法规政策	A14.4 目前企业与政府相关部门正在联系磋商关于农产品粗加工是否可以享受免税优惠问题。企业一直以来都是享受免税优惠的,但是最近地税部门以国家免税产品目录中没有具体把熏鸡列到目录上为由要求纳税,至今还在和地税协商中。(具有战略眼光*)
17	企业战略规划	A2.3 关于接班问题,她的想法是打造一个职业团队,考虑到将来可能由职业经理人接班,她比较注重职业团队,这团队中并不一定是家族成员,她并不在意是谁接班,对于子女、家族成员、职业团队,谁合适就由谁来接班。(可行的战略目标*)
18	人力资源规划	A16.4 继任者把人力资源部从办公室中独立出来,认为人员和组织都需要重新培训,将来对人才招聘的目标是实现人才全国化、全球化。(企业的人才战略计划)
19	人才任用制度化	A13.6 亲戚朋友进入企业工作不是依靠人情关系,而是因为他们的能力,他们都有一技之长。(能够选好人、用好人)
20	冒险精神	A1.4 一代企业家创业初期的时代大环境,不懂法,胆子大,造就了大批企业家(敢想敢做精神*)
21	心智模式	A13.9 继任者认为,不能永远让父亲牵着他的手走路,要有自己的想法。(创新思考)
22	新流程	A16.1 父亲创业前期回来在家里待了两年后,开始自己设计阀门图纸,设计出来后拿到别的工厂加工,然后自己把产品推销出去,那时候,由于是三无产品,别人都不敢用他父亲的产品。(钻研精神、考虑仔细周到*)
23	新技术	A9.5 股东之间彼此都很信任,他们共同的特点就是精益求精,使技术不断地创新!(敢为人先,不怕失败)
24	新产品	A15.2 继任者发现父亲的不足之处,即投入与产出不成正比。所以汪总接班后,认真思考,让温州的特产品牌化,创建了"**鱼饼"品牌,领导企业走出逆境,从此**鱼饼的品牌打响了。(开拓精神*)
25	新理念	A13.7 金总谈到更多的是应将老一辈的观念和新的思想理念相结合,组建一支核心团队,具有竞争力合战斗力。(创新理念)
26	洞察力	A14.8 企业在产值达到 1 亿元之后,调整连锁店的经营模式,实行投资和企业管理相分离的政策,统一全国的连锁店管理模式。(现代公司治理手法)
27	勤俭节约	A7.1 父亲从小对他的教育较严,对零花钱有一定的限制。(节俭与勤勉*)
28	艰苦奋斗	A7.2 当时进入企业时,企业几乎接近破产,后来通过朋友的支持、供应商的帮助以及自己的努力,才使企业渡过难关,开始快速发展,也可以说继任者与企业是共同成长的。(吃苦耐劳*)

续表

编码序号	初始概念	原 始 语 句
29	降低成本	A15.3 汪总关闭了多条食品流水线,改成专门生产温州鱼饼。(做事钻得深*)
30	吃苦耐劳	A8.1 认为儿子应该可以接他这个班,他不担心他儿子的能力,但担心他儿子不会吃苦。(敬业精神、吃苦耐劳*)
31	敬业精神	A15.1 汪总经理从 1993 年来到企业一直跟从父亲学习,从学徒开始到工人,再做采购到销售,一步一个脚印,汪总对企业的整体设想、规划、分析得到了父亲的认可,到如今成功接班。在与父亲磨合期间与父亲更多的是员工和雇主的关系,在 2006 年汪总正式接班。(毅力、耐性*)
32	企业家魅力	A1.1 一代企业家的坚持不懈和良好韧性给继任者带来了很好的启迪,使继任者接手的箱包产业扭亏转盈。(企业家的韧性*)
33	始终执着	A14.6 公司创业于 1983 年,养鸡 400 头;1995—1996 年注册成立公司,主要销售过年的酱油鸡等粗加工;2003 年研发成功目前的熏鸡;2004 年正式展开连锁经营,目前全国连锁店 80 家。(做事平稳、与企业发展特性相吻合*)
34	严格自律	A19.3 严格要求自己,需要自律精神,使团队更有效率。(对自己严格要求、要自律*)
35	坚持技术	A10.1 老一辈的韧性,贵在坚持,特别是他们这个行业要求较高的技术,一定要坚持到底。(企业家的坚持、韧性*)
36	行为信念	A10.6 最重要的是做好怎样让企业生存更长久,应将"企业是我们的"向"企业是社会的"转变。(企业的长远发展)
37	企业社会责任	A1.7 企业的价值是消化劳动力,这也是社会需要企业的原因。(企业的社会责任)
38	信息公开	A14.5 公司在企业的发展过程中有明确的继任计划,在公司内部会向员工正式宣布任命,在公司外部如工商局注册等都明确规定了继承人持有股份的权利与责任。(承担社会责任*)
39	对企业的责任心	A14.11 企业的创始人退休后,主要从事大项目投资和每月来一次公司查看财务报表。(对企业的在责任感)
40	对家庭的责任心	A8.4 自己趁现在还没有退休,可以再帮儿子干几年,让儿子在外面多闯几年。(懂得感恩*)
41	家长治理	A1.8 企业无所谓企业文化,真正的企业文化就是家长制。(家长制治理)
42	过度责任心	A3.2 一般来说,老一代如果有精力的话,一般不会轻易完全放权的。(企业家个人魅力*)
43	绝对控股	A9.6 在公司中,亲戚占少部分股权,但对儿子的接班问题不会造成影响。(绝对控股与股权平衡)

续表

编码 序号	初始概念	原 始 语 句
44	两权分离	A5.1 继任者计划将来采用顾问式职业经理人,接班权利和利润转移,即经营权和所有权分离。(培养下一代职业志趣*)
45	权益平衡	A1.6 对于上了规模的企业来说,追求各方利益平衡及良好的企业运作最重要。(企业运营平衡)
46	财散人聚	A14.1 公司在 2009 年之前的持股比例是父亲 34%,大哥 34%,继任者 33%,2009 年在工商局进行了增资注册,修改的公司持股比例为上述三人各 30%,添加了一个姐姐的 10%股份。(股权再分配)
47	高薪聚才	A16.5 在 90 年代初,曾经高薪聘请了两位国务院津贴的专家,这两位专家的到来使企业的生产技术得到了提升,也使公司阀门的品牌有了更高的知名度。(高投入高产出)
48	薪酬分配	A14.7 对于企业现代化管理很务实,通过猎头公司汇集了全国各地优秀职业经理人掌控企业所有重要部门。企业总经理月薪 1.5 万元,经理 5 千元月薪,目前继任者的姐姐在企业从事经理的工作,就是拿 5 千元的月薪。(对员工具有明确的薪酬)
49	共同意愿	A13.5 有思路、有想法时,也需要和他人进行良好的沟通,达成共同的意愿。(良好的沟通能力)
50	团队互信	A2.2 培养一个职业团队需要经历较长的磨合期,需要团队之间相互信任,并且有一个较好的监督机制。(可靠的互信关系*)
51	团队融合	A9.1 陈总告诉儿子,一定要先做人后做企业,只有做好了人,才能把企业做好。儿子说父亲一直灌输"做事要先做人"的理念,让他至今受用。(先做人后做企业*)
52	父子合作	A10.4 有时候在观念上会有所冲突,但父亲很开明,经过商量最终达成一致,与父亲的合作相当愉快。(代际间良好的沟通关系)
53	虚怀若谷	A13.1 继任者希望能将温州模式与国外的模式相结合,走出适合自己的路。所以他会与别人进行多方面的沟通,以虚心的态度仔细聆听和考虑别人的想法。(学会如何做人*)

注:1. AX.X 表示第几位受访者的第几条收录编码;
　　2.初始语句末尾括号中内容表示对该原始语句进行编码得到的概括,其中带 * 符号表示由受访企业家自己概括提出。

3.3.2　聚焦编码

聚焦编码(focused coding)需要逐字逐句、逐个时间地编码,更加具有指向性、更具有选择性和概念性(Glaser,1978)。聚焦编码是使用最重要和频繁的初始代码数据来筛选代码,目的就是对代码的甄选。由于初始编码的结果出现数量庞大、概念交叉的代码,而范畴化是对概念的重新分类组合的有效方法,所以编码小组进一步对获取的初始概念进行范畴化。见表 3-4。

表 3-4　初始概念的范畴化

范畴	初始概念	关系的内涵
职业志趣	创业培养、行为感知、企业家直觉、环境认知	对企业的从业志趣在代际传承之际表现得尤为突出,通过行为感知、企业家直觉、环境认知以及创业培养等形式可以有效引导企业家对企业的从业志趣。
讲究诚信	在行业树诚信、对客户讲信用、对朋友讲信用、对家族成员言行一致	企业家的立身之本就是对家族成员、企业客户、行业友人等的诚信。
不断学习	干中学、言传身教、师徒制、坚持不断地学习、留学经历、在外工作、再教育	"学习型企业家"的一生是学习的一生,通过"干中学""师徒制""言传身教"等多种学习方式坚持不断地接受新知识,从而适应社会情境的变化。
战略眼光	政府法规政策、企业战略规划、人力资源规划、人才任用制度化	对外高瞻远瞩解读政策的影响,对内任用贤良、善于倾听别人的意见,使企业处于战略发展的有利高度。
冒险创新	冒险精神、心智模式、新流程、新技术、新产品、新理念、洞察力	冒险和创新是企业家的主要特征。要成为杰出企业家必须要有冒险精神,同时伴随创新行为,表现在产品、技术、流程、理念等具有深远的洞察的行为。
勤俭敬业	勤俭节约、艰苦奋斗、降低成本、吃苦耐劳、敬业精神	勤俭敬业需要一定的吃苦耐劳精神,通过降低企业成本顽强奋斗、积极进取。
坚持执着	企业家魅力、始终执着、严格自律、坚持技术	企业家的韧性、坚持、自律往往是企业最终成功的重要因素,以技术作为支撑实现企业家(企业)的目标。
责任心	行为信念、企业社会责任、信息公开、对企业的责任心、对家庭的责任心、家长治理、过度责任心	企业家拥有权利的同时负有对家族、企业、社会不可推卸的义务责任,具体表现为明确企业行为信念、信息公开等。
利益分配	绝对控股、两权分离、权益平衡、财散人聚、高薪聚才、薪酬分配	家族企业的本质是家族绝对控股,企业利益是一个有限的资源,如何有效、合理分配利益推动企业的进步是一项艺术。
人际沟通	共同意愿、团队互信、团队融合、父子合作、虚怀若谷	企业家与他人、团队、亲属具有良好的沟通能力可以促进对社会资源的理解与定位。

因此,我们通过聚焦编码,得出如下范畴"职业志趣"对应的初始概念是创

业培养、行为感知、企业家直觉、环境认知;范畴"讲究诚信"对应的初始概念是在行业树诚信、对客户讲信用、对朋友讲信用、对家族成员言行一致;范畴"不断学习"对应的初始概念是干中学、言传身教、师徒制、坚持不断地学习、留学经历、在外工作、再教育;范畴"战略眼光"对应的初始概念是政府法规政策、企业战略规划、人力资源规划、人才任用制度化;范畴"冒险创新"对应的初始概念是冒险精神、心智模式、新流程、新技术、新产品、新理念、洞察力;范畴"勤俭敬业"对应的初始概念是勤俭节约、艰苦奋斗、降低成本、吃苦耐劳、敬业精神;范畴"坚持执着"对应的初始概念是企业家魅力、始终执着、严格自律、坚持技术;范畴"责任心"对应的初始概念是行为信念、企业社会责任、信息公开、对企业的责任心、对家庭的责任心、家长治理、过度责任心;范畴"利益分配"对应的初始概念是绝对控股、两权分离、权益平衡、财散人聚、高薪聚才、薪酬分配;范畴"人际沟通"对应的初始概念是共同意愿、团队互信、团队融合、父子合作、虚怀若谷。

3.3.3　轴心编码

Strauss 和 Corbin(1990)提出了第三种编码类型,轴心编码(axial coding),也称选择性编码,把主范畴指向范畴,轴心编码使得主范畴的属性和维度具体化。Strauss(1987)认为轴心编码建立了"围绕范畴之'轴'的密集关系网络"。这样在主要的范畴形成之后,选择性编码就出现了,虽然它可能处在发展的早期阶段。轴心编码的目的是分类、综合和组织大量的数据,在初始编码之后以新的方式重新排列它们(Creswell,1998)。

由范畴形成的主范畴的选择和命名会直接影响到最终的研究效度,所以我们必须对范畴的意义范围做出明确的界定,并且要保证范畴之间不会出现重叠,进而防止对主范畴的归类时出现模糊的理解。再加上编码本身的来源是不同企业家、不同行业、不同性别,而且目前学术界对此的认识尚未达成一致,因此,我们就范畴的提炼和构建问题同自己所在研究团队的成员在学术例会上进行了充分的讨论。

根据初始概念的关联性和逻辑顺序对其进行分组归类成为范畴,同理根据范畴对其分组归类成为主范畴。它们分别是主范畴企业家意识,包括"家族企业内从事工作的职业志趣""有诚信,讲信用""不断学习,拓宽自己知识面""对企业的发展具有长远的战略眼光";企业家精神,包括"敢为人先,不怕失败""节俭、吃苦耐劳的敬业精神""企业家的韧性,始终坚持自己的目标";个体社会网络，包括"对家庭、企业、社会的责任心""注意公司的利益分配，财散人聚，财聚人散""与人良好的沟通能力"。各主范畴及其对应范畴如表 3-5 所示。

表 3-5　选择性编码形成的主范畴

主范畴	范畴	初始概念
企业家意识	职业志趣	创业培养、行为感知、企业家直觉、环境认知
	讲究诚信	在行业树诚信、对客户讲信用、对朋友讲信用、对家族成员言行一致
	不断学习	干中学、言传身教、师徒制、坚持不断地学习、留学经历、在外工作、再教育
	战略眼光	政府法规政策、企业战略规划、人力资源规划、人才任用制度化
企业家精神	冒险创新	冒险精神、心智模式、新流程、新技术、新产品、新理念、洞察力
	勤俭敬业坚持执着	勤俭节约、艰苦奋斗、降低成本、吃苦耐劳、敬业精神、企业家魅力、始终执着、严格自律、坚持技术
个体社会网络	责任心	行为信念、企业社会责任、信息公开、对企业的责任心、对家庭的责任心、家长治理、过度责任心
	利益分配	绝对控股、两权分离、权益平衡、财散人聚、高薪聚才、薪酬分配
	人际沟通	共同意愿、团队互信、团队融合、父子合作、虚怀若谷

3.3.4　理论编码

理论编码（theory coding）是在轴心编码的基础上进行复杂水平的编码。Glaser(1992)认为这是把支离破碎的故事重新聚拢在一起，即这一阶段需要对编码进行"故事化"还原，归类和分析主范畴的故事化结构框架的构建，实现"故事线"之后也发展成新的实质性理论框架。综合故事化本章提炼的各条主范畴之后典型的关系结构内涵和说明如表 3-6 所示。

表 3-6　各主范畴"故事化"后的典型关系结构

主范畴	典型关系结构	关系结构的内涵
①	企业家意识——行为	企业家意识是成为一个真正企业家的前置要素，它直接影响家族企业成功传承行为。
②	企业家精神——行为	企业家精神作为企业竞争优势的关键来源，直接影响家族企业成功传承行为。
③	个体社会网络——行为	个体社会网络作为一个联系外部资源因素，直接影响家族企业成功传承行为。

注：这里的"行为"是指家族企业代际传承行为。

　　我们确定企业家代际转移的企业家隐性知识对家族企业传承行为的影响机制的核心主范畴,以主范畴为中心展开的"故事线"典型关系结构为三个主范畴中的十大范畴对家族企业传承行为存在显著影响。主范畴①企业家意识的形成是内驱因素,它直接影响家族企业成功传承行为;主范畴②企业家精神的形成作为企业竞争优势的关键来源,也直接影响家族企业成功传承行为;主范畴③个体社会网络作为企业家联系外部社会的要素,也直接影响家族企业成功传承行为。

　　根据"故事线"提炼后的主轴,构建和发展一个具有中国情景特色的企业家代际转移的企业家隐性知识对家族企业成功传承的影响机理理论框架,命名为"代际转移的企业家隐性知识——传承行为影响模型"。如图 3-2 所示。

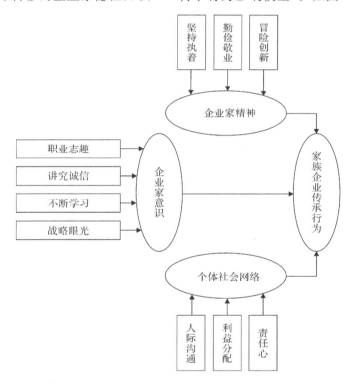

图 3-2　代际转移的企业家隐性知识——传承行为影响模型

3.3.5　理论饱和度检验

　　当我们增添新的信息编码不再产生或者超越原先的理论见解的时候,也就是不能对核心主范畴产生新的冲击之际，主范畴就"饱和"了。Charmaz（2009）认为扎根理论饱和与看到同样的事件或者故事重复出现是不一样的，尽管很多质性研究者混淆了饱和与被描述事件、行动和/或陈述的重复。Glaser（2001）对此有着更为复杂的见解，理论饱和不是一味重复同样的模式。这里就涉及一个"概念密度"的说法。当我们对某一事件进行概念化之后，概念密度构成了具有理论完整性的扎根理论的主要内涵，再也没有新的范畴出现（Glaser，2001）。

所以编码小组对剩余的1/3访谈数据进行理论饱和度检验，而检验的结果也验证了目前研究模型中主范畴的概念密度达到饱和，没有出现新的主范畴，也没有发现其他新的重要关联补充。由此编码小组判断上述"代际转移的企业家隐性知识——传承行为影响模型"模型达到了理论饱和程度。

3.3.6　影响模型的阐释

上述的分析表明，通过本研究的深度访谈和实证研究发现，用"代际转移的企业家隐性知识——传承行为影响模型"可以有效解释家族企业成功传承行为的机理。具体来说，企业家代际转移的企业家隐性知识可以归纳为以下三个主范畴：企业家意识、企业家精神和个体社会网络，但是它们对家族企业成功传承行为的作用方式各不相同，所以就此三个主范畴做出以下阐述。

家族企业需要转移的企业家隐性知识包含：（1）企业家意识（由"职业志趣""讲究诚信""不断学习"和"战略眼光"等因子决定）是实现家族企业代际间成功传承行为的诱致因素，它通过影响继任者从业的职业志趣等心理偏好以及企业家必备的诚信、战略眼光和学习型人才等素养，促进家族企业成功传承行为发生，是家族企业成功传承的基础因素或前置因素（antecedent factor）。企业家意识更多地来自企业家自身体验和实践经历的时候，企业家意识对家族企业成功传承行为的效果会显著增加。反之，当企业家离开企业实践的一线，缺乏从业志趣和实战经验积累，负面的企业家意识对家族企业成功传承行为的结果可能会造成极大的伤害，甚至导致企业就此走向失败。这种关系可以从受访者的一些访谈观点显示出来，如"A6.1 需要兴趣相投，二代接手一代产业时，必须具备对该行业有浓厚的兴趣"；"A8.5 让儿子出去闯一下，也积累一些社会经验，但最终希望儿子继承自己的事业"；"A18.2 高总儿子有自己创办的公司（淘洗房）IT产业，高总希望儿子能将IT业与现在自己经营的传统产业相结合，并将自己独有的一套规避风险的经验传授于儿子"等等。

中国企业诸多失败的接班案例结果也印证了这一点。2014 年,曾经是商学院中的经典接班案例——山西海鑫集团代际接班走向终点,对接班没有丝毫准备的李兆会 2003 年被迫"黄袍加身"成为海鑫集团的董事长,从接班的那一刻开始缺少"企业家意识"就埋下了伏笔,如接班人对于家族企业缺乏从业的职业志趣游离于资本市场,当地的政府部门等越来越难见到继任者,导致企业对政府政策解读出现问题等等对企业最终的失败产生显著的影响。而基于实践亲验提炼出来的"企业家意识"更接地气,因为它们更容易从记忆中提取出来,而且能更好应对和顺利过渡家族企业代际传承的过程。

　　(2)企业家精神(由"冒险创新""勤俭敬业"和"坚持执着"等因子决定)是直接影响家族企业传承行为结果的关键要素(key factor),它是家族企业核心能力的重要来源。我们很难想象缺乏企业家精神的企业能够取得持续的成功,企业家精神形成的程度越高,对家族企业成功传承行为影响的可能性就越高。在深度访谈中,很多受访者都反复强调这一点,如"A16.1 在家里待了两年后,父亲开始自己设计阀门图纸,设计出来后拿到别的工厂加工,然后自己把产品推销出去,那时候,由于是三无产品,别人都不敢用他父亲的产品";"A1.4 一代企业家创业初期的时代大环境,不懂法,胆子大,造就了大批企业家,但其中最主要的因素是一代企业家具有很好的韧性、勤劳、敢想敢做的精神促使他们成功""A15.1 汪总经理从 1993 年来到企业一直跟从父亲学习,从学徒开始到工人到采购再到销售,一步一个脚印,汪总对企业的整体设想、规划、分析得到了父亲的认可,到如今成功接班"等等。李新春等(2008)认为家族企业要实现永续发展,不是由权力在代际间简单传递决定的,而是源于家族内企业家的大胆创新精神的传承。虽然学术界至今没有一个关于企业家精神内涵的统一界定(侯锡林,2007),但是朱素英(2007)实证研究显示家族企业的企业家精神传承影响传承后家族企业的持续发展。Mosakowski(2002)认为企业家精神在中小型企业中作用明显,甚至达到一呼百应的效果。但是,随着企业规模不断扩张,公司层级也不断增加,企业家精神在企业中的作用逐渐削弱或弱化。马云也提出:"这个世界缺失的不是钱,商业社会缺失的是企业家的精神、企业家的梦想、企业家的价值观。"所以,根据数据组合分析,编码小组认为由企业家的冒险创新、勤俭敬业和坚持执着等主要因素构成的企业家精神的传承将会对中小家族企业的成功传承产生显著的影响。

　　(3)个体社会网络(由"责任心""利益分配"和"人际沟通"等因子决定)是企业家联系外部资源的要素,它也可以直接影响家族企业成功传承行为结果的强化因素(reinforcing factor)。家族企业创办和发展过程中所需的自由流动的社会资源相对短缺,所以企业家与生俱来的社会关系以及后天获取的社会关系是家族企业得以传承和持续成长的基本条件,即企业家个体社会网络对家族企业成功传承行为存在正向显著的影响。受访者的一些代表性观点如下:"A20 建议市工商联提供一个交流的平台,让子女能够跟政府部门有一定的接触,如组织政府部门跟企业子女进行座谈会""A21 对于企业成功接班过程中政府、社会、企业应如何配合时,廖总谈到规则十分重要,政府要把规则制定出来;更重要的是应按照规则办事。这时就需要工商联进行良好的沟通、引导和维护""A14 与政府交往的态度是多接触,多做实业,多接政府项目""A6 将开始着手于筹划团队的建设,大概经历三年的时间建造一支具有竞争力的团队并将公司的股权股份化""A13 亲戚朋友进入企业工作不是依靠人情关系,而是因为他们的能力,他们都有一技之长。他认为亲戚朋友对他自己的成功接班没有影响,反而认为有助于企业的发展"等等。华人社会注重社会关系,费孝通(1948)对这点就有非常透彻的认识,他认为中国乡土社会的结构方式就是典型的"差序格局"形式。中国乡土社会以宗法群体为中心,人际关系以亲情为中轴,根据血缘的远近形成网络化的关系,是一种差序格局。每个人都以自己为中心结成网络,四周都是自己社会影响下所形成的圈子,根据同心圆圈子的远近可以表示社会关系的亲疏。李路路(1995)研究认为家族企业家与他的亲戚和朋友的个体社会关系对于他们进入私营经济领域获取发展和相应资源具有重要作用,特别是当这些亲戚和朋友拥有关键的权力地位和所处职业位置等等。在华人社会里,社会网络具有很强的灵活性和包容性,他们可以用泛家族化来联结和编织这张社会网络,如互称"兄弟""同乡""同学""同宗"等。对于陌生的"外人",根据交往的需要可以进行泛家族化活动,最终"动之以情"进而将其变成"自己人"(储小平,2004)。由于"差序格局"中的圆心在企业家代际间不可能共同使用一个,所以家族企业的继任者必须形成自己独有、唯一社会关系的同心圆,主要表现在对家族、企业、社会的责任心、利益分配和人际沟通等三个主要方面,从而实现对家族企业成功传承行为产生显著的影响。

3.4 测量量表检验

本节研究的重点是开发和检验家族企业代际转移的企业家隐性知识测量量表。为此笔者依照 Churchill(1979)提出的量表开发步骤,首先在前文中对以往文献进行回顾,然后对访谈对象进行深度访谈的基础上产生测量题项数据库,并依据扎根理论质性研究的方法提炼范畴和构建量表的维度框架,逐步删除了不合格的测量项。最后,通过预测试、大样本问卷进行探索性因子分析和验证性因子分析,从而验证新开发的代际转移的企业家隐性知识量表的一致性、敏感性和有效性等。

3.4.1 内容效度检验与预测试

在发展出量表的测量项指标之后,我们的任务是对这些指标进行基于心理学的评价,以删除不能反映目标构念的、容易引起误解的、影响检验质量的项目。所以,我们要进行评价的就是测验指标的内容效度(content validity)。内容效度是指测验内容在多大程度上反映或者代表了研究者所要测量的构念(Haynes et al.,1995)。

通过前期对企业规模较大和已完成接班或正在接班的家族企业的企业家及其子女进行的深度访谈①记录,我们运用扎根理论收集并整理了企业家们认为需要转移的企业家隐性知识的主范畴架构,再加上在前期文献整理中收集到其他成熟量表和相关题项,我们的问卷初稿初步成型。在问卷初稿确定之后,我们另外选择了几位从来没有参与过扎根理论的大学教师和企业家友人对问卷进行预测试(pretest),这些回答包括 3 位知识管理领域学者,3 位企业管理学领域学者和 3 位制造业企业家。预测试的目标是期望不同领域的测试者从各自的视角对测量内容、题项选择、问卷范式、题项的理解程度、术语的准确表达等进行评价。9 位接受测试者分别独立完成问卷,并对具体的题项的增减和修改意见表述了自己的看法。根据 9 位回答者的反馈,我们对问卷

---

① 和一般的访谈相比较,我们所谓的深度访谈是指在事前的准备工作上投入的时间充分、访谈的内容框架结构深入浅出,访谈的时间基本维持在 3 个小时以上,尽量避免对我们提问出现歧义的答复。

进行了调整和修改。

　　在预测试之后,我们进行了先导测试(pilot test)。由温州市工商联召集召开了部分企业接班人座谈会和世界温州人新生代国情研修班的学员,充分听取他们对引导企业接班人健康成长的建议和意见,征询需要转移的企业家隐性知识的量表的各条款的用词、表达和次序的意见,并进行了修正和完善,为探索性验证分析做前期的铺垫性准备。

　　通过多次预测试和先导测试,我们对扎根理论编码获取的主范畴表述进行大幅易读性修改和完善,譬如我们对于"职业志趣"的表述表现为"家族企业内从事工作的职业志趣",让接收问卷的企业家分别针对自己的父辈或者子女进行五级里克特量表打分测试。在维持问卷结构框架不变的情况下,最终确定 10 个测量项测量家族企业代际转移的企业家隐性知识。新开发量表的具体题项内容见表 3-7。

表 3-7　代际转移的企业家隐性知识测量量表最终题项内容

主范畴	范畴	代际转移的企业家隐性知识测量题项的内容
企业家意识	职业志趣	家族企业内从事工作的职业志趣
	讲究诚信	有诚信,讲信用
	不断学习	不断学习,拓宽自己知识面
	战略眼光	对企业的发展具有长远的战略眼光
企业家精神	冒险创新	敢为人先,不怕失败
	勤俭敬业	节俭、吃苦耐劳的敬业精神
	坚持执着	企业家的韧性,始终坚持自己的目标
	责任心	对家庭、企业、社会的责任心
个体社会网络	利益分配	注意公司的利益分配,财散人聚,财聚人散
	人际沟通	与人良好的沟通能力

　　注:问卷中明确说明:"要实现成功接班,必须将第一代企业家优秀的要素传递给第二代接班人。根据自己的实际情况,请对以下要素进行评价打分,并在右侧数字上打钩(√)。其中'1'表示'没有必要传承','6'表示'必须传承',1～6 之间,数字越大表示越需要传承。"

3.4.2　数据对象选择

　　本章研究的中心是测量家族企业代际转移的企业家隐性知识,所以我们遵循如下原则选择研究对象:

首先,研究样本企业必须满足本研究中提出家族企业的界定标准,即家族对企业的所有权(绝对控股权)要大于 50%,至少有一位家族成员进入企业控制管理和明确显示家族下一代成员试图延续对企业所有权控制。这个条件课题组也显著设置在问卷题项,以确定是否符合我们的研究对象标准,如"您的家族(有血缘关系的亲属)共拥有企业的股份是百分之多少?""贵企业的重大经营管理决策一般由谁决定?"具体参见附录问卷中企业基本信息部分的题项 4 和 5 等。

其次,研究的对象设定为老企业家(年龄在 50 周岁以上)和已经或者正在接班的新生代企业家(年龄大约在 35 岁左右),尽量实现两代企业家均等的人数接受调研,以便证明样本家族企业已经处在接班过程,第二代企业家已经比较清晰地在企业中任职。我们设置了"贵企业是否在过去的 5 年,把企业的经营权移交给他人管理?""请继续回答,您移交经营权给谁?""(预计)企业领导人接班时间发生在_____年,公司经营权移交的对象是谁?""您的年龄是?"。具体参见附录问卷中企业基本信息部分的题项 6 和 7,企业家基本信息的题项 5。

3.4.3　数据收集与分布

本次调查采取"方便抽样"的方法,利用温州市工商联和各地工商联、商会等组织随机发放纸质问卷、电子问卷、电子邮件、座谈会等形式来收集数据。由于调查对象企业家身份比较敏感特殊,本研究团队与政府部门联合科研项目以及笔者自身的社会关系等力量,对于降低调研成本和缩短调研周期发挥了一定的功效,间接保证了问卷回收率和回收质量。

整体问卷参考了 Stavrou(1998)、张兵(2004)、Venter(2005)以及余向前(2008)等人的研究,总体分为五大部分,分别是企业背景信息、企业家要素传承、成功接班要素识别、成功接班的影响因素、填写人基本情况。课题组调研从 2010 年 6 月开始,至 2013 年 6 月结束。问卷来源主要分为三个部分,企业家子女培训班、各地工商联和各种行业商会。其中温州市统战部举办的"世界温州人新生代国情研修班",来自海内外温州商界领袖的子女云集一坛,学员共 60 名,发放问卷 55 份,回收问卷 45 份,有效问卷 41 份;通过温州市工商联介绍,各地工商联发放问卷 80 份,回收问卷 45 份,有效问卷 38 份;通过温州市各行业工商联帮忙发放问卷 50 份,回收问卷 40 份,有效问卷 38 份;剩余部分依靠亲戚、朋友、同学等方式发放问卷若干等等。最终,本次调查共发放了

214 份问卷,成功回收 143 份,有效问卷 133 份,无效问卷 10 份,回收率为 66.8%,有效问卷回收率为 62.2%。问卷来源与数量见表 3-8。

表 3-8 问卷来源与数量

编号	调查对象来源	收集数量
a	世界温州人新生代国情研修班	41
b	眼镜商会	10
c	苍南工商联	12
d	龙湾工商联	10
e	瑞安工商联	22
f	合成革商会	2
g	鹿城工商联	3
h	磨具商会	1
i	房地产商会	4
j	皮革化工商会	11
k	新生代协会	3
l	食品商会	2
m	民建温州支部	3
n	其他	3
o	平阳工商联	1
p	服装商会	5
	合计	133

3.4.4 探索性因子分析

由于代际间企业家需要传递的隐性知识是新开发的量表,我们需要对家族企业代际转移的企业家隐性知识量表的信度和效度检验分为两个步骤。首先,我们采用随机抽样样本的形式,对 133 个总体样本随机抽取 66 个样本数据进行探索性因子分析(exploratory factor analysis,以下简称 EFA),以此检验问卷中 10 个变量的基本结构。

在数据收集完成后,检验量表的 coefficient alpha 系数是精炼题项的第一项操作(Churchill,1979)。本研究根据 item-to-total 相关系数大小排序分别对测量项的 10 个题项进行过滤,由于探索性因子分析的目的是获取有理论意义的因子,分析中采用因子提取方法为主成分法(principal component analysis),旋转方法为方差最大法(varimax),因子负载截取点为 0.5(Straub,2001)。为了获取统计学上有意义的公共因子,我们对测量项进行如下筛选。首先,经过因子分析剔除因子荷载小于 0.5 的选项"企业家的韧性,始终坚持自己的目标";然后,根据前文的理论构建框架,对于因子分析后进入到其他维度的题项也依次进行删除,分别是"对企业的发展具有长远的战略眼光""家族企业内从事工作的职业志趣""与人良好的沟通能力"。最终通过反复多次的探索性因子分析进一步精炼题项,并确定量表中各个过程的维度。如表3-9,结果留下 6 个测量项 3 个公共因子,Kaiser-Meyer-Olkin 测试的系数 = 0.726,总体 Bartlett 球形检验 χ^2 值为 77.952(df=15,$p<0.000$),测量项在 0.00水平上显著相关,符合了统计学上因子分析的基本条件。因子模型解释总方差的 75.412%,因子负荷都大于 0.70(去除了因子负荷低的测量项)。最终我们将 3 个公共因子分别命名为诚信好学(CL)包括"有诚信,讲信用""不断学习,拓宽自己知识面"两个测量项,个体社会网络(ISN)包括"注意公司的利益分配,财散人聚,财聚人散""对家庭、企业、社会的责任心"两个测量项,企业家精神(EN)包括"敢为人先,不怕失败""节俭、吃苦耐劳的敬业精神"两个测量项。如表 3-10 所示。

表 3-9　KMO 和 Bartlett 的检验

取样足够度的 Kaiser-Meyer-Olkin 度量		0.726
	近似卡方	77.952
Bartlett 的球形度检验	df	15
	Sig.	0.000

表 3-10　代际转移的企业家隐性知识测量的因子分析

测量题项	CL	ISN	EN
有诚信,讲信用	0.812		
不断学习,拓宽自己知识面	0.809		
注意公司的利益分配,财散人聚,财聚人散		0.857	
对家庭、企业、社会的责任心		0.784	
敢为人先,不怕失败			0.869
节俭、吃苦耐劳的敬业精神			0.748

提取方法:主成分旋转法;具有 Kaiser 标准化的正交旋转法 a.旋转在 5 次迭代后收敛。

3.4.5　验证性因子分析

完成探索性验证分析(EFA)之后,初步检验上述研究形成的家族企业代际转移的企业家隐性知识量表。然后为了进一步对所保留的变量及其结构进行检验,我们对剩余一半的 67 份有效样本使用 Lisrel8.7 软件进行了验证性因子分析(CFA)。

根据 Hu 和 Bentler(1998)建议使用的拟合指数(goodness of fit indices,以下简称 GOF)有 7 个,分别是 NNFI、IFI、CFI、Gamma Hat(无此指数)、Mc(无此指数)、SRMR 和 RMSEA 的数值来检验模型。本研究采用其中 NNFI、IFI、CFI、SRMR、RMSEA 五项指标作为验证性因子分析是否通过的标准。统计分析结果显示 WLS Chi-Square＝2.5738[①],df＝6,RMSEA＝0.0,NNFI＝1.0749,IFI＝1.0277,CFI＝10000,SRMR＝0.03160,以上各项指标表明家族企业代际转移的企业家隐性知识量表的验证性因子分析均符合最基本的要求(Kelloway,1998),具有较好的稳定性和拟合度,这说明进行下一步的各概念间的关系分析是可行的。见表 3-11,图 3-3。

表 3-11　CFA 检验和测量模型拟合结果

拟合指数(GOF)	NNFI	IFI	CFI	SRMR	RMSEA
三因子	1.0749	1.0277	1.0000	0.03160	0.0

3.4.6　信效度检验

评估研究(evaluation research)有时称为项目评估(program evaluation),不是一种论证方法,而是在于评估研究工作。评估研究工作主要是考查项目的科学性和价值性,主要涉及两项标准:信度(reliability)和效度(validity)(李怀祖,2004)。

(1)Cronbach's α 系数检验

所谓信度也称为可靠度,是指测量内容的一致性(consistency)与稳定性

---

① 邱皓政等(2009)认为,Lisrel 的 CFA 检验结果中出现卡方值有两种,第一种为最小拟合函数卡方值(Minimum Fit Function Chi-Square),此数值用于计算所有其他各模式拟合度估计法(例如 ML 法、GLS 法)的原始卡方值。Lisrel 另外提供了正态化最小平方加权卡方值(WLS Chi-Square),以及非集中化参数估计值(NCP),这两项数据均为其他模式拟合指数计算的基础值。通常文献上所出现的卡方值,即为 WLS 卡方值。一般都希望该值越小越好,如果不显著,代表测量模型与观察值相拟合。

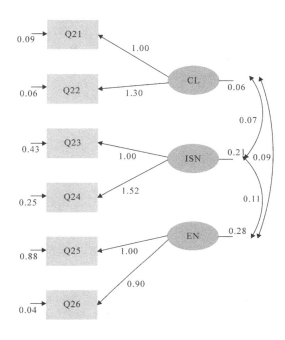

图 3-3 验证性因子分析

(stability)。学者 Cronbach 最早提出计算测量工具的信度,后人以此命名称为 Cronbach's α 系数(简称 α 系数),它克服了分半法的缺点,是目前社会科学研究中最常用检验多维度量表可靠性的有效指标(Zikmund,2002)。所以我们再次对家族企业代际间隐性知识转移的三个维度"诚信好学""个体社会网络""企业家精神"分别进行可靠性检验。检验样本还是来自前述探索性因子分析的 66 个调查对象,各个题项的 item-to-total 相关系数都大于 0.4,不需要再删除其他题项。在一般研究中 Cronbach's α 的系数不低于 0.6 即可宣称该测试工作的信度是可以接受的(林震岩,2007)。本研究中三个维度的 Cronbach's α 系数分别是 0.638、0.646、0.658。虽然古典测验理论认为信度在 0.7 以上属于稳定,但是社会科学领域很多量表测量有可能难以达到此标准,所以 Bagozzi 和 Yi(1988)建议信度满足 0.6 标准也可以,而 Raine-Eudy(2000)的研究指出,在新开发量表或者其他特殊条件下组合信度超过 0.5 后,测量工具反映真实分值之时即可以认为测量达到基本的稳定性。而本量表各维度的公共因子荷载 α 系数不是很高,我们初步估计是此测量量表本身是新开发的以及样本数量少造成的影响。见表 3-12。

表 3-12　　模型的 Cronbach's α 系数检验

测量题项	CL	ISN	EN
有诚信,讲信用	0.638		
不断学习,拓宽自己知识面			
注意公司的利益分配,财散人聚,财聚人散		0.646	
对家庭、企业、社会的责任心			
敢为人先,不怕失败			0.658
节俭、吃苦耐劳的敬业精神			

(2)建构信度

SEM 分析中,多元相关平方(squared multiple correlation,SMC)数据表示潜变量对个别测量变量的影响程度。SMC 值与测量信度之间呈现正相关的关系。SEM 测量模型的信度估计延续了古典测量理论的观点。将信度视为真实分数所占的比例而测量误差的变异即为观察分数当中无法真实分数的残差变异量。由于潜在因素和测量误差对个别测量变量分数的变化产生影响,反之测量变量的分数变化可以解释潜变量的百分比表示(邱皓政等,2009)。Fornell 和 Larker(1981)在 SMC 的基础上提出了潜变量的组合信度(composite reliability,简称 CR)。在此之后学界把检验潜变量的信度指标确定为组合信度,此类关于信度的检验又称为构建信度(construct reliability),计算组合信度要利用标准化估计值表中的指标因子荷载与误差变异量来估算(吴明隆,2010),具体公式如下:

$$\text{CR} = \left(\sum \lambda_i\right)^2 / \left[\left(\sum \lambda_i\right)^2 + \sum \delta\right]$$

根据以往研究的经验,构建信度超过 0.7,表示该潜变量的构建信度具有较高的可靠度。通过运算,此量表的三个维度组合信度(CR)分别是 0.7929,0.8053,0.7923,超过 0.7 的指标,符合建构信度的基本要求。见表 3-13。

表 3-13　　模型建构信度的组合信度值(CR)

测量题项	CL	ISN	EN
有诚信,讲信用	0.7929		
不断学习,拓宽自己知识面			
注意公司的利益分配,财散人聚,财聚人散		0.8053	
对家庭、企业、社会的责任心			
敢为人先,不怕失败			0.7923
节俭、吃苦耐劳的敬业精神			

（3）敏感性检验

新量表开发者需要思考的一个重要指标是敏感性（sensitivity）检验。由于问卷中我们实施的是里克特 6 级形式打分，对于所有测量代际转移的企业家隐性知识题项，被调查者都被要求"'1'表示'没有必要转移'，'6'表示'必须转移'，1～6 之间，数字越大表示越需要转移"。因此，本问卷对于题项程度分析具有较多等级，所以对于被调查者的态度变化应该是敏感的。另外对于每个题项维度都进行了严格分隔，在各维度之间也进行了明显的区分，这些措施都有助于相关题项进行有效测量，最终实现整体问卷的敏感性（Zikmund，2002）。

（4）聚敛效度

效度反映了测量量表对于潜在特质的正确表达程度，也可以是我们对调查对象所能掌握的抽象程度（邱皓政等，2009）。对于组成一个公共因子的题项来说，题项测量误差越小，能够测到真实分数的程度越高，因子荷载不但能够显示题项反映的潜变量程度，而且显示了测量过程存在的误差。Hair 等（2006）认为因子荷载越大代表题项具有更好的聚敛效度（construct validity）。在学界，通常当因子荷载超过 0.71 之后，我们就可以宣布该测量项具有理想的效度（质量）。这是因为因子荷载的平方超过 0.5，即意味着潜变量能够解释观察变量超过 50% 的变异，所以因子荷载指标可以被认为是基本拟合指数中最明确的一个判断（Bagozzi & Yi，1988）。通过量表的因子分析，我们获取各个题项的最终因子荷载中，最小值是 0.748，由此我们可以认为本量表具有较高的质量。

另外，平均方差提取值，简称 AVE（Average Variance Extracted）可以用来反映一组观察变量被一个潜在变量通过计算实现有效评估的聚敛程度指标（Fornell & Larker，1981）。公式如下：

$$AVE = \left(\sum \lambda_i^2 \right) / n$$

根据以往研究经验，平均方差提取值表示测量误差对潜在构念解释的变量大小，AVE 取值越大，潜在构念解释指标变量的变异程度越大，反之亦然，通常我们判别的标准 AVE 数值要超过 0.5。通过运算，此量表的三个维度组合信度分别是 0.6569、0.6746、0.6573，超过 0.5 的指标，符合聚敛效度的基本要求，表示量表具有较高的质量。

表 3-14　模型聚敛效度的平均方差提取值(AVE)

测量题项	CL	ISN	EN
有诚信,讲信用	0.6569		
不断学习,拓宽自己知识面			
注意公司的利益分配,财散人聚,财聚人散		0.6746	
对家庭、企业、社会的责任心			
敢为人先,不怕失败			0.6573
节俭、吃苦耐劳的敬业精神			

(5)区分效度

Hair 等(2006)除了引用 AVE 作为聚敛效度的指标,也指出了 CFA 检验估计结果所得到潜变量必须具有区分效度(discriminant validity),即不同的构念之间必须能够有效分离。

为了进一步检验一系列可能的结构,并进行 EFA 检验和结果比较,笔者参考 Anderson 和 Gerbing(1988)的研究方法,最终得到的各个指标的数值分别如表 3-15 所示。根据 Steiger(1990)的研究来判断模型的拟合效果,从单因子结构到三因子结构,前两者的数据适合性都明显不如三因子结构,由此依据得出三因子结构模型是关系搭配最适合的测量结果。

表 3-15　量表的区分效度检验

拟合指数(GOF)	NNFI	IFI	CFI	SRMR	RMSEA
单因子	0.9202	0.9545	0.9521	0.06865	0.09333
双因子(AB−C)	0.9177	0.9587	0.9561	0.05357	0.09491
双因子(A−BC)	0.9883	0.9941	0.9937	0.06473	0.04740
双因子(AC−B)	0.9942	0.9971	0.9969	0.05080	0.01398
三因子	1.0749	1.0277	1.0000	0.03160	0.0

3.5　企业家隐性知识与背景变量的方差分析

对不同家族企业的企业家进行深访之后,我们运用扎根理论对获取的数据进行范畴提炼和量表构建,以及运用全新的测量量表进行大样本的调查分析已经使我们对家族企业代际转移的企业家隐性知识的结构形成了初步的概念。但是为了实践针对当今家族企业代际传承问题提供更具有效性的指导，还必须对不同背景变量重要性做出进一步的分析。因此，我们以家族企业家和家族企业作为背景变量为分类依据，进行方差分析。企业家背景细分为经营权传递依据准则、企业家学历水平、企业家年龄、企业家世代，家族企业背景细分为企业资产、企业职工人数等变量，通过方差分析（One-way ANOVA）检验背景变量差异带来的影响。具体如表 3-16。

表 3-16　不同经营权传递依据准则对代际转移的企业家隐性知识影响

转移要素	经营权传递依据准则	有效样本（N）	要素的评分标准		评分差异（ANOVA）	
			均值（Mean）	标准差（SD）	F	显著性
诚信好学	按长幼秩序	2	0.0026219	1.57756198	2.598	0.040
	对子女喜爱程度	6	−0.0008290	0.29288764		
	按照子女性别	3	−1.6594145	2.89917168		
	按照子女能力	105	0.0541210	0.82691651		
	其他	8	−.4342480	1.84500033		
	总数	124	−0.0223327	1.00682919		
企业家精神	按长幼秩序	2	−1.6139632	2.91664377	1.778	0.138
	对子女喜爱程度	6	0.4215042	0.44402546		
	按照子女性别	3	−0.3523596	1.15369690		
	按照子女能力	105	0.0029018	0.98189969		
	其他	8	0.1959662	0.75328870		
	总数	124	0.0009390	1.00143056		
个体社会网络	按长幼秩序	2	−.6197661	0.47212712	2.718	0.033
	对子女喜爱程度	6	0.2929443	0.88265521		
	按照子女性别	3	−1.7145940	0.45875298		
	按照子女能力	105	0.0317841	0.96993948		
	其他	8	−0.0513469	1.15574654		
	总数	124	−0.0137023	0.99567093		

上表的方差分析结果显示，在 95% 的置信度上，不同经营权传递依据准则对需要转移的"诚信好学"和"个体社会网络"企业家隐性知识的重要程度在认知上存在显著差异，这与前面基于扎根理论的内容分析所得结果是一致的。

由于概率 p 值(0.04 和 0.033)小于显著性水平 0.05,所以有理由拒绝零假设,即家族企业经营权传递依据准则与"诚信好学""个体社会网络"之间不是互为独立而是有相关。而在对"企业家精神"重要程度的认知上不存在显著性差异。

表 3-17　不同学历水平对代际转移的企业家隐性知识影响

转移要素	学历水平	有效样本（N）	要素的评分标准		评分差异（ANOVA）	
			均值（Mean）	标准差（SD）	F	显著性
诚信好学	小学	4	−1.1568367	2.55115712		
	初中	9	0.0969146	1.42356228		
	高中	30	−0.1257482	1.17698755		
	大专	36	0.3109721	0.40058644	2.034	0.078
	本科	45	−0.0813605	0.86517823		
	研究生	6	−0.0406153	0.87265822		
	总数	130	−0.0018268	0.99600507		
企业家精神	小学	4	0.2165369	0.77247986		
	初中	9	−0.1451702	0.86904398		
	高中	30	0.1287656	0.91019575		
	大专	36	−0.2358830	1.01400770	1.264	0.284
	本科	45	−0.0129938	1.09814928		
	研究生	6	0.7413950	0.19198996		
	总数	130	−0.0092735	0.99324127		
个体社会网络	小学	4	0.1778711	0.95083130		
	初中	9	0.1040426	1.32110594		
	高中	30	−0.3804055	1.23478046		
	大专	36	0.1153089	0.88978517	1.471	0.204
	本科	45	0.1515486	0.78309796		
	研究生	6	−0.4188473	0.94159860		
	总数	130	−0.0100506	0.99273837		

表 3-17 方差分析结果显示,在 95% 的置信度上,不同学历水平的企业家对代际转移的企业家隐性知识的重要程度的认知不存在显著性差异。

表 3-18　不同企业家年龄对代际转移的企业家隐性知识影响

转移要素	企业家年龄	有效样本（N）	要素的评分标准		评分差异（ANOVA）	
			均值（Mean）	标准差（SD）	F	显著性
诚信好学	35 岁以下	60	−0.0567302	0.88361483	0.311	0.733
	35～50 岁	25	−0.0407699	1.08217724		
	50 岁以上	45	0.0930128	1.09933366		
	总数	130	−0.0018268	0.99600507		
企业家精神	35 岁以下	60	0.0739871	1.00600163	1.485	0.230
	35～50 岁	25	0.1536702	0.80219057		
	50 岁以上	45	−0.2108119	1.05744210		
	总数	130	−0.0092735	0.99324127		
个体社会网络	35 岁以下	60	−0.0415773	0.88445152	0.639	0.529
	35～50 岁	25	−0.1554845	1.07477026		
	50 岁以上	45	0.1127817	1.08700775		
	总数	130	−0.0100506	0.99273837		

表 3-18 方差分析结果显示，在 95% 的置信度上，不同年龄段的企业家对代际转移的企业家隐性知识的重要程度的认知不存在显著性差异。

表 3-19　不同世代企业家对代际转移的企业家隐性知识影响

转移要素	企业家世代	有效样本（N）	要素的评分标准		评分差异（ANOVA）	
			均值（Mean）	标准差（SD）	F	显著性
诚信好学	企业创建人	58	−0.0150858	1.23979786	0.009	0.991
	第 2 代	67	−0.0181193	0.76762110		
	第 3 代	1	0.1187419	—		
	总数	126	−0.0156367	1.00607395		
企业家精神	企业创建人	58	−.2038132	1.12111068	2.036	0.135
	第 2 代	67	0.1399233	0.87854859		
	第 3 代	1	0.6027768	—		
	总数	126	−0.0146312	1.00654683		
个体社会网络	企业创建人	58	−0.0203951	1.12368379	0.228	0.797
	第 2 代	67	0.0128615	0.89214728		
	第 3 代	1	0.6532868	—		
	总数	126	0.0026357	0.99985680		

　　表 3-19 方差分析结果显示,在 95％的置信度上,不同世代的企业家对代际转移的企业家隐性知识的重要程度的认知不存在显著性差异。

表 3-20　不同企业资产对代际转移的企业家隐性知识影响

转移要素	企业家资产	有效样本（N）	要素的评分标准		评分差异（ANOVA）	
			均值（Mean）	标准差（SD）	F	显著性
诚信好学	500 万元以下	12	−0.1715397	1.16249378		
	500 万～999 万元	10	−0.2906364	1.22025108		
	1000 万～4999 万元	35	0.2108250	0.66723259		
	5000 万～9999 万元	25	−0.3031046	1.51422843	1.397	0.230
	1 亿～5 亿元	29	0.1518446	0.51664094		
	5 亿元以上	13	0.2334641	0.40682200		
	总数	124	0.0183463	0.96389287		
企业家精神	500 万元以下	12	0.1352733	0.72821501		
	500 万～999 万元	10	−0.5762306	1.34852174		
	1000 万～4999 万元	35	0.1916966	0.76883921		
	5000 万～9999 万元	25	0.1274667	1.04351895	1.213	0.307
	1 亿～5 亿元	29	−0.1198424	0.94954580		
	5 亿元以上	13	−0.1816165	1.43101823		
	总数	124	−0.0006405	1.00538918		
个体社会网络	500 万元以下	12	0.2624027	0.84442721		
	500 万～999 万元	10	0.1333017	0.94994941		
	1000 万～4999 万元	35	−0.3012163	1.16713177		
	5000 万～9999 万元	25	0.0899980	0.94788256	0.982	0.432
	1 亿～5 亿元	29	−0.0232930	1.02690534		
	5 亿元以上	13	0.2240706	0.79403693		
	总数	124	−0.0126883	1.01198877		

　　表 3-20 方差分析结果显示,在 95％的置信度上,不同企业资产规模的企业家对代际转移的企业家隐性知识的重要程度的认知不存在显著性差异。

表 3-21　不同企业职工人数对代际转移的企业家隐性知识影响

转移要素	企业职工人数	有效样本（N）	要素的评分标准		评分差异（ANOVA）	
			均值（Mean）	标准差（SD）	F	显著性
诚信好学	50 人以下	32	−0.2608224	1.42282707		
	50～99 人	23	0.1389653	0.64461405		
	100～499 人	43	0.0978525	0.92981735		
	500～999 人	18	−0.0797174	0.91690695	0.710	0.617
	1000～5000 人	11	0.1167241	0.41788511		
	5000 人以上	4	0.2436650	0.25960770		
	总数	131	−0.0009064	0.99222281		
企业家精神	50 人以下	32	0.0763052	0.85779894		
	50～99 人	23	0.0762484	0.96572964		
	100～499 人	43	−0.0638680	1.09240310		
	500～999 人	18	−0.2205168	1.16818359	0.324	0.898
	1000～5000 人	11	0.1496204	0.90397132		
	5000 人以上	4	0.0678870	0.62761344		
	总数	131	−0.0046013	0.99085777		
个体社会网络	50 人以下	32	0.0360993	0.97530202		
	50～99 人	23	−0.2992078	1.22001939		
	100～499 人	43	0.0075752	1.00496900		
	500～999 人	18	−0.0275928	0.96583141	0.838	0.525
	1000～5000 人	11	0.2818827	0.51605413		
	5000 人以上	4	0.5358857	0.29461132		
	总数	131	−0.0049869	0.99060960		

表 3-21 方差分析结果显示，在 95％的置信度上，不同企业职工人数的企业家对代际转移的企业家隐性知识的重要程度的认知不存在显著性差异。

3.6　小　结

通过对 21 位企业家深入访谈的数据，我们运用扎根理论进行结构化分析，形成家族企业代际转移的企业家隐性知识的专业性测量量表。然后，我们使用扎根理论获取的量表进行大样本实证调查分析,最终获取 133 份有效问卷进行新量表的探索性因子分析、验证性因子分析以及信效度检验,我们将本章针对家族企业代际转移的企业家隐性知识进行研究得出的结论归纳为以下几点:

(1)通过编码确认代际转移的企业家隐性知识的主范畴内涵。现有的学术研究对于隐性知识与企业家的定义界定是相对清晰明确的,但是对于家族企业的企业家隐性知识的概念界定目前没有形成统一的共识。本研究的创新点就在于我们采用科学研究的方法与步骤,尝试在国内对家族企业代际转移的企业家隐性知识的构念进行量化测量,我们测量的量表完全来自 20 多位企业家访谈的口述记录数据,通过扎根理论对访谈记录文本资料进行了初始编码、聚焦编码、选择性编码、理论编码和理论饱和度检验等步骤构建初始测量量表,获取家族企业代际转移的企业家隐性知识的三个主范畴内涵,即"企业家意识""企业家精神"和"个体社会网络",十个范畴分别是"职业志趣""讲究诚信""不断学习""战略眼光""冒险创新""勤俭敬业""坚持执着""责任心""利益分配"和"人际沟通"。

(2)运用实证调查确定代际转移的企业家隐性知识最终的测量量表。通过对初始量表的内容校度检验和预测试,笔者确定量表具有一定的信度和效度。然后,我们通过对 133 位创业企业家和继任企业家的问卷调查的有效样本,进行探索性因子分析、验证性因子分析、Cronbach's α、建构信度、敏感度、聚敛效度、区分效度检验等,最终所有检验的指标都符合统计学的标准,所以,笔者通过因子分析降维命名三个公共因子分别是"诚信好学""企业家精神"以及"个体社会网络"是代际转移的企业家隐性知识的三个维度,它们可以正式作为量表对家族企业企业家进行测量。企业家的"诚信好学"由"有诚信,讲信用"和"不断学习,拓宽自己的知识面"选项命名的,前者体现隐性知识中个人信念和企业文化,后者并非是指学习的态度问题,而是指企业家吸收新事物新知识才能具备不断创新的能力,努力成为"学习型"企业家的内涵;"个体社会网络"是对"注意公司的利益分配,财散人聚,财聚人散"和"对家庭、企业、社会的责任心"选项的概括命名的,前者确实体现隐性知识中对企业治理技巧、诀窍和个人特技等,后者体现企业家对信念、企业文化以及共同愿景等要素;"企业家精神"包含了"敢为人先,不怕失败"和"节俭、吃苦耐劳的敬业精神"两个选项,它主要体现企业家本身冒险、创新和个人特技(魅力)等要素。

(3)在对"诚信好学"和"个体社会网络"两个维度重要性的判断上,不同的企业经营权传递依据准则表现出一定的差异。在各种传递经营权的选择标准中,"按照子女的能力"进行选择的企业家人数最多,我们可以理解为企业继任者主动通过自己的努力,接收在任企业家的隐性知识,提升自己对企业运作能力,最终掌控企业的经营权。或者根据长幼顺位、父辈喜好、性别的互补等因素影响家族企业代际传承过程中的"诚信好学"和"个体社会网络"。从这个角度的数据我们可以解读为在任企业家只要明确继任企业家选拔的依据准则,继任企业家就会相应有针对性地进行隐性知识接受、积累和创新。

第4章 代际转移的企业家隐性知识与家族企业代际传承

中国民营企业大都以家族企业的形式存在,目前家族企业已经进入第一次代际传承的高峰时期(余向前,2008)。原先大多数对家族企业代际传承的研究主要坚持企业领导权的传承或者进一步将企业领导权分为所有权和管理权,其焦点主要集中在权力的传承(Longenecker & Schoen, 1978;Ambrose, 1983;Barach, Gantisky, Carson & Doochin, 1988; Handler, 1992; Ibrahim & Ellis, 1994;Dumas, Dupuis, Richer & St-Cyr, 1995;Morris, Barach & Gantisky, 1995; Williams, Allen & Avila, 1997)。但是,Hugron (1991)首次突破了家族企业权力传承的研究视角,率先提出了管理诀窍(know-how)与企业所有权有着同等重要的作用,家族企业代际传承是领导权和管理诀窍同时由现任企业家[①]向继任企业家转移的过程。

家族企业的代际传承是一个复杂流动的过程,成功传承必然存在核心要素的转移和流失(Drozdow, 1998;Kaye, 1996)。纵观国内外研究大都把重点放在企业两权传递的研究上,而对于其他要素的发掘和关注明显不足。对第一代家族企业来说,创业初期能够给组织带来竞争优势的独特要素往往内嵌在企业家身上,并以企业家隐性知识的形式存在(Lee & Lim,2003)。这些企业家隐性知识代际转移会对家族企业成功传承产生直接影响。虽然部分学者(Drozdow, 1998;Cabrera-Suárez, De Saá-Pérez & García-Almeida, 2001)

[①] 企业家在战略管理中的角色,将其界定为在不确定环境中承担经营风险、进行战略决策并为战略实施进行动员和配置稀缺性资源的人格代表或阶层。企业家的本质特征:冒险家,创新者。因此,企业家与一般厂长、经理等经营者之不同,主要表现就在于企业家敢于冒险,善于创新。(Marshall A., 1890; Schumpeter J., 1943;孙俊华、陈传明, 2009)

认识到且认同了使命、内隐知识等特殊性资源代际转移的重要性（Lambrecht，2005；窦军生，2008；Tan ＆ Fock，2001；朱素英，2006；Drozdow，1998），但是这种特殊资源如何对家族企业传承产生影响的机制仍有待于进一步研究。

中国经济目前正处在转型升级变革的时代，如何有效正确引导民营企业、民营经济持续稳定发展具有重要的现实意义。本研究正是基于企业知识观的视角，关注为家族企业带来独特竞争优势的企业家隐性知识内涵是什么？是单一的还是多项要素的综合体？最终企业家隐性知识的有效转移结果对家族企业成功传承产生什么影响？"家业长青"的主导权，即家族企业成功传承主要是源自在任企业家交班意愿的推动，还是继任企业家接班意愿的拉动？以及它们是否对企业家隐性知识的有效转移结果与家族企业成功传承产生中介效应？这些问题都是本书着重解析的命题，我们将展开实证研究。

4.1　代际传承一个值得研究的家族企业热点

组织（企业）接班人研究一直是学界关注的热点，如果加上家族这个独特调节变量，那么将会吸引更多关注的目光。随着全球性家族企业"接班时代"的到来，国内外家庭（家族）两代人（具有血缘或亲缘关系）之间资源的传递成为家族企业代际传承关注的焦点，而涉及的资源包括有形的财富、权杖，无形的知识和能力（Beckhard ＆ Burke，1983；姚蕾，2007；李蕾，2003）。因此围绕本研究目标，我们的研究侧重在以企业家隐性知识的代际转移为基础的家族企业代际传承观。毫无疑问，前者对家族企业代际传承理论的研究方法和结论对于后者的研究有着很好的启发和借鉴作用。因此，我们首先对前者的研究进行简要回顾，然后重点回顾和分析基于企业知识观的家族企业代际传承研究进展。

4.1.1　家族企业概念的界定

进入 21 世纪，人们越来越认可家族企业作为一个独立的研究领域，在经历了诸多学者的挑战，人们试图明确对家族企业的明确定义，遗憾的是学者们至今尚未就家族企业的定义达成共识。Lansberg 等（1988）在《家族企业评论》（*Family Business Review*）首刊中提出了家族企业定义的重要性，但是至今仍无法解决这个问题。特别是在一些实证研究中甚至出现矛盾的研究结果,其根本的原因部分源自于如何消除对家族企业的定义分歧(Litz,2008)。

家族企业研究的重要性促使我们对家族企业这种组织类型的独特定义进行梳理和归纳。通过对国内外研究文献的系统整理,笔者综合前人研究的研究成果,对于家族企业的界定方法大致归为两类。其一基本要素定义法,是从家族企业的三大基本要素:所有权、经营权和代际传承的独立和混合视角来对家族企业进行定义;其二连续变量定义法,是通过家族对企业的影响程度及其连续指标来对家族企业进行界定。

(1)基本要素定义法

人们都可以理解家族企业泛指什么概念,但是要对此概念做出明确的界定却是非常困难的。Chua 等(1999)通过 250 篇关于家族企业的英文文献回顾,排除了没有明确进行界定的文章,限定了反复被引用的概念,根据家族参与的程度和本质总共归纳了 21 种家族企业研究的定义。他们认为其中代表性的定义是 Bechhard 和 Dyer(1983)定义的。作为一个系统,家族企业包含企业、家族、创业者以及相关组织如董事会等。Litz(2008)在聚焦组织属性、所有权、管理权和代际传承等研究中,从 1988—2008 年的文献中整理出 30 种家族企业的定义。综合上述两位学者以及其他研究成果,初期家族企业研究的大部分学者都是从企业的所有权、管理权和代际传承的三大基本要素的视角进行界定的。在三大基本要素中从所有权的视角来界定是否属于家族企业是基本轴线,大多数的学者就是从这一基轴出发对家族企业进行界定的(储小平,2004)。其中以 Lansberg 等(1988)和 Astrachan(1993)的观点最具代表性。除了企业的所有权,观察者直观上判断是否是家族企业还主要源于家族成员是否涉入企业的经营权,所以部分学者提出以经营权作为基本要素来界定家族企业,其中以 Upton 和 Sexton(1987)以及 Dreux(1990)的观点有一定的代表性。与上述两者单独界定不同的是更多的学者开始强调从所有权和经营权的视角来界定家族企业(Davis,1983;Stern,1986;Welsch,1993;Carsrud,1994;潘必胜,1998;叶银华,1999;储小平,2000)。而从家族企业延续的视角,Handler(1989)、Churchill 和 Hatten(1993)、Tan 和 Fock(2001)等学者相继强调两权在家族企业内部代际传承的作用。为了梳理这类方法对家族企业的界定,对于部分有代表性的观点梳理归纳成表 4-1。

表 4-1　基本要素定义法对家族企业的界定——部分学者代表性观点

基本要素	参与学者	家族企业定义
所有权	Bernard,1975	一家企业实际控制在一个家族成员内。
	Barnes & Hershon,1976	企业所有权控制在个体或者一个家族成员手上。
	Lansberg,Perrow & Rogolsky,1988	一个家族合法控制所有权的企业。
	Donckels & Frohlich,1991	家族成员拥有 60% 以上股权的企业。
	Astrachan,1993	家族控股 50% 以上,或者一个家族显著控制一个企业,或者企业的高级管理大比例的来自一个家庭。
	盖尔西克,1998	能确定家族企业的,是家庭拥有企业所有权。
	刘小玄等,2000	家族制企业的特征是,单个企业主占有企业的绝大部分剩余收益权和控制权,承担着企业的主要风险。
经营权	Donnely,1964	家族企业是指同一家族至少有两代人参与这家公司的经营管理,并且由于两代人的衔接,使公司的政策和家族的利益相互影响。
	Upton & Sexton,1987	两代人一起参与企业的经营,并且参与企业管理的人数达到两人以上。
	Dreux,1990	一个或者多个家族参与企业治理,影响具体实施,来控制盈利的企业。
所有权与经营权	Davis,1983	企业的政策和方向来自于一个或者多个家族影响,这些影响通过所有权和家族成员的经营实施。
	Stern,1986	企业由一个或者两个家族成员管理和拥有。家族成员一个或者两个所有和操控的企业。
	Welsch,1993	所有权集中,企业主或者相关所有人参与企业管理过程的企业。
	Carsrud,1994	被"情感关系组织"成员控制了企业所有权和政策制定的企业。
	潘必胜,1998	当一个家族或数个具有紧密联盟关系的家族拥有全部或部分所有权,并直接或间接掌握企业的经营权时,这个企业就是家族企业。
	叶银华,1999	家族的持股比率大于临界持股比率;家族成员或具二等亲以内之亲属担任董事长或总经理;家族成员或具三等亲以内之亲属担任公司董事席位超过公司全部董事席位的一半以上。
	储小平,2000	应该从股权和经营控制权的角度把家族企业看成是一个连续分布的状况,从家族全部拥有两权到临界控制权的企业都是家族企业。

续表

基本要素	参与学者	家族企业定义
代际传承	Ward,1987	家族企业就是能够代代相传的企业。
	Handler,1989	在管理和董事会上,通过家庭成员影响主要决策制定和企业代际传承计划的组织。
	Churchill & Hatten,1993	发生或者预计一位年轻的家族成员已经或者将从老一辈那里取得企业的控制权。
	Tan & Fock,2001	家族和企业在代际间一起保持延续,企业的传承开始于积极参与下一代在家族企业高级管理层的存在。

资料来源:笔者通过阅读相关文献整理获取。

上述定义在一定程度上使我们对家族企业和非家族企业的定义有了初步的认识,但是它们还是没有在统计上对基本要素做出精确的测量基准。比如家族控股的比例问题上,60%还是50%以上? Church(1969)认为家族要完全拥有企业的所有权……如果只是家庭成员参与企业的经营就算家族企业,那么到底依据是人数还是对企业的控制程度来定义呢? 而对于家族企业的代际传承的具体指标中外学者也存在争议。

(2)连续变量定义法

家族企业作为一种古老而又广泛存在的组织形式,真正要对它进行界定在理论界存在一定困难。中外学者至今没有一个准确的、被广泛接受的家族企业定义。许多学者试图摆脱以往从家族企业所有权、管理权和代际传承的视角对家族企业进行的界定,所以西方学者尝试从家族对企业的影响程度和家族企业的连续指标测量等量化指标来对家族企业进行界定(廉勇、李宝山,2006)。

对于家族企业的定义一般都是遵循"二分法"的原则,非此即彼把企业划分为家族企业和非家族企业类型。但是 Astrachan、Klein 和 Smyrnios(2002)使用量表区分的方法打破了传统的思维,将家族对企业的参与和影响由哑变量转换为一个连续变化的变量,着重评估家族在权力(power)、经验(experience)和文化(culture)三个维度对家族企业的概念进行拓展定义,提出了一种家族对企业影响程度的测量工具——F-PEC 模型。**权力维度**是指家族对企业的影响程度是通过企业的所有权、治理和管理权三方面来进行的。其中,所有权通过家族控股比例来测算,而治理和管理权在不同国家是不一样的,如美国是只有一个董事会,而在德国、瑞士和荷兰则通过治理委员会和管理委员会中治理和管理权代表人数的比例来测量。相应地,家族对企业的影响又分为直接影响和间接影响,直接影响是在家族企业董事会中家族成员的人数占比,间接影响是获得家族提名的非家族成员参与董事会的人数比例。具体算法是:在董事会家族成员人数比重＋家族指定非家族成员人数比重×0.1。例如董事会由 5 位成员构成,家族成员 2 位,家族指定非家族成员 2 位,其他小股东 1 位,那么按照 Astrachan、Klein 和 Smyrnios(2002)的算法家族对企业的影响程度是(2/5＋2/5×0.1)×100％＝44％。**经验维度**是指涉及传承相关事项和对家族企业发挥贡献的人数的统计指标。许多学者(e. g. Barach & Ganitsky,1995;Birley,1986;Heck et al.,1999;Ward,1987,1988)认为只有在家族企业才能预计企业下一代的发展。Astrachan、Klein 和 Smyrnios(2002)认为随着家族企业在代际间传递,每次传承对家族企业经验价值的影响是呈现非线性递减的。当然,家族下一代成员也会对企业发挥突出贡献作用改变递减的趋势,那只有在下一代进行了重新创业,注入了大量的企业家精神之后才会发生。**文化维度**是指家族和企业分享自己的假设和价值观对企业的影响。Astrachan、Klein 和 Smyrnios(2002)选择了家族和企业价值观的重叠和家族对企业的承诺两个子维度。

在提出 F-PEC 模型之后,Klein、Astrachan 和 Smyrnios(2005)继续从事关于家族企业根本性概念界定问题。他们随机选取了 1000 余家德国和西班牙家族企业进行问卷调查,测验 IPO 的长期股票市场绩效。其中为了确认家族企业性质,他们运用 EFA 和 CFA 验证分析对样本数据进行了分析处理,研究表明 F-PEC 量表在评估家族对企业的影响时有很好的信度和效度。在此基础上,Holt 等(2010)调查了 831 家美国家族企业,建设性地复制和完善了 Klein 等的研究量表以便确认 F-PEC 量表的要素结构和效度。通过 EFA 和 CFA 检验,数据显示该模型通过了量表的结构效度检验。假设的模型三要素显示包括了文化、权力和经验等研究假设。Holt 等(2010)的研究成果拓宽了之前对家族企业一维的定义,通过评估老一代企业家的意愿与下一代承诺之间的差异,检验了量表的聚合效度,结果支持聚合效度的初始水平。

关于家族企业的定义学者们一直没有形成统一意见,但是他们都试图假设这是可以解释的。由于 F-PEC 模型也不能精确区分家族企业和非家族企业,虽然这个模型在不断完善,却仍然不能很好解释家族企业定义的难题。然而更加接近统计科学的 F-PEC 量表使得家族影响企业的程度可以量化,可行的实证研究也有助于解释家族和企业之间关系。因此,F-PEC 模型对于家族企业研究由简单的"0 和 1"分类思维过渡到更为客观的连续变量观察家族企业提供了坚实可靠的工具,如图 4-1。

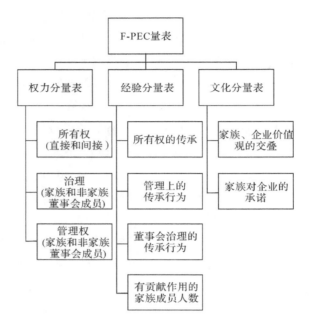

图 4-1　F-PEC　模型

资料来源:Astrachan,Klein & Smyrnios(2002),p.52.

通过上述文献回顾,我们可以认为人们对于家族企业的定义至今尚未形成一致的观点,正如"盲人摸象",尽管大家各自抓住了家族企业的部分特征,但是最终还是根据自己的研究需要对此进行定义。无论是"二分法"还是"家族化"影响程度的"连续变量"测量,定义分歧致使概念的严谨性大打折扣。借鉴基本要素定义法和连续量表定义法的思路,考虑到中国的实际国情和可操作性的实证要求,笔者将家族企业的定义要求限定在如下几个条件:

(1)个体或者核心家族拥有企业 50% 以上股权;

(2)至少有一位以上家族成员在企业任职;

(3)家族试图让下一代成员延续企业所有权[①]。

_____

[①]　由于目前我国家族企业是在改革开放之后发展形成的,大多数家族企业正处在代际传承的高峰,所以由所有权传递到维持家族企业的竞争优势正是本研究集中关注的重点。

4.1.2　代际传承概念的界定

在家族企业研究领域关于代际传承的研究中，"（代际）传承"或者"继任"的英语的表述常用的词或者词组包括（Intergenerational）Succession、（Intergenerational/business）Transition、Transfer of Power（leadership/ownership/Entrepreneurship）等。其中 Succession 使用最为普遍。

正如大量企业难以跨代延续，我们可以推断家族企业代际传承问题并非一蹴而就。"接力棒转移"的概念，容易把代际传承话题作为一个行为或者孤立事件。然而，越来越多的关于代际传承的共识认为这是一个过程而不是一个孤立事件。从过程的视角，代际传承是多段加工的过程，理想的情况是企业的继任者越来越多参与到企业。同时，在任者减少自己的参与，直到组织中真正的权力转移发生。这是一个漫长的、渐进的、多元角色调整的交接班过程（Handler，1989）。所以代际传承过程的每一个阶段会涉及两代企业家特殊角色行为，在角色行为中从一个阶段依次转移到下一阶段。

关于代际传承研究一直是家族企业研究领域的关键主题，但是人们对于代际传承的界定仍然存在一些争议。这些争议主要来自于家族企业代际间需要传递的是什么内容？以及传递的对象又是谁？

一些学者根据家族企业传承的对象进行分类，有家族成员代际传承和非家族的职业经理人代际传承（Beckhard & Burke，1983）。而根据继任者与在任者存在血缘或者婚姻关系，又有学者提出家族成员代际传承导致企业保持竞争优势的"家族性"（Habbershon & Williams，1999）研究，对于能够进行成功的家族成员之间的代际传承的企业称为"家族保持特有的异质性知识"（Bjuggren & Sund，2001）。

另一些学者关于在任者向继任者需要传递的内容，在早期的研究中主要集中在企业所有权从一代人向下一代人传递（Gersick，1998；Lansberg，1988；Cabrera-Suárez，De Saá-Pérez & García-Almeida，2001）、领导权[1]从一代人向下一代人传递（Davis，1968；Longenecker & Schoen，1978；Matthews，Moore & Fialko，1999；Vera & Dean，2005）或者两者的混合在代际之间的传递（Churchill & Hatten，1987；Chau，1991；Dunn，1999；Perricone，Earle & Taplin，2001；Cadieux，Lorrain & Hugron，2002；Ven-

---

[1]　Barry（1975）认为"领导权"包含所有权和管理权两个维度。

ter，Boshoff & Mass，2003；Lambrecht，2005）。

表 4-2　代际传承概念的早期界定——部分学者代表性观点

观点	支持的学者
企业所有权从一代人向下一代人传递	Gersick，1998；Lansberg，1988；Cabrera-Suárez，De Saá-Pérez & García-Almeida，2001
领导权从一代人向下一代人传递	Davis，1968；Longenecker & Schoen，1978；Matthews，Moore & Fialko，1999；Vera & Dean，2005
两者的混合在代际的传递	Churchill & Hatten，1987；Chau，1991；Dunn，1999；Perricone，Earle & Taplin，2001；Cadieux，Lorrain & Hugron，2002；Venter，Boshoff & Mass，2003；Lambrecht，2005

资料来源：笔者通过阅读相关文献整理获取。

　　除了上述早期研究对传递内容进行界定之外，近年诸多学者又从隐性知识（Cabrera-Suárez et al.，2001）或者网络和社会资本（Steier，2001）或者权威（Handler，1990；Fiegener，Brown & Prince，1996）或者管理诀窍（Hugron，1991）或者企业家精神（Woodfield，2010）等视角对家族企业代际传承进行界定。与上述学者将家族企业代际传承简单视为一维或者二维的概念不同，Drozdow（1998）又拓展了代际传承的内涵，提出家族企业代际传承意味着一个或者多个核心要素（core elements）在代际间留存或者转移。

　　本研究中，笔者对于家族企业代际传承的界定是将研究对象限定在家族成员中，传的内容认同 Drozdow（1998）的观点，即一系列核心要素在代际间转移，即代际传承的"多维观"，而不仅仅局限在企业的所有权和经营权（领导权）单独或者混合的传递。

4.1.3　国外家族企业代际传承研究进展

4.1.3.1　基于企业资源观的家族企业代际传承

　　在处理好财权交接和知识传递等问题的基础上，家族企业比非家族企业在一定条件下可能具有更强的竞争优势。家族企业在成长的过程中企业家代际交替被认为是关键的节点，在前期的研究中由于缺乏从家族企业内部对代际传承进行深入研究的理论和视角，所以主要运用经济学理论来解释这种现象，如代理理论（Jensen，1986）、管家理论（Eisenhardt，1989）、利益相关者理论（Donaldson & Preston，1995）和利他理论（Trivers，1971）等，其中企业资源观(Barney，1991)运用到家族企业代际传承研究的影响最具解释力。

根据 Wernerfelt(1984)的观点，资源可以包括"任何可能被视为某一企业的优势或者劣势的东西"，所以"定义为那些与企业短时间内有关联的有形或者无形资产"。Barney(1991)认为资源最显著的特点是——某种能产生利润或者避免损失的能力。如果某种资源很容易被替代，那么它也不具价值，所以难以被模仿是企业资源观的核心(Lippman ＆ Rumelt，1982；Barney，1991；Peteraf，1993)。资源的不可模仿性似乎建立在两种不同的基础上(Amit ＆ Schoemarker，1993；Hall，1993)。其一，拥有所有权契约、合同或者专利等资源，"不可被模仿"是因为它们受到法律的保护，私有财产不受侵害；其二，资源则受到知识壁垒的保护——即竞争对手不知道如何模仿企业的技能或者流程感知。

所有权控制着"可专有"的资源，即那些与特定的和定义明确的资产相联系的资源(Barney，1991)。从企业资源观的角度，通过以所有权为基础的资源管理论，即家族企业权力转移过程，西方学者构建了一系列模型来解释家族企业代际传承。正如 Stogdill 指出只有构建一个关于这个现象或系统的结构模型，才能对我们观察到的现象做出系统的解释(Ashby，1970)。

前人基于企业资源观的家族企业权力转移研究大致可以梳理划分为两大类："基于过程研究(Processes Studies)"(e. g. Barach，Gantisky，Carson ＆ Doochin，1988)和"基于影响因素研究(Influential Factor studies)"(e. g. Morris，Williams，Allen ＆ Avila，1997；Barach ＆ Gantisky，1995；Dumas，Dupuis，Richer ＆ St-Cyr，1995；Ibrahim ＆ Ellis，1994；Handler，1992；Ambrose，1983；Longenecker ＆ Schoen，1978)。

(1)基于过程研究

尽管继承问题从家族企业成长的过程来看只是某一时点上权力在两代企业家之间的转移，但实际上家族企业继承问题绝不是一蹴而就的短期课题。Lansberg(1988)把家族企业继承问题描述为一个充满变化，矛盾交织的过程，它给家族和企业带来多方重大转变。Murray(2003)认为，继承时期包含多个阶段，企业在执行所有权和领导权转换过程的每个阶段都有特殊的任务要完成，企业继任时期可能耗时 3 年，或者 8 年。梳理学者们对继任过程的研究成果，笔者认为以下几个学者的研究具有一定的代表性：

Longenecker 和 Schoen(1978)最早提出并且构建了家族企业七阶段接班模型理论模型。Beckhard 和 Dyer(1983)用家庭和企业两个系统模式来分析家族企业的代际传承过程,在他们的模型中家族企业实质上由两个重叠的系统构成。在双系统模式基础上,盖尔希克(Gerisck,1997)提出家族企业的经典模型——三环模式。该模型将家族企业看成是由三个独立而又相互交叉的子系统组成的三环系统:企业、所有权和家庭。提出三环模式之后,这种模型被国内外学者广泛接受,家族企业研究起步较晚的国内研究学者大都从盖尔西克的研究中得到启发。

　　Churchill 和 Hatten（1987）、Neubauer（2003）、Handler（1989）、Matthews-Moore-Fialko(1999)等学者运用企业生命周期理论解释了家族企业"子承父业"的继承过程。他们把继承过程分为多个不同阶段,比如所有者管理、培训和发展、父子合作和权力传承四个阶段,或者个人发展、企业发展、领导权继承三个阶段等等。Handler(1989)提供了一个很好的分析框架,在他的模型中,父子关系和继任者生命周期相结合。然后 Handler(1990)又指出,家族企业成功的权力交接伴随的是继任者与创业者之间的角色调整过程,许多家族企业的创业者在"最高权力控制者"阶段就再也不愿往下一阶段转变,与此相对继任者也就只能停留在"辅助者"的角色。显然家族企业传承过程中前任与继任者的角色转换过程是互动的过程,如果前任者不适时退出或者继任者没有及时进入,都会影响角色转换过程。

　　Stavrou 等(1998)运用了文献综述和实证分析相结合的方法,提出代际传承的三个层次模型。在 Ward(1987)、Handler(1989)、Birley(1991)、Mutual(1993)等人研究的基础上,提出了接班人进入企业前阶段、进入企业阶段和正式接班阶段的代际传承模型。

　　2000 年后,Bruno 等(2002)提出家族企业接班的接力跑模型,他们将研究的重点放在权力交接的过程,将其比喻成一场接力跑比赛,最终归纳出交接班过程的四个节点,次序、时机、技巧和沟通,只有顺利通过上述四个节点,那么成功接班的概率就大幅得到提升。Lambrecht(2005)提出了一个多代传承理论,其中涉及三个环节,即家庭成员个体、家庭和企业,由内及外,中间贯穿时间这个中轴线。多代传承理论在原先的基础上强调了家族企业长期经营的理念,涉及多代家族个体成员参与企业经营,同时又考虑了特殊企业治理形式——家族管理模式企业,对家族长期经营具有显著的指导意义。

　　通过对上述代表性研究文献回顾,我们可以发现无论学者如何对家族企业代际传承过程进行划分,其过程理论研究条理比较清晰,众多学者的观点相对一致,不同学者只是对这个过程的节点存在不同的考量。

（2）基于影响因素研究

按照 Ward（1987）的观点，家族企业就是企业的所有权在一个家族中的多代之间进行传递，而企业成功延续的关键是财富与权力的平稳过渡，所以财富和权力是影响家族企业代际传承的关键要素。Sharma（2004）提出失败的传承是企业破产或者继任者被免除企业的控制权，然而什么是成功的继承？Handler（1989）认为，家族企业成功传承包含了两个交叉的维度，其一是继任前后企业绩效的变化，其二是家族成员在整个继任过程中感受到的满意度。依据这个研究思路，许多学者相继提出了影响家族企业代际传承动力模型的要素。

Morris 等（1997）从社会关系学的角度，分析了家族企业传承的各种决定因素，最终结合家族企业代际传承的情景因素，提出家庭关系是企业平稳过渡的最重要影响要素的研究假设。然后他们采用定量研究的方法，开发出家庭关系对成功继任的影响模型，结果显示家庭关系具有显著的影响力。Sharma等人（2003）以两代企业家作为研究对象分别测量了两者对传承满意度的影响因素，这些因素分别是家族成员参与度、继任计划实施程度、交班意愿、接班意愿和个体角色匹配度五个项目，相应也进行了实证研究。Venter 等人（2005）通过要素分析降维的方法将代际传承感知度影响要素分为两个维度，分别是企业持续盈利性和传承过程的满意度。

通过上述一些代表性文献的阅读，笔者发现对于影响家族企业代际传承的要素判断和识别至今没有形成综合性研究体系，被识别的要素之间关系难以形成逻辑上的共识，因而在此领域的研究还需要进行不断完善和进一步的开拓。

4.1.3.2　基于企业知识观的家族企业代际传承

以产权为基础（Property-Based）的子资源和以知识为基础的子资源构成总体资源（Miller & Shamsie，1996）。许多宝贵的资源不是受产权的保护，而是受知识壁垒的保护。竞争对手无法模仿它们，因为它们很微妙，难以理解——因为它们设计难懂的诀窍，以及它们与结果之间的关系也是难以被了解的（Lippman & Rumelt，1982）。资源学派认为通过学习和创新会带来个体或者组织的竞争优势，其中贯穿整个过程的中轴媒介就是知识和知识的转移。家族企业应该聚焦在传统他们擅长的领域，通过提供某些产品和服务在某些市场上利用他们的知识在相关领域完成多样化经营。特别是，他们应该发挥自己在管理和运作层面的潜在知识，这些嵌入在他们创业者身上的隐性知识是家族企业的战略资产,只有在家族企业才能更有效发展和转移。这是因为只有在家族企业,两代企业家超越工作之外保持了个人和家族等特殊关系。从企业战略的角度,企业资源观的深度发展导致了企业知识观理论的诞生(Cabrera-Suárez et al.,2001),即基于企业知识观的理论可以被认为是企业资源观的深入版本。

遗憾的是关于知识转移的模式研究与实践应用文献梳理的结果来看,很少涉及家族企业绩效方面,更鲜有发现从知识管理的视角来研究代际转移的企业家隐性知识对家族企业代际传承影响的研究成果,这也激发了我们深入研究的科研积极性。

(1)代际转移的企业家隐性知识

对企业核心竞争力起作用的要素在不同的组织是不一样的,比如家族企业与非家族企业就存在显著的差异(Cabrera-Suárez et al.,2001)。以 Hedlund(1994)、Nonaka 和 Takeuchi(1995)、Gilbert 和 Cordey-Hayes(1996)以及 Szulanski(2000)等为代表基于知识管理和战略管理研究,采用不同以往的视角对家族企业代际传承等领域研究进行了有价值的拓展。

在家族企业历史进程中,组织的利他主义精神在代际传承过程中表现得尤为明显。企业的创业初期,企业所拥有的隐性知识等同于企业家隐性知识,创业企业家作为强势主脑核心,引领和治理企业,实现家族愿景,总是希望家业能够代代相传,所以在企业的战略布局上有别于非家族企业。从企业内部来看,家族和企业双环交叉部分的企业家隐性知识被认为是企业的战略性资产,企业所有的战略性决策都要受制于企业家个人经营技能和认知判断的约束。一旦家族企业后代不能有效继承创业企业家的隐性知识,那么家族企业就容易在长期竞争中丧失优势,进而走向失败(马歇尔,2003)。现实中大量家族企业的沉浮事例已经显示家族企业的兴衰往往都是与企业掌门人掌握的知识密切相关。

由于知识本体包含了隐性知识与显性知识,知识转移媒介方式包含了组织、团队、个体之间流动路径,知识转移个体包含了代际间企业家,导致实践中知识转移形式的多样性,林昭文、张同健和蒲勇健(2008)认为个体间隐性知识转移是诸多知识转移方式中最具有管理潜在价值的形式。

Grant(1991)认为创业者的知识主要分为两类,显性知识主要表现在企业日常的运行规则、制度规定和战略布局等方面,而隐性知识主要表现为经验判断、企业家直觉等形式隐藏在企业家的大脑中。在家族企业内部,企业家动用自己的相关知识对企业进行组合运作,并且固化形成组织集体知识来有效地整合、协调、调动家族企业的各种资源发挥更大的功效。企业家隐性知识是一种"主动资产",是存在于企业家身上的技能、经验、直觉等总和。由于企业家具有能够在逆境中承担巨大压力的同时保持冷静的特殊精神气质,能够承担经营风险同时具有超乎常人的市场直觉感知,面对技术瓶颈能够迎难而上动员强大的生产要素化危机为商机等,所以在某种程度上,嵌入家族企业内的特定知识,尤其是企业家隐性知识难以交易和模仿,具有稀缺性、针对性和适用范围特定性等特征,因此学者认为拥有这些特定知识以及创造和转移这些特定知识的能力是企业的重要战略性资产(Gran,1996;Spender,1996;Teece,1998)。而 Peteraf(1993)指出,企业必须保持四个条件才能获取超过正常水平的回报:异质性、竞争的事后限制、不完全移动性和竞争的事前限制。资源和能力的异质性创造李嘉图理论(劳动价值论和比较优势论)或者垄断租金。竞争的事后限制为防止输给竞争对手设置了租金。不完全移动性确保有价值的要素保持在企业内,以及分享租金。竞争的事前限制抵消了租金来保持成本。总之,企业家隐性知识随着时间推移和情景变化,嵌入到个体企业家身上知识的重要性可能会发生一些变化,但是通过创造和转移嵌入到企业家个体的隐性知识是家族企业获取持续竞争优势的关键要素。

(2)企业家隐性知识与家族企业代际传承

虽然企业可以拥有丰富的资源和能力,但是这不能保证家族企业的成功传承。家族企业的竞争优势来自企业控制的独特资源或者能力,即和他们的竞争对手相比在某些方面企业做得特别好(Cabrera-Suárez et al.,2001)。为了企业具有可持续竞争优势,我们需要理解"家族性"(Habbershon & Williams,1999)中主要的知识具有强烈的隐性特征,即"家族性"相关的隐性知识常常是嵌入到某一个体,一般是企业的创业者或者相关关键家族成员身上,而这些知识可能对家族企业竞争优势做出解释。在这个层面上,家族企业的成功必须识别它的资源和能力。一旦识别家族企业的资源和能力,他们就能够对自身的竞争优势进行估计而做出决断。这个"家族性"可以使企业构想或者实施战略以提高它的效率和效用。因此,转移隐性知识从企业内部来讲为创新和提高效率提供了基础,所以人们要认清隐性识知识及其转移的潜在价值。

Henry 等(2013)认为当继任者是家族成员时,两代人的知识转移其特征是主要表现为"社会化"和少量"外部化"。在任者的隐性知识通过分享经验可以转移到继任者身上(Nonaka,1991),即继任者通过惯例、模仿反复尝试学习。但是正如知识的缄默性,不仅是在任者的一部分,而且是继任者的一部分,知识转移的效果只能从继任者随后的行动中获取评价(Swap et al.,2001)。另外,因为它很少转变成显性的,所以旷日持久的"社会化"中隐性知识转移根本不容易受到企业的影响(Nonaka,1991)。

相较而言,外部化过程中,在任者的隐性知识转变为显性,所以通过直接的沟通变成可转移性。成功外部化的前提条件是在任者能够转移自己的隐性知识成为编码,比如叙事、比喻、类比或者可视化手段等(Osterlon & Frey,2000)。然而,小型家族企业因为高比例的隐性知识和不恰当的技术基础阻碍复杂知识管理手段的应用,造成了隐性知识外部化面临着巨大的挑战。所以在家族企业传承的过程中,企业家隐性知识广泛转变成为显性知识以及本身企业家显性知识的实施和贯彻都是十分困难的事情(Cabrera-Suárez et al.,2001)。此外,由于企业中央管理大权一直归属于同样的家族成员同样的企业,尚未在企业内建立关于知识转移的日常规则,所以也会束缚企业家知识的外部化(Miller et al.,2003)。

4.1.4 国内家族企业代际传承研究进展

由于国家政治、经济发展等原因,我国家族企业的成长与研究与国外相比较,存在一定的滞后性。进入 21 世纪之前,家族企业研究由于意识形态等原因,国内学者漠视这种组织形式的存在,以(代际)传承为主题的研究极为少见,几乎没有学者采取开创性的模型对家族企业代际传承理论开展理论研究。进入 2000 年以后,家族(民营)企业在吸收社会剩余劳动力,促进经济多元化发展中发挥了重要作用。与此同时中国经济改革迎来 30 周年,家族企业也逐步进入代际传承的高峰,"子承父业"等主流模式也引发了学界和企业界的关注,对此国内许多研究者结合中国的情景,开始从经济学角度起步诠释家族企业的各种现象。比如,陈凌和应丽芬(2003)运用家族企业三极发展模型对"子承父业"模式进行了理论分析,并且使用家族企业的社会结构和组织学习相结合的方式对代际传承现象做出了经济学解释。王春和、黄清和杨在军(2006)、盛乐(2006)、董巍(2007)、余向前(2007)等学者则分别尝试从人际信任、委托代理理论和决策理论等角度对"子承父业"模式存在的合理性进行理论性分析。

随着国内以家族企业为主题的研究日渐升温,笔者通过文献梳理发现我国学者在借鉴和引用国外专家研究成果的过程中,自动锁定进入到基于资源观的家族企业代际传承研究,即大多数的研究主要停留在家族企业内部权力转移系列模型构建。例如,国内学者们主要聚焦在如下三个领域:其一,是对西方代际传承模型的评价分析。苏启林和欧晓明(2003)、罗磊(2005)、王连娟(2006)、窦军生和邬爱其(2006)、朱素英(2006)以及王国保和宝贡敏(2007)分别对国外家族企业继承研究最新成果进行了全面述评。其二,是基于中国情景下家族企业权力的代际传承研究。应焕红(2002)、晁上(2002)、李蕾(2003)、张兵(2004)、包发根(2006)等对家族企业进行权力代际转移进行分段,其中权力的转移也涉及经营权的转移。其三,提出社会资本有效传递对于家族企业代际传承的成功至关重要,石秀印(1998)、储小平和李怀祖(2003)、潘晨光和方虹(2003)、许忠伟和李宝山(2007)以及杨栩和黄亮华(2008)等认为家族企业中"父辈"所建立起的企业家网络能否得到有效转移比起其他物质性财富对最终的传承结果更加重要。

　　家族企业的独特竞争优势来源于企业本身具有的"家族性"所带来组织的异质性,而这种异质性资源主要来源于组织内不易被模仿的隐性知识。然而,正是由于不易模仿的隐性知识存在同时对企业的成功延续造成了潜在制约。因此,家族企业能否在代际传承过程中实现这些独特知识的代际延续,成为家族企业传承成败的一大关键(窦军生、李生校,2010)。目前在国内,真正意义上从企业知识观和知识管理的角度探讨代际间企业家隐性知识在家族企业内部转移和构建的实证研究模型还十分鲜见,大多数学者止步于继任企业家的选择和胜任力的研究。代表性研究如,陈寒松(2009)通过质性研究发现对于企业接班人,中国家族企业在知识和能力培养方面越来越重视。一方面表现在,越来越多的企业接班人都具有留学国外的经历或者至少在外资企业的工作经历;另一方面表现为,注重子女的长期培养,从小手把手进行经验诀窍的传递,同时十分强调子女在企业一线或者基层的实习锻炼,在家族企业锻炼过程中形成新一代的接班团队。徐萌娜等(2012)在理论上提出隐性知识代际转移的社会化模式,周任重等(2011)构建了一个"创业者知识转移与家族企业代际传承"的理论模型,陈文婷(2012)综述了家族企业内部隐性和缄默资源传承创新的机制,于斌斌(2012)实证指出家族企业接班人胜任能力包括 8 个因子,其中社会网络、学习创新、政府关系、资源整合等因子对于家族企业的继承绩效具有更显著的相关性关系,而社会网络和政府关系对于企业继承的影响等。此外,窦军生和贾生华(2008)通过内容分析法梳理并实证研究了代际间需要传递的企业家默会知识(隐性知识)包括技术诀窍、管理经验、见解或心得、经营理念、价值观、愿景等,各要素相对重要性的判断中,企业家和企业家子女均表现出一定程度的差异。

4.2　企业家隐性知识对家族企业成功传承的作用机理

4.2.1　代际转移的企业家隐性知识与家族企业成功传承的主效应

家族企业与非家族企业相比较,主要源自家族参与所形成的企业知识的难以模仿性。在创业企业家时代难以模仿的企业知识就等于企业家知识,所以能否在代际传承过程中实现这些知识的代际间转移,成为家族企业成功传承的关键。

Michael Polanyi(1958)提出知识可以分为隐性知识和显性知识,普遍存在于企业中。现有研究认为显性知识在组织中只占10%,另外90%则属于隐性知识。企业隐性知识具有独占性、难以规范性、不易转移性等特征,所以不会因此受到抄袭、模仿而丧失竞争优势,成为企业的核心能力(Barney,1991),而家族企业恰恰是因为企业隐性知识的异质性而收获竞争优势。另外,家族企业的特殊性在于企业内创业家族成员的参与和奉献给企业带来的"家族性",即作为家族参与的结果导致一个企业与众不同的资源和能力的集合是家族企业独特竞争优势的重要来源(Habbershon & Williams,1999)。家族后代的一个重要功能是成为隐性知识累积、分享、转移的载体,在家族两代成员具有通畅的交接班意愿的情况下,继任企业家成为隐性知识的分享者、传播者,隐性知识的传承可以提高企业传承创新能力和竞争优势。那么代际转移的企业家隐性知识内涵又是什么?又有哪些要素对企业传承产生显著影响呢? Chrisman等(1998)和Sharma等(2000)也认为基于企业接触的消费者和供应商视角,企业家诚信和责任等为家族企业的信誉,所以在选拔接班人的过程中,这些企业家品质比技能更为重要。Tan和Fock(2001)通过质性研究推断,继任者的企业家素质和能力是家族企业传承成功的关键所在。延续Drozdow的研究思路,Lambrecht(2005)也运用案例指出代际传承是一个长期的连续性过程,在该过程的创业时期必须将专业知识、管理理念、企业家特质以及企业家精神等企业家隐性知识从现任者转移给下一代企业家。

家族企业的代际传承不是在任企业家单纯把企业控制权转交给下一代,

更是期待把自己的企业家隐性知识等一系列特殊要素转移给继任企业家,最终使企业获取持续竞争优势。但是由于隐性知识本身难以交易和难以模范的特性等原因,企业家之间无法短期直接进行隐性知识的交接,所以家族企业的代际传承必须是在长期的企业家互动的过程实现隐性知识的转移(Fang et al.,2012),如父母担任职业导师的"导师指导制"(Kram & Isabella,1985)等方式。相关的企业家隐性知识徐萌娜等(2012)提出信念、价值观,陈文婷(2012)提出缄默资源等,King(2003)认为美国继任企业家的潜能(Potential Capability)对家族企业传承后 3 年绩效具有显著影响。反之,McGivern(1989)的调查显示在美国有 45% 的企业失败的根源在于企业无法实现关键要素的有效传递,例如知名美国华人企业王安电脑的失败等。

现实中如何判断成功传承与失败传承的标准一直存在争议,关于什么是成功的传承目前尚未形成统一的观点。家族企业同任何企业形式一样,追求客观上的绩效目标是指企业传承行为所带给企业综合绩效的前后变化的程度。但是与普通企业不同,由于家族参与企业运营行为,所以在主观上的绩效是指利益相关者等家族成员满足企业传承行为过程的结果。Handler(1989)认为家族企业成功的传承包含两个维度:一个是家族成员对传承过程的满意度,另一个是传承结果的绩效表现。前者反映了成功传承的主观评价,后者反映了成功传承的对企业影响的客观指标。很明显过程的满意度和结果的绩效指标相结合的判断是合乎逻辑的,沿用这个思路,国内外学者探讨影响成功传承的影响因素,并提出了诸多实证模型。由此我们假设:

H1:企业家隐性知识的有效转移对家族企业成功传承具有显著正相关。

4.2.2　企业家交接班意愿的中介效应

4.2.2.1　代际转移的企业家隐性知识与企业家交接班意愿

许多研究分析指出,失败的企业传承往往表现为在任企业家不愿意放手,其直接原因主要表现为对于继任企业家掌握的企业隐性知识缺乏信心,并且他们容易把子女看待为潜在竞争对手,不利于向继任企业家隐性知识的主动转移(Matthews et al.,1999),同时这容易对继任企业家的接班意愿带来负面影响(Stavrou,1999)。对此学者提出了克服在任企业家阻力的方法,如发展企业之外的兴趣爱好,摆脱对企业管理权的强烈需要(Hall,1986;Kaplan,1987),或者鼓励企业家到其他企业谋求领导地位(Zaleznik & Kets de Vries,

1985)等。

另一方面,家族企业的本质是将企业传递给愿意接班的家族成员。然而现实中 Stavrou(1999)率先将华盛顿大学商学院 132 位家族企业子女作为研究对象,发现愿意进入家族企业的子女比例较低,66％的研究对象表示进入家族企业的可能性小于 50％。余向前(2008)对温州地区拥有家族企业的大学生调查表明,只有 16.1％的调查对象明确愿意毕业后进入家族企业工作。上述研究结果表明在继任企业家进入家族企业之前,他们的接班意愿低下往往是一种普遍的现象。但是,家族企业内部传承依旧是企业传承的主流模式,"子承父业"更是备受青睐(余向前,2008),因此如何促进继任企业家接班意愿提升,已经成为家族企业代际传承过程中的一个突出的问题。

Barney 和 Arikan(2001)认为继任企业家通过参与家族企业,掌握企业所拥有的内在异质性资源及其管理能力,促进企业家隐性知识的增长可以激发和提升继任企业家的接班意愿。Lambrecht(2005)实证指出如果继任企业家主动参与企业经营,身体力行依靠自身的努力获取周围员工和顾客的认可和信任,从而获取一定的晋升机会,由此提升从业的信心和接班意愿。所以继任企业家可以通过"干中学""导师指导制"等形式吸收和掌握企业关键的隐性知识建立自信,最终提升继任企业家的接班意愿。由此我们假设:

H2a:企业家隐性知识的有效转移对在任企业家交班意愿具有显著正相关。

H2b:企业家隐性知识的有效转移对继任企业家接班意愿具有显著正相关。

4.2.2.2　企业家交接班意愿与家族企业成功传承

企业权杖的交接主要涉及在任和继任企业家,而他们的交接班意愿直接影响着企业传承的成功。大量研究表明,家族企业的传承过程没有在任企业家和高层管理者的管控下进行是无法想象的(Brady & Helmich,1984;Davis & Tagitri,1989),在任企业家能够确定权杖传递的对象、时间、方式和步骤等(Beckhard & Dyer,1983)。因此,传统上没有在任企业家真正的交班意愿,就不可能实现真正意义上家族企业成功代际传承(Hofer & Charan,1984)。

另一方面,家族企业接班问题是家族企业持续发展中薄弱的环节,特别是子女接班具有一定的普遍性和特殊性。我们很难想象继任企业家被逼迫接管企业的运营,违背继任企业家意愿的接班。即使在形式上可以进行权力交接,但是在实际中这样可能导致传承意外发生的概率大增,而且对家族企业传承的满意度容易产生负向作用(Handler,1992)。因此,继任企业家接手企业的意愿也对家族企业成功传承产生影响。由此我们假设:

H3a:在任企业家交班意愿对家族企业成功传承应具有显著正相关。

H3b:继任企业家接班意愿对家族企业成功传承具有显著正相关。

4.2.2.3　企业家交接班意愿的中介作用

在家族企业传承研究早期,在任企业家是最受关注的焦点,他们被认为是推动传承的关键。所以,Ward(1987)认为在任企业家交班意愿对家族企业接班过程能否成功起着决定性的作用。不难解释,家族企业往往是在任企业家对企业投入了毕生的精力一手辛苦创立的,因而他们拥有控制企业传承决策及其过程的主导性和合法权利(Bjuggren & Sund,2001;Cannnella & Shen,2001)。如果在任企业家不相信继任企业家具有企业家隐性知识来掌控企业,那么就会过度关注细节而忽视交班授权,则很容易产生对成功传承的致命影响。在一项对美国失败家族企业研究显示一个共同的特征,上一代企业家牢牢地掌握着企业控制权,而不愿意把权杖交给"缺乏管理诀窍(隐性知识)"的子女。所以在任企业家离职意愿被学者认为是家族企业成功接班的首要障碍(Goldberg & Wooldridge,1993)。

另一方面,想要由家族代代控制企业实现家族对企业永续经营,那么掌握企业家隐性知识的后代家族成员对自己企业经营应具有一定兴趣,由此产生对参与家族企业经营的意愿(Berenbeim,1990)并影响成功接班。同时,父母才会考虑家族成员作为企业未来的继任人选(Cadieux et al.,2002)。通过文献研究发现,继任企业家所掌握的技能、实现的绩效及组织领导经验等企业家隐性知识对企业成功传承具有显著的直接影响。所以继任企业家所积累的隐性知识可以影响继任企业家接班意愿和获得正统性(Legitimacy),间接影响企业成功传承。

因此,基于知识观视角的企业家隐性知识在代际间的转移,促进了继任企业家胜任能力的培养,增强继任企业家从事家族企业的意愿,最终影响企业成功传承。企业家隐性知识代际转移也有助在任企业家早日自愿放权,成为通向家族企业成功传承的重要途径和手段。而在关于"家业长青"的交接班意愿的主导性问题上,现有国外文献也存在着一定的争议(Lansberg,1988;Handler,1989;Sharma et al.,2003)。在中国的情景下,我们无法想象在没有得到在任企业家的交班意愿的情况下企业顺利交接。从地缘文化要素的影响下,个体、家族和社会之间依据血缘关系的远近呈现"差序格局"的态势,所以下一代通过父辈的身教言传,耳濡目染,掌握父辈的成功经验和技巧,深刻了解家族企业,增加了代际传承的成功概率。因此,我们推断在任企业家主导家族企业传承的可能性更大。由此我们假设:

H4a:企业家隐性知识的有效转移通过在任企业家交班意愿对成功传承的产生间接影响;

H4b:企业家隐性知识的有效转移通过继任企业家接班意愿对成功传承的产生间接影响;

H4c:在任企业家交班意愿对成功传承的影响力大于继任企业家接班意愿。

综合上述分析,本章研究设计的理论模型可以用图 4-2 来简要描述。

图 4-2　研究理论模型

4.3　测量指标收集与量表质量评估

温州是中国民营企业、民营经济的先发地,在中国的经济发展中具有先发借鉴作用,而民营企业大都以家族企业的形式存在(余向前,2008),因此,本研究以温州地区的家族企业为研究对象,深入运用数据探讨代际间企业家隐性知识的转移对家族企业传承影响的内在机理。

4.3.1　数据收集

本次调查采取方便抽样的方法,研究的对象设定为老企业家(年龄在 50 周岁以上)和已经或者正在接班的新生代企业家(年龄大约在 35 岁左右),尽量实现两代企业家均等的人数接受调研。问卷参考了 Stavrou(1998)、张兵(2004)、Venter(2005)以及余向前(2008)等人的研究,总体分为五大部分,分别是企业背景信息、企业家要素传承、成功接班要素识别、成功接班的影响因素、填写人基本情况。课题组调研从 2010 年 9 月开始,至 2010 年 12 月结束,本次调查共发放了问卷 214 份,成功回收 143 份,有效问卷 133 份,无效问卷 10 份,回收率为 66.8%,有效问卷回收率为 62.2%。

由表 4-3 我们可以发现被调查的企业中家族股权绝对控制(大于 50%)的占据 64.9%,加上刚好等于 50% 的企业 12.2%,共计 77.1%。所以民营企业的控制权往往掌握在某一家族的手上,即民营企业大都是以家族企业的组织形式出现;我们所调查的对象企业最早出现在 1975 年,拥有悠久的创业历史,企业平均生命周期是 22.14 年以上;这次我们涉及的行业总体上有农业、工业以及第三产业,根据国家统计局《三次产业划分规定》,其中第二产业占有 86.5%,分别是地区的支柱性产业,如服装 6.0%、电器 3.0%、印刷 3.0%、鞋革 9.0%、眼镜 6.8%、汽配 5.3%、金融科技 3.0%、阀门 7.5%、房产建筑 9.8% 以及多元制造 33.1%,第一产业 1.5%,第三产业 12.0%。这样的布局基本上代表了我们调查的普遍性和代表性[①];在 133 家被调查企业中 32.3% 的企业职工人数在 100～500 人,其次是 24.1% 的企业人数为 50 人以下,17.3% 的企业为 50～100 人,5000 人以上企业 4 家,5000～1000 人企业 11 家,1000～5000 人企业 18 家,从企业分布数量上看以中小企业为主;企业的资产比例最多的是 1000 万～5000 万元占 26.3%,其次是 1 亿～5 亿元占 21.8%,5 亿元以上有 13 家,由于我们经济的发展、物价水平上升以及 CPI 等要素影响,我们这次调查的企业资产相较于 5 年前资产的金额都有大幅度的增加(余向前,2008)。

---

① 　样本构成来看,制造业比重过高,会不会导致结论的外部性不高?

解答:1)2005 年我国第一部《中国民营企业发展报告》蓝皮书正式面世。该报告由中华全国工商联合会编写。蓝皮书系统回顾了我国民营企业 20 多年的发展史,也对当前民营企业发展的现状做了详尽的描述。民企多集中在制造业和商业,根据全国工商联对上规模民营企业的调研结果,从三次产业划分的角度看,上规模的民营企业,主要集中在第二产业(79%)和第三产业(20%),第一产业企业数据仅占 1%。在第二产业中,民营企业主要集中在制造业(74%)和建筑业(3%);在第三产业中,主要集中在商业、餐饮业、综合类和房地产业。九成以上是家族企业,家族企业是我国民营企业的主体部分。300 多万家私营企业 90% 以上是家族企业,在这些企业中,绝大部分实行家族式管理。

2)2012 年 6 月 10 日,福布斯中文版首次发布了《中国现代家族企业调查》结果。从样本企业所属行业构成来看,A 股上市家族企业中制造业的比重高达 93%,H 股上市家族企业中这个比例也达到 92%。

从以上国内家族企业调查样本构成比例来看,家族企业中制造业的比重过高是一种普遍现象,所以不存在结论的外部性问题。

表 4-3　样本企业基本特征的分布情况

家族股权比重	频率	百分比(%)	行业归属		频率	百分比(%)
小于50%	30	22.9	第一产业	农业	2	1.5
等于50%	16	12.2	第二产业	电器业	4	3.0
大于50%	85	64.9		印刷业	4	3.0
小计	131	98.5		汽配业	7	5.3
缺失	2	1.5		服装业	8	6.0
合计	133	100.0		眼镜业	9	6.8
企业创业时间(公元)				阀门业	10	7.5
均值		1993		鞋革业	12	9.0
极小值		1975		金融科技	4	3.0
极大值		2010		房产建筑	13	9.8
企业寿命(年)				多元制造	44	33.1
均值		22.14	第三产业	商贸	16	12.0

企业职工人数	频率	百分比(%)	企业资产	频率	百分比(%)
50人以下	32	24.1	500万元以下	12	9.0
50~100人	23	17.3	500万~1000万元	10	7.5
100~500人	43	32.3	1000万~5000万元	35	26.3
500~1000人	18	13.5	5000万~1亿元	25	18.8
1000~5000人	11	8.3	1亿~5亿元	29	21.8
5000人以上	4	3.0	5亿元以上	13	9.8
小计	131	98.5	小计	124	93.2
缺失	2	1.5	缺失	9	6.8

由表 4-4 我们可以发现接受调查的对象主要以男性为主占有 82.0%,女性为 15.8%,缺失 3 位。由此可以获知这次接受问卷的男女比例大约是 8∶2,男性企业家明显多于女性企业家;另外,企业的创业者和二代接班人的比例分别是 43.6%和 50.4%,两者基本上各占一半,这实现我们预先设定的研究设计目标,即两代企业家人数相近的情况下,从各自的角度公平发表对共同事物的看法;从企业家本身在兄弟姐妹中的排名上看,长子或长女比率为 54.1%,由此我们可以认为两代企业家们都有一个共同的现象,就是长男或者长女出现的概率最高。说明在中国情景下这个现象具有一定的普遍性。随着排名的递增所占的比率逐渐递减,分别是 20.3%、10.5%、7.5%,最后停留在 0.8%。

由表 4-5 企业家学历和年龄的交叉表我们可以发现,50 岁以上的老一代企业家学历从小学到大学呈正态分布,其中初中、高中和大专人数最多。而 35 岁以下的年轻二代企业家学历几乎高中以上,大多是本科学历,也有研究生毕业的,由此,我们认为第 2 代企业家总体学历水平高于第 1 代,随着创业者创业成功,下一代拥有更多接受教育的机会,个人的知识技术水平更高。

表 4-4　问卷填写者基本信息统计

性别	频率	百分比(%)	按出生次序排名	频率	百分比(%)
男	109	82.0	1	72	54.1
女	21	15.8	2	27	20.3
小计	130	97.7	3	14	10.5
缺失	3	2.3	4	10	7.5
第几代企业家	频率	百分比(%)	5	1	0.8
第 1 代	58	43.6	6	1	0.8
第 2 代	67	50.4	8	1	0.8
第 3 代	1	0.8	9	1	0.8
小计	126	94.7	小计	127	95.5
缺失	7	5.3	缺失	6	4.5

表 4-5　文化程度与年龄的交叉表　　　　单位:人次

企业家年龄	企业家文化程度						合计
	小学	初中	高中	大专	本科	研究生	
35 岁以下	0	0	8	11	35	6	60
35~50 岁	3	2	9	5	6	0	25
50 岁以上	1	7	13	20	4	0	45
合计	4	9	30	36	45	6	130

4.3.2　量表质量评估

为了后期各个变量进行深入统计分析做准备,我们对回收样本的数据进行信度和效度分析,以保证整体量表数据的质量。量表质量评估检验的顺序按照自变量、因变量、中介和控制变量等逐项进行。

4.3.2.1　代际转移的企业家隐性知识

信度是指测验或量表工具所测得结果的稳定性(stability)及一致性(consistency)，量表的信度愈大，则其测量标准误愈小。所以笔者测量各个题项内部一致性来检验量表的信度，具体指标采用 Cronbach's α 系数，α 系数的测量主要通过因子分析来实现。Nunnally(1967)和 Halcher(1994)等认为在一般探索性研究中，信度系数的最低要求标准是系数 Cronbach's α 值在 0.50 以上，0.60 以上较佳；但是在应用性与验证性的研究中，信度系数值最好在 0.80 以上，0.90 以上最佳。

效度是指问卷中的测量题项所展示的构念与被研究的理论概念之间的准确程度，即考察内容与测量结果的吻合一致程度，两者越吻合测量的效度越高，效度又分为内容效度(content validity)检验和构思效度(construct validity)检验。

Straub(1989)认为内容效度是样本的测量题项的表达是否具有综合性和代表性，题项产生的实际背景也影响内容的有效性。内容效度通常采用文献分析和访谈进行评估，而我们研究的因变量和中介变量的测量条款均来自现有文献，只有自变量是新创量表。自变量条款是根据半结构化的访谈梳理了众多条款，然后在课题组学术例会上深入地探讨，并且联系当地企业家进行座谈的基础上修正和完善了每条条款之后确定的量表。这些基本能够保证量表具有高度的内容效度。

关于构思效度的评价，我们对于测量量表分别进行了 EFA 和 CFA 验证性分析，公共因子对于潜在构念的方差解释率达 50% 以上(Variance Explained，VE>0.5)，可以说明这些条款对于该潜变量具有相当程度的代表性。同时，Tabachnica 和 Fidell(2007)认为因子载荷由于受测量本质的特性、外在因素干扰与测量误差、甚至构念本身等影响，建议载荷系数以 0.55 为良好的标准，就表明该量表具有较好的构思效度。

由于代际转移的企业家隐性知识是新开发的量表，所以笔者重新对整个样本进行信度和效度两个步骤检验。第一步，我们重新对样本数据进行探索性的因子分析(EFA)，结果显示 6 个测量项 3 个公共因子 KMO 系数＝0.751，总体 Bartlett 球形检验 χ^2 值为 166.532(df＝15，$p<0.000$)，测量项在0.00 水平上显著相关，因子模型解释总方差的 75.947%，因子负荷都大于0.724(去除了因子负荷低的测量项)，满足了因子分析的条件。最终我们获取3 个公共因子分别为诚信好学(CL)包括"有诚信，讲信用""不断学习，拓宽自己知识面"两个测量项，个体社会网络(ISN)包括"注意公司的利益分配，财散人聚，财聚人散""对家庭、企业、社会的责任心"两个测量项，企业家精神(EN)

包括"敢为人先,不怕失败""节俭、吃苦耐劳的敬业精神"两个测量项。笔者还计算了各个因子的内部一致性系数。结果显示 3 个公共因子的 α 系数分别为 0.706、0.519、0.634。结果符合 Nunnally(1967)和 Halcher(1994)等提出的一般探索性研究中信度系数的最低要求标准是 Cronbach's α 值在 0.50 以上,0.60 以上较佳,这表明自变量在信度方面均有可靠的质量,如表 4-6 所示。

表 4-6　代际转移的企业家隐性知识的探索性因子分析与信度分析结果

测量条款	CL	ISN	EN	Cronbach's α
有诚信,讲信用	0.875			0.706
不断学习,拓宽自己知识面	0.770			
注意公司的利益分配,财散人聚,财聚人散		0.901		0.519
对家庭、企业、社会的责任心		0.724		
敢为人先,不怕失败			0.892	0.634
节俭、吃苦耐劳的敬业精神			0.724	

KMO 值为 0.751,Bartlett 球形检验卡方值为 166.532,显著性为 0.000;
因子分析的最终结果产生 3 个因子,其累积方差贡献率为 75.947%;
提取方法:主成分旋转法:具有 Kaiser 标准化的正交旋转法 a.旋转在 5 次迭代后收敛。

第二步,通过 CFA 检验上述研究形成的代际间需要转移的企业家隐性知识量表。我们使用 Lisrel7.8 软件进行了 CFA 检验。统计分析结果显示 Chi-Square=5.0644,df=6,RMSEA=0.000,NNFI=1.01,CFI=1.000,IFI=1.0039,各项指标表明代际转移的企业家隐性知识的验证性因子分析均符合最基本的要求(Kelloway,1998),具有较好的稳定性和拟合度,这说明进行下一步的各概念间的关系分析是可行的。

4.3.2.2　家族企业成功传承

研究量表制作的方法一般有翻译法(translation)、改编法(adaptation)以及模拟情景法(contextualization)等(Fahed-Sreih & Joundourian,2006;Lee,2006),而在本研究中由于因变量可以从研究文献中参考获取,所以我们采用翻译和改编法对他们的条款进行开发。为了保证量表的有效性,笔者会同上述 2 位专家继续进行双盲的"翻译—回译"程序(Brislin,1980),以保证语境和内容的一致性。

关于家族企业成功传承测量上,已有研究认同过程满意度和绩效差异两个维度,但是在侧重点上又存在差异。Morris 等(1997)侧重传承的平稳程度进行测量,Sharma 等(2003)重点把传承过程"量化"为 12 个子过程进行满意度评分,Venter 等(2005)数据分析表明家庭满意度对传承过程满意度贡献最高。在他们的研究中由于事前调查表明中小企业不愿意披露企业的实际财务数据(Fiorito & LaForge,1986),所以采用了主观评价方法来测量传承的绩效差异。

综上所述,在本研究中我们主要参考了 Venter 等(2005)、Morris 等(1997)和 Sharma 等(2003)的成功传承测量量表进行测量。当然这些量表并不是完美无缺的,他们的量表包括各方对传承过程满意度和传承后企业绩效增长以及社会关系等,考虑到中国的国情以及个别模糊的条款,最终我们归纳成两个维度,即过程满意度和绩效差异指标,各自有 3 个条款,共 6 项,操作采用 6 级 Likert 量表。

家族企业成功传承变量的因子分析与信度分析(见表 4-7)显示,各指标均符合前述的评估标准,表明家族企业成功传承变量在信度和效度方面均有较高的质量水平。家族企业传承过程的满意度和传承后结果绩效指标统合为一个指标,我们命名为成功传承(SS)。

表 4-7　家族企业成功传承变量的因子分析与信度分析结果

测　量　条　款	SS	Cronbach's α
家庭所有的成员对接班的过程感到满意	0.852	
接班人对接班过程感到满意	0.776	
上一代企业家对接班过程感到满意	0.733	0.836
家族企业完成代际传承之后,企业的收入和利润明显增加	0.773	
家族企业完成代际传承之后,企业的上下游关系保持完美	0.722	
家族企业完成代际传承之后,企业的综合竞争能力明显提高	0.608	

KMO 值为 0.773,Bartlett 球形检验卡方值为 343.440,显著性为 0.000;因子分析的最终结果产生 1 个因子,其累积方差贡献率为 55.892%;提取方法:主成分 a. 已提取了 1 个成分。

4.3.2.3　企业家交接班意愿

根据本研究文献整理的思路,把企业家的交接班意愿作为中介变量,分别是在任企业家交班意愿(FW)和继任企业家接班意愿(SW)。许多学者(如 Handler,1990;Lansberg, 1988;Sharma et al. , 2001;Barach, 1995;Chrisman et al. , 1998;Sharma et al. ,2003)都强调了在任与继任企业家交接班意愿对企业成功传承至关重要。本研究参考了 Sharma(2003)、Venter

(2005)、张兵(2004)和余向前(2008)等测量量表和 Handler(1992)的访谈量表,结合中国的实际国情,直接让两代企业家对自己的交接班意愿进行评分。在量表中采用 6 级 Likert 的形式让被调查者表达自己真实意愿程度,同时对于交接班另一方的意愿采用背对背的互评方式测量,测量结果显示很强的信度和效度。

4.3.2.4　控制变量

关于影响家族企业代际传承过程的控制变量,我们可以考虑企业家的年龄、性别、创业时间的长短、企业规模等要素都会影响企业传承的过程,所以在实证研究中需要进行控制。例如中国和日本在文化习俗上都强调长子继承,但是在关键的细节上还是有很大的差别。在中国还有"诸子均分"的做法,而在日本非长子成年以后由于不能分得家产,所以必须离开家庭外出谋生等。

另外,成功传承中的一大障碍就是在任企业家由于过人的领导力导致对权力的"黏性",难以释权。法国欧洲工商学院曼弗雷德·维里尔对于这种情况曾经比喻说企业家放弃在家族企业的权力和权威如同他们自己告别生命一样。在中国由于小农经济文化和传统思想习俗的影响,家族内的一家之长对于权力的恋栈程度不亚于西方,由此爆发的代际传承难题更为严重。一家之长也就是家业的总长——企业家由于无法释怀,继任者总是生活在在任者的阴影下,人们常常称这种继任者为"XXX 的儿子",企业的实践操作上也总是受到在任者指手画脚,无法全力以赴地工作,久而久之会影响继任企业家的信心和工作志趣。Matthews 等(1999)对于成功传承中子女接班能力的自信研究中指出,获得父辈对其企业经营看法的认同有助于对接班过程产生正面影响;Morris 等(1997)等提出关怀与家族企业传承的决定因素模型,其中家庭成员间的关系对传承后企业绩效有显著的正向影响;Gersick 等人(1997)认为,将家族企业经营管理从第一代传递给第二代能否成功的关键取决于是否有一个成功的继任计划。

鉴于上述原因,笔者分别参考 Sharma(2000,2003)、Venter(2005)的量表,最终选择企业家年龄(Age)、性别(Gender)、企业的创业时间(CT)、职工人数(EM)、家族支持(FS)以及在任企业家领导力(EL)等 6 大因素作为控制变量。在具体操作时,采用填表式和 6 级 Likert 量表完成。

4.3.3　不同变量间相关性检验

根据 Anderson 和 Gerbing(1988)的建议,对涉及各变量的主要统计特征和相关性系数做了统计分析。其结果如表 4-8 所示,整体中的两两变量之间相关系数并未高于变量各自的信度 α 值,所以可以判断本研究中各变量的测量量表之间具有较高的判别效度。数据显示企业家隐性知识要素大都与成功传承具有较高的相关性,而且系数达到了显著性水平,由此验证支持了理论研究假设 H1,即代际间需要转移的企业家隐性知识对家族企业成功传承具有显著正相关。

表 4-8   研究变量之间的相关性分析与变量描述性统计分析结果

	均值	标准差	SS	CL	EN	ISN	FW	SW
SS	3.81	0.648	(0.6989)					
CL	4.87	0.362	0.248**	(0.6793)				
EN	4.52	0.701	0.161	0.461**	(0.668)			
ISN	4.48	0.695	0.287**	0.384**	0.335**	(0.6599)		
FW	3.99	1.16	0.273**	0.146	0.045	−0.016		
SW	3.90	0.995	0.139	0.223*	0.217*	−0.033	0.487**	

** . 在 0.01 水平(双侧)上显著相关;* . 在 0.05 水平(双侧)上显著相关。括号内的数字为各变量的平均方差提取值(AVE)。

4.4   企业家隐性知识、交接班意愿及家族企业成功传承:实证模型及数据检验

对研究假设进行检验时,我们采用了常规的多元线性回归分析法、中介效应分析法等方法,统计软件选择了 SPSS16.0,对本研究的自变量、中介变量、控制变量进行统计分析。

4.4.1   自变量与因变量的关系检验

为了检验理论假设 H1,我们以家族企业成功传承作为被解释变量,进入(Enter)回归法对需要转移的企业家隐性知识的 3 个变量和控制变量进行回归,获得结果表 4-9(解释变量、中介变量、控制变量和因变量的回归结果)模型 1。根据表 4-9 的回归分析结果可以判断需要转移的诚信好学(CL)与个体社会网络(ISN)对企业成功传承具有非常显著的正向影响,而企业家精神

(EN)内含"敢为人先，不怕失败""节俭、吃苦耐劳的敬业精神"对家族企业成功传承的影响没有达到显著性水平。然而要确保上述结论的有效性，还必须对变量是否存在多重共线性和自我相关性（Autocorrelation）问题作出进一步的验证。

表 4-9　各回归模型中解释变量的多重共线性与自我相关性检验

变量	模型		模型 2.1		模型 2.2		模型 3.1		模型 4.2		模型 3	
	Toli	VIF	Toli	VIF	Toli	VIF	Toli	VIF	Toli	VIF	Toli	VIF
控制变量												
Age	0.798	1.253	0.792	1.262	0.766	1.305	0.704	1.421	0.768	1.302	0.680	1.471
Gender	0.878	1.139	0.894	1.118	0.891	1.123	0.899	1.112	0.914	1.094	0.860	1.163
CT	0.865	1.157	0.853	1.173	0.848	1.179	0.861	1.162	0.855	1.169	0.842	1.188
ES	0.829	1.206	0.823	1.216	0.832	1.202	0.827	1.209	0.846	1.182	0.810	1.234
EL	0.898	1.114	0.863	1.159	0.862	1.160	0.818	1.223	0.857	1.167	0.797	1.254
FS	0.898	1.113	0.859	1.165	0.861	1.161	0.859	1.164	0.859	1.164	0.847	1.181
解释变量												
CL	0.938	1.066	0.937	1.068	0.912	1.097					0.826	1.211
EN	0.964	1.037	0.964	1.037	0.968	1.033					0.921	1.085
ISN	0.985	1.015	0.982	1.019	0.977	1.023					0.966	1.035
中介变量												
FW							0.752	1.329			0.583	1.716
SW									0.910	1.099	0.708	1.412
D-W	1.878	2.024		1.5	1.814	1.894	1.797					

研究中多重共线性的检验（林震岩，2007），主要适用容许度（Toli）和方差膨胀因子（VIF）来评估。当方差膨胀因子（VIF）大于 10，或者解释变量的容许度（Toli）小于 0.10 的时候，说明变量之间存在多重共线性现象（Kennedy，1992），据此判断回归模型的正确性。根据表 4-10 模型 1 数据，各变量的容许度最小 0.798 远远大于 0.10，回归方程中的方差膨胀因子均小于 1.253，表明各个变量之间不存在多重共线性问题。

Durbin-Watson 数值可以检验模型中是否存在自我相关，即观察体独立性。D-W 数值介于 0～4 之间，当 D-W 数值愈接近 2 时，表示相关系数愈接近 0，残差项间无自我相关，即观察体独立性强；当 D-W 值接近 0 或者 4 时，表示相关系数接近 1 或者 -1，残差项间呈现正或者负相关（吴明隆，2010）。根据模型 1 数据，D-W 数值为 1.878 比较接近 2，故认定变量间不存在自我相关性。

由此我们可以判断模型 1 的回归结果是可靠的，从而再次支持了理论假设 H1 的成立。

4.4.2　自变量与中介变量的关系检验

为了检验理论假设 H2a 和 H2b，我们以中介变量的在任企业家交班意愿（FW）和继任企业家接班意愿（SW）作为被解释变量，3 个自变量和控制变量作为解释变量，同样采用进入回归法，结果获得表 4-9 中的模型 2.1 和模型 2.2。采用同样的方法，我们也对模型 2.1 和模型 2.2 中的变量进行了自我相关性检验，结果表明变量间不存在上述现象。

根据表 4-10 模型 2.1 模型 2.2 回归的结果显示，通过代际转移诚信好学（CL）对在任企业家和继任企业家的交接班意愿具有非常显著的正向影响。由此我们可以判断模型 2.1 和模型 2.2 的回归是可靠的，从而支持了理论研究假设 H2a 和 H2b 的成立。

4.4.3　中介变量与因变量的关系检验

关于中介变量与因变量的关系检验，多重共线性和自我相关性检验同上，表明变量间不存在上述现象。而为了验证理论假设 H3a 和 H3b，我们把中介变量企业家交班意愿（FW）作为解释变量，成功传承（SS）作为被解释变量，采用进入回归法进行回归分析。结果获得表 4-10 中模型 3.1 和模型 3.2。根据回归模型的结果显示，通过在任企业家的交班意愿（FW）对家族企业成功传承（SS）具有非常显著的正向影响，而模型 3.2 在统计上没有达到显著性水平。所以检验的结果支持了理论研究假设 H3a，没有支持 H3b。

4.4.4　多重中介效应检验

（1）简单中介效应模型

在对简单中介模型进行验证之时，为了通过回归分析验证中介效应的存在，Baron 和 Kenny（1986）提出了中介效应分析必须经历三次回归和满足如下三个条件。三个回归分析包括自变量 X 对因变量 Y 的回归分析检验，自变量 X 对中介变量 M 的回归分析检验，自变量 X 和中介变量 M 一起对因变量 Y 的回归分析检验。而三个条件分别是：（1）在回归方程一中，自变量对因变量的影响必须达到显著性程度，即显著性系数 c 应不等于零，否则终止中介效应分析;(2)在回归方程二中,自变量对中介变量的影响必须达到显著性水平,即显著性系数 a 应不等于零;(3)在回归方程三中,中介变量必须显著影响因变量 Y 的变化,同时方程中自变量 X 对应变量 Y 的影响应等于零,即没有达到显著性水平;或者回归系数 $c-c'$ 显著降低。所以当回归系数 c' 没有达到显著性时,M 对于 X 和 Y 的关系之间存在完全中介(full mediator)效应;当 c' 显著小于 c,M 对于 X 和 Y 的关系之间存在部分中介(partial mediator)效应;如果 c' 大于 c,M 对于 X 和 Y 的关系之间存在中介效应的假设就不能成立了,具体如下公式:

$$Y = cX + e_1$$
$$M = aX + e_2$$
$$Y = c'X + bM + e_3$$

(2)多重中介效应模型

当多个中介变量同时对因变量产生影响时,其作用的方式和顺序变得更加复杂,除了具有简单中介效应模型的特点之外,还要考虑经过多个中介变量并行的中介效应,对此称为多重中介效应模型。

在西方学术研究中,许多实证研究常常运用中介效应理论对回归模型中的中介变量进行验证假设分析。而在公认的中介效应三步骤检验公式(Baron & Kenny,1986)提出之前,社会学中主要运用一般逻辑的关系来推导多个变量的直接或者间接的因果关系。Alwin 和 Hauser(1975)在路径分析的效应分解研究中,首次提出关于多个变量的多元因果关系研究假设模型,并且对此进行了理论推导和实证检验。在他的研究模型中多个变量之间形成了多种直接因果和间接因果关系,然后运用变量之间的因果结构系数解决了一般烦琐的间接效应的计算,具体的检验公式和模型结构如下。

$$Y_1 = P_1 aXa + P_1 bXb + P_1 cXc + e_1$$
$$Y_2 = P_2 aXa + P_2 bXb + P_2 cXc + P_{21}Y_1 + e_2$$
$$Y_3 = P_3 aXa + P_3 bXb + P_3 cXc + P_{31}Y_1 + P_{32}Y_2 + e_3$$

Sobel(1987)对此进一步深入分析整个模型的每一个间接效应的具体指标。他指出如何应用三角方法(delta method)获取这些效应的标准误差简单数值以及检验假设的间接效应数值。所以他在 Alwin 和 Hauser(1975)间接效应公式的基础上增加了间接效应的计算公式和具体矩阵,具体如下:

$$Y = BY + TX + e$$

上述公式中间接效应的矩阵计算公式如下:

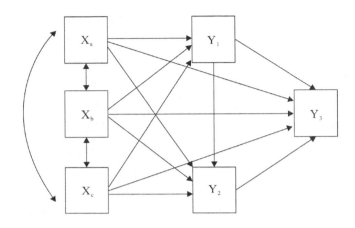

图 4-3　多元因果关系模型图

来源：Alwin D F，Hauser R M. The decomposition of effects in path analysis [J]. American Sociological Review，1975，40(February)：38.

$$Y = Y_1, Y_2, Y_3;$$
$$B = P_{21}Y_1, P_{31}Y_1, P_{32}Y_2;$$
$$X = X_1, X_2, X_3;$$
$$T = P_1a\ P_1b\ P_1c,\ P_2aP_2bP_2c,\ P_3a\ P_3bP_3c$$

在此基础上，Kenny 等(1998)又对原有简单(单个)中介模型进行了提升，提出多重(多个)中介效应模型的解决方法。例如中介变量是两个的情况下，根据 Baron 和 Kenny(1986)的中介效应三步骤检验原理，他们提出要检验 X 经过 M_2 的中介效应是否显著，那么 c, a, b, c' 对应的分别是 c, a_{21}, b_2, c'，以此类推分别判断每个中介变量的中介效应是否显著，如下公式。

$$Y = cX + e_1$$
$$M_1 = a_{11}X + e_{12}$$
$$M_2 = a_{21}X + e_{22}$$
$$Y = c'X + b_1M_1 + b_2M_2 + e_3$$

Morse 等(1994)运用多重中介效应模型对美国中西部大型城市的 109 个无家可归者进行调研。两个中介分别是每月补贴联系数(entitlement contacts)、住房联系数(housing contacts)，主效应对应的是事件处理(treatment)和入住天数(days housed)，按照上述中介效应三步骤原理，住房联系数的中介效应达到了显著性水平。

　　在国内,温忠麟、张雷、侯杰泰等(2004,2012)、柳士顺和凌文栓(2009)也借鉴和认同上述对于多重中介效应模型的公式来检验变量间中介效应的显著性。相应地许多学者也进行了实践应用,如出现在朱亚丽、徐青和吴旭辉(2011),周志明、张乐江和熊义萍(2014)等的研究中。

　　综上所述,基于上述国内外学者对多重中介模型检验原理,在本研究中为了检验理论假设 H4a、H4b,我们以家族企业成功传承为被解释变量,自变量和中介变量和控制变量为被解释变量,进行多元线性回归分析,结果分别获取表 4-9 和表 4-10 的结果。表 4-9 排除了多重共线性和自我相关性问题,据此判断回归结果是可靠的。

　　关于本研究的中介效应检验,首先,验证在任企业家交班意愿(FW)的中介效应。根据下表模型 4 的回归结果显示,在任企业家交班意愿(FW)非常显著影响了因变量成功传承(SS)的变化,诚信好学对成功传承的影响由原先的显著性水平(模型 1 中的 0.237^*)直接变为不再显著,据此可以判断在任企业家交班意愿(FW)对诚信好学和成功传承(SS)之间的关系存在完全中介效应。

　　而模型中的另一个企业家隐性知识中的个体社会网络(ISN)直接非常显著影响成功传承(SS)的变化。但是在加入中介变量后,该回归系数从模型 1 中的 0.211^{**} 显著性水平明显下降到模型 4 中的 0.203^* 。中介变量 M 对应的回归系数各有一个显著,一个不显著。根据 Baron 和 Kenny 提出的研究依据,可以判断个体社会网络(ISN)作为中介变量的假设就不能成立。但是,我们依据温忠麟等(2004)的中介效应检验程序尝试探索对中介变量的假设判断,从而进行 Sobel 检验。如果 Sobel 检验显示显著则意味着 M 的部分中介效应显著,否则中介效应不显著。在任企业家交班意愿(FW)的 Sobel 检验统计量为:

$$\overline{z} = \frac{ab}{\sqrt{S_a^2 b^2 + S_b^2 a^2}}$$

　　回归分析获取 $a = 0.038$, $S_a = 0.096$, $b = 0.208$, $S_b = 0.090$,计算得 $Z_1 = 0.39$,查 MacKinnon 的临界值表可知, $p > 0.05$,所以再次验证了在任企业家交班意愿(FW)对个体社会网络(ISN)和成功传承的中介效应没有达到显著性水平。

　　由此理论研究假设 H4a 得到了部分支持。

　　然后,验证继任企业家接班意愿(SW)的中介效应。由于没有完全中介效应,同理,我们运用温忠麟(2004)的观点尝试验证继任企业家接班意愿对诚信好学(IL)和成功传承(SS)之间可能存在部分中介效应,即运用 Sobel 检验确认中介效应是否显著。经过回归分析获取 $a=0.21, S_a=0.099, b=-0.022,$ $S_b=0.098$,检验统计量 $Z_2=-1.54$,查 MacKinnon 的临界值表可知,$p>0.05$,所以继任企业家接班意愿对诚信好学(IL)和成功传承(SS)之间的中介效应没有达到显著。

由此理论研究假设 H4b 没有得到支持。

最后,在家族企业在任企业家交班意愿和继任企业家接班意愿同时解释对家族企业成功传承的影响过程中,表 4-10 模型 4 的结果显示在任企业家的交班意愿达到了非常显著性的水平,即 p 值小于 0.001 以下,而继任企业家接班意愿没有达到显著性的水平。由此理论研究假设 H4a 得到了支持,而理论研究假设 H4b 没有得到支持。另外,我们还可以据此推断在家族企业传承过程中,在任企业家交班意愿对于企业传承的影响非常显著地大于继任企业家接班意愿,从而支持了研究假设 H4c。

表 4-10　解释变量、中介变量、控制变量和因变量的回归结果

变量	模型 1 因变量	模型 2.1 中介变量 FW	模型 2.2 中介变量 SW	模型 3.1 因变量	模型 3.2 因变量	模型 4 因变量
常数项	−54.724*	−26.708	−19.510	−44.455	−54.112	−51.061
控制变量						
Age	0.044	0.202***	0.119*	0.007	0.058	0.005
Gender	−0.363	−0.506	−0.041	−0.170	−0.282	−0.265
CT	0.028*	0.016	0.012	0.022	0.027	0.025
EM	0.081	−0.119	−0.001	0.131*	0.100	0.100
EL	−0.258***	−0.243**	−0.103	−0.175*	−0.226**	−0.210**
FS	0.171*	0.104	0.103	0.151	0.169*	0.151
解释变量						
CL	0.237**	0.265**	0.210*			0.174
EN	0.012	−0.058	0.168			0.031
SN	0.211**	0.038	−0.060			0.203*
中介变量						
FW				0.242**		0.208*
SW					0.095	−0.022
R^2	26.5	30.2	16.2	19.8	15.1	28.2
Adjusted R^2	20.1	24.1	8.7	14.5	9.3	20.2
F	4.157***	4.952***	2.166*	3.707***	2.614*	3.531***

注:* $p<0.05$,** $p<0.01$,*** $p<0.001$。

4.5　小　结

　　家族企业研究领域中,最重要的一个课题是如何使"家业"在代际延续。企业知识观强调知识或者能力等能给企业带来竞争优势的要素,而这部分特有资源在企业传承过程中的转移正是使得家族企业的下一代能够得以顺利控制企业的关键保证。本章探索并构建家族企业代际转移的企业家隐性知识对企业传承影响的概念框架,并完成了实证检验。通过对家族企业的实证调查数据统计分析,我们获取如下几点有意义的结论:

　　(1)企业家的诚信好学与个体社会网络要素对家族企业成功传承分别表现出非常显著的正向影响。正如我们前文提到的那样,家族企业的代际传承实际上是一个隐性知识的转移过程,而传承的成功与否很大程度取决于这部分资源能否被有效转移(Sharma,2004)。知识性资源在此以企业家隐性知识的形式存在,如企业家诚信、学习型企业家、企业内利益分配、企业家责任心等。这里我们以学习型企业家要素为例,这种学习能力并不是简单听课阅读能力,而包括企业家对新出现所有事物的敏锐捕捉以及自身对新生事物的适应和掌控能力。作为企业家他们本身具有一种对新事物甄选、判断,然后根据实际情况学习新知识、应用创新等整个知识流程的编码。这些知识性资源通常竞争对手无法模仿它们,因为它们很微妙且难以理解,即它们涉及难懂的技能,以及它们与结果之间的关系是很难被了解的(Lippman & Rumelt,1982)。所以知识性资源不是受产权的保护,而是受知识壁垒的保护最终形成企业竞争优势。因此基于企业资源观理论的角度,本研究实证发现代际转移的企业家隐性知识的内涵可以从现实的角度引导家族企业在代际传承的过程中制定具有导向性的传承策略提供了理论与实证依据。

　　(2)企业家诚信好学要素的有效转移对两代企业家交接班意愿具有非常显著的正向影响。在西方文化情境下,在任企业家倾向于把子女看待为竞争对手,所以哪怕具备优秀、合适企业家要素的继任企业家出现也不能激起在任企业家交班的意愿。但是在中国,家庭与事业往往是一体的。家庭是一切社会关系的核心与完美化身,家族成员依据与核心成员血缘关系的远近呈现出"差序格局",即"近者越亲,远者渐疏"。其中"父"与"子"是最亲密的血缘关系,父辈一生所积累的财富由其下一代继承被认为合理的事情(余向前,

2007)。所以我们认为家族企业传承过程中,只要继任企业家具备了某些在任企业家隐性知识的内涵,那么它们就可以激发在任企业家交班的意愿与继任企业家接班意愿,而这个要素具体表现为继任企业家诚信好学的有效继任和积累。

(3)在任企业家交班意愿对代际转移的企业家隐性知识之企业家诚信好学要素和企业成功传承之间的关系存在完全中介效应。由此证明本研究将重心之一放在企业家隐性知识要素与家族企业成功传承之间关系的中介变量上是非常有意义的。这也为 Goldberg 和 Wooldridge(1993)的观点——父亲不能或不想将权力放给"缺乏管理诀窍"的儿子,所以在任企业家离职意愿被学者认为是家族企业成功接班的首要障碍,本研究结论对此提供了有力的证据。此外,本研究的发现还在一定程度上证明了 Ward(1987)等学者研究结论的可靠性和普适性,即想要实现家族企业成功传承,在任企业家交班意愿是至关重要的。

(4)当在任企业家和继任企业家意愿同时发生作用时,在任企业家的交班意愿会极为显著的影响成功传承。对于"家业长青"到底是推动的,还是拉动的,无论企业界还是学术界一直存在不断的争议。在企业界,由于在任企业家依旧掌握着企业的权威,所以比较继任企业家的声音,在任企业家推动"家业长青"的表象尤为明显。而在学术界,家族企业传承研究的早期,在任企业家是关注的焦点,他们被认为是推动"家业长青"的关键;但是在 20 世纪 90 年代后的传承研究中,继任企业家拉动了"家业长青"的观点又获得不少支持。上述现状说明解决这个命题具有现实与理论的必要性。而我们依据本研究的实证统计数据,认为在目前中国的情境下,"家业长青"更支持的是由在任企业家推动更具统计意义。

(5)在家族企业代际传承的过程中,风险系数较高的企业家隐性知识的有效转移没有达到统计的显著性。创新、技术技能(窦军生,2008;于斌斌,2012)等企业耳熟能详的、并且也被国内学者实证提及的要素在实证检验中没有达到统计上的显著性。笔者认为传统中国企业在两代人接班的过程,更多侧重的是平稳过渡要素,而创新、技术技能等是积极推动企业成长的要素,从企业发展的不同阶段考虑,它们更应该是企业创业时期或者是持续成长阶段所需要的要素。所以我们在研究过程中也发现,即使李新春(2007)、朱素英(2007)的研究中强调家族企业的创新和冒险等企业家本质特征的重要性,但是在代际传承之际,风险系数较高的隐性知识转移还是没有在统计上表现得非常显著,例如在探索性因子分析过程中,解释模型总方差的三个公共因子中以企业家精神要素的解释能力最弱。总之,貌似这些"反常的现象"还是值得我们进一步去研究探讨的。

第 5 章　企业家成长与家族企业持续发展

在企业发展与成长中,企业家不仅需要处理当前面临的问题,而且需要引导企业未来发展的方向,作为企业最终决策者,往往其他人难以参与(Boyd et al.,1983),所以企业家个体能力(competence)一直发挥着无可替代的作用。在海量信息转化为个体知识和技能过程中,企业家学习(entrepreneurial learning)行为直接影响企业家能力的成长,进而对企业核心能力产生影响。诸多学者通过理论和实证检验了企业核心能力是企业市场竞争优势的源泉,而企业家能力成长又对企业核心能力产生直接的作用,是企业差异化的根源所在(Prahalad et al.,1990;贺小刚,2007;Rowley,2000)。全球化的融合产生了新的经济环境、技术和世界市场,企业家需要更多知识和技能应对各种挑战,他们将通过自身学习行为来解决问题从而最终获益(Venkatraman,1996)。而且这种取向伴随着中国家族企业大量新生代接班热潮开始逐渐受到企业家、学者们的关注。

企业家能力的积累是一个动态的"投资过程",其能力在其应用中获取和发挥经济价值(舒尔茨,1990)。李新春(2000)研究表明通过后天企业家学习可以影响企业家能力的提升,而且通过企业家学习过程可以显示其作为企业家的能力优势。但是这些研究仍有一些重要议题亟待研究解决:(1)已有的研究都是基于中外常规的组织情景而得来的,由于新生代企业家与上一代存在较大的文化背景差异,这些成果能否适合新生代企业家仍有待斟酌;(2)企业家学习发挥作用的具体机制探索领域,即便在西方尚无定论,研究方法上注重案例研究,鲜有运用统计分析方法进行的实证研究(崔瑜等,2009);(3)企业家学习的作用过程往往与所处的情景因素相关联,具体到企业家个人,个体特质通常会影响企业家学习、能力提升和企业核心能力的实际作用方向,即不同企业家面对学习过程可能会存在较大的路径方差。因此,在探讨这三者关系的过程中,研究者尽可能将企业家特质(entrepreneurial characteristics)纳入研究框架中,而这恰恰是以往研究所忽视的(张建琦等,2007;袁安府等,2001)。

鉴于此,本研究将针对如下几个方面进行研究:首先,以学习曲线效应(the learning curve effect)为基础,探讨中国新生代企业家成长过程中企业家学习对能力提升的影响;其次,对于企业家能力发挥作用的选择上,由于在企业核心能力形成过程中,企业家对企业资源的获取、整合发挥至关重要的作用,所以主要关注企业家能力成长对动态概念的企业核心能力,即企业动态能力的影响;最后,将从企业家个体特质的视角分析企业家自我效能(self-efficacy)对以上关系的权变影响,由此可以解释中国情景下新生代企业家有效学习的方式及最佳路径并加以识别。本研究的理论框架如图 5-1 所示。

图 5-1　理论框架

5.1　企业家学习对企业动态能力影响的理论分析

5.1.1　企业家学习与企业动态能力

Prahalad 等(1990)倡导企业间市场竞争优势存在差异的根源在于企业核心能力,即嵌入到组织中的隐性知识要素具有难以模仿性以及可以在多个渠道满足潜在消费者需求上发挥巨大的贡献。虽然核心能力理论在实践工作中具有重大意义,但是在同样的市场环境下,一些企业具备持续的竞争优势,而另外一些企业的核心能力却走向枯竭(Barney,1991)。Collision(1994)认为企业今天拥有的竞争优势的建立并非一劳永逸,它代表着企业竞争优势具有时效性特征。为了适应竞争环境的动态变化对企业成长的影响,原先资源理论为代表的企业内部要素的静态性解释开始出现局限性,对此 Teece 等(1997)相应地提出了企业核心能力的动态概念和理论模型。企业核心能力理论动态性解释的出现在于解决如何维持持续、动态的企业竞争优势,Eise-hardt 等(2000)提出学习机制引导着动态性核心能力的进化,由于学习(知识)积累的路径依赖性,每个企业长期积累的知识资本都是独特的、企业专有的以及具有社会复杂性,这些知识资本无法通过市场交易获取,并且难以被其他企业模仿和取代。通过企业长期的学习机制积累构成了企业持续不断的、动态的核心能力,即企业动态能力。所以 Zollo 等(2002)也提出企业动态能力是一种集体的学习活动模式,其源自于三个相关学习机制的作用结果。具体的学习机制包括在动态演化过程中经验积累、知识转化和知识编码活动。在任何时间企业都是通过有效经验积累和深思熟虑地采取混合学习行为从而提升动态的核心能力。Simon 等(2003)认为在企业成长的过程中,企业家不断吸收、积累和创新知识,并且在企业内部进行知识传播和扩散,从而使个体层面的学习推广到组织层面获取收益,所以企业家学习是企业动态能力积累的关键。

企业家学习也称为创业学习,在企业不断成长的过程中,企业家坚持学习新的知识、技术和理念,并且尝试使之在企业的内部化(internalization)转移和传播,从而由个体层面的学习在组织层面收获效益。所以企业家学习是整个组织学习的关键代理人,当企业所处环境发生变化时,企业家就会激活隐藏在组织流程中的动态性核心能力,最终保持企业竞争优势。Cope 等(2005)认为企业家学习不仅包含一般的个人转变到企业家的学习过程,而且还包括企业家促进企业持续成长过程中的持续学习过程。Jovanovic(1982)提出企业伴随着企业家自身认知水平的提升而持续成长,企业的成功并不局限于资金的雄厚程度,而在于企业家有效地对资源配置的认知过程,即企业家学习过程。所以企业家学习就是企业家用来获取、使用和创新知识的长期过程,是企业家自身成长及其对企业持续成长的重要方式。从学习的本质出发,学习可以分为三种类型:**认知学习、经验学习和隐含学习**(Rae & Carswell, 2000),他们认为基于个人感知过程,企业家学习是一个持续的过程,企业家利用自身的社会网络学习他人的经验从而增加知识的数量,最终由量变向质变发生转变使自身和企业都获得成长。袁安府(2001)也认为企业家需要具备推动企业发展的隐含知识(隐性知识),所以企业家通常有一种灵感去完成某项知晓作用的活动,而这正是隐含学习的结果。

企业家通过不同的学习方式提升自己能力的同时,会在不断变化的市场环境中寻求通过知识外部化(externalization)从而快速决策,把握机遇实现企业整体能力的跃升使企业核心能力动态化从而适应环境的变化。由此我们假设：

H1：企业家学习对企业动态能力具有显著的正向影响。

5.1.2　企业家能力的中介作用

企业的企业家区别于股东、职业经理人和员工的身份特征表现为两个方面，分别是个人经营能力和个人资产。张维迎（1996）研究认为这两者是先天决定的，所以它们往往被认为是静态不变的要素设置于假设模型操作。而李新春（2000）则认为仅仅静态考虑个人资产和经营能力是不够的，这两个变量只有在动态获取过程中才能得以体现。所以在完整的企业家概念函数中，李新春（2000）认为先天的成分只是在初始的状态中得以体现，而真正企业家的本质主要体现在后天获取以知识为代码的经营能力和通过个人劳动积累的资产。高能力的企业家可以比较容易获取企业成长所需的知识，从而建立可以依靠的个人资产，形成企业动态能力。

企业家能力的作用过程就是不断改变现有知识体系和打造创造性的知识体系的过程，从而实现企业在不同状态之间跃升。德鲁克（2000）认为企业家可以通过各种学习付出努力从而提升自身的企业家能力，而学习又是一个长期积累的动态过程，"学到老活到老"体现了学习不是一劳永逸的，需要长期、持续性地付出才可以使得企业家能力提升。所以企业家能力的提升是一个通过学习不断加强的过程，并且个体学习也存在多种路径（Man,2001）。Morris（1997）等的实证数据证明，继任企业家接受正式教育程度与企业成长具有显著的相关性；Goldberg（1996）的研究也表明成功的企业继任者大都具有接受大学教育的经历；Barach 等（1995）认为企业家在外部的工作经历能够帮助他们拓展知识面，实现理论知识与实践经验相结合，在实践中不断地学习和进步，提高企业家的工作自信程度和自身工作能力；Politis（2005）把企业家学习看作是经验积累和转换的过程，包括创业经验、管理经验以及行业经验等，企业家进行学习的过程非常复杂，学习的对象可以是亲属、合作者甚至是竞争对手等。由此我们假设：

H2：企业家学习对企业家能力具有显著正向影响。

组织进化论和动态能力理论的核心是如何获取组织持续的核心能力，即组织的动态能力。有学者认为资源禀赋的异质性是企业差异化的先决条件（Barney，1991），也有学者认为组织动态能力是生态环境、社会条件等准禀赋的差异性结果（Cockburn et al.，2000），以及 Prahalad 和 Hamel（1990）也提出组织动态能力是组织学习的结果，Teece 等（1997）也认为管理者个人能力的差异造成组织能力异质性的结果。据此笔者认为企业动态能力的形成是企业家战略判断的结果。究其原因可以归纳为以下三个方面：首先，在企业能力的积累路径和位势形成过程中，企业家发挥了不可替代的作用，资源的获取、组合、淘汰以及积淀都与企业家能力存在紧密的联系。发现市场中的机会是企业家的根本职能，也是企业家禀性的本质表现（Penrose，1959）。在实现"机会价值"的指导下，企业依赖企业家吸引、集合资源的能力和敏锐的市场洞察力初步形成组织动态能力（Godfrey et al.，1999）。其次，企业动态能力形成与企业家资源整合能力密切相关。企业竞争优势来源于企业所拥有的和控制的资源，就资源本身而言几乎不会产生生产力，它只是潜藏着能够使企业获取竞争优势的特殊物质。而能力则是这些特殊物质转化为直接或者间接的可感知竞争优势，实现价值转化的核心。其中企业家能力与这一转化过程密不可分，这是因为只有企业家才具备组合资源、筛选资源的能力并且承担由此决策而带来的风险。企业家对内职能主要表现方式是整合企业现有资源（Chandler，1992），而企业内部资源与市场上可交易资源存在本质上的差异，根源正是在于这一转化过程。所以企业借助企业家能力形成组织动态能力最终实现竞争优势。最后，组织能力的培育需要足够多的资源作为基础，而企业家通过制定战略布局为此过程的实现创造了必要条件。企业家根据环境的变化不断地通过战略协调使企业的发展保持在既定的方向，其目的在于使组织发展处于一种可控的状态，确保企业经营活动与企业家的战略构想保持一致（Nelson，1991）。所以组织能力的积累和发挥正是体现了企业家战略能力构想。

企业家是企业的灵魂人物，也是企业成长过程中的"关键学习代理人"。企业家通过自身学习提升自己的能力，并且使企业家能力以知识的方式在企业内部共享，从而最终获取具有竞争优势的企业动态能力。结合上述文献分析，笔者提出假设 3 企业家能力与企业动态能力的因果关系，以及基于假设 2 预测的关系，企业家能力中介作用使企业家学习影响企业动态能力的假设 4：

H3：企业家能力对企业动态能力具有显著正向影响；

H4：企业家能力在企业家学习与企业动态能力之间的关系中起到了中介的作用，即企业家学习会促进企业家能力提升，继而对企业动态能力形成具有正向影响。

5.1.3　企业家自我效能的调节作用

研究中国组织情景下的企业家学习对能力提升的问题,不能忽视中国人的文化特征。从以往学者对中国文化特征研究的取向来看,主要有两种视角:其一是关注集体要素价值特征对中国社会的影响,如国家层面文化价值观及其对组织创新的影响;其二是关注个体层面要素特征对个体或者组织的影响,如个体的认知、信念和学习产生的影响等(Hofstede et al.,1980;Felfe et al.,2008)。本研究的关注点在于个体的信念,即新生代企业家的自我效能感对于自身能力成长乃至企业持续核心能力发生变化的权变影响。

作为社会认知理论和学习理论的核心概念,自我效能直接影响到人们的思维、动机和行为的产生过程(Bandura,1986)。Robertson(1993)采用现场研究的方式揭示管理自我效能感与管理者管理工作结果的相关性为 0.38,而 Orpen(1995)对南非管理者的研究中也获取类似的结果为 0.40。Vrugt(1994)以荷兰女性管理者为研究对象发现管理自我效能感是影响女性管理者职业成功与否的重要变量之一,Laschruger(1994)也发现管理者自我效能感与其领导团队的工作绩效呈显著正相关。社会学习理论根据行动者的主观要素、行为结果以及周围情景三者的相互作用来解释人类的心理功能,这里的主观要素包括人的认知能力和动机等内容。主观因素与行为绩效之间存在着自我调节机制,行动者的认知能力和动机受到自我调节机制的控制。新生代企业家的自我效能就可以理解为企业家提升自我能力来接手、掌控家族企业,并且使企业保持高绩效所具有的信念。Bandura(1997)提出效能感调整动机水平,不但可以刺激和维持动机,而且可以通过目标的设置间接影响动机。诸多研究结果显示,具有较高自我效能感可以使个体设置具有挑战性目标,愿意进行风险性投资,善于进行产品和市场运作方面的创新,产生更多的管理革新设想,为了实现目标而持续不断地付出努力,即使失败也能够快速振作起来;自我效能高的人能够把注意力集中在问题的分析和解决上,而自我效能低的人倾向于把注意力转向内部和自我关注方面。由此我们提出如下假设:

H5:企业家自我效能感越高,企业家学习对企业家能力提升的正向影响就越强,反之越弱;

H6:企业家自我效能感越高,企业家能力对企业动态能力的正向影响就越强,反之越弱;

H7:企业家自我效能感在企业家学习、企业家能力和企业动态能力三者影响机制之间发挥调节的作用。

5.2　实证数据检验设计

浙江省是中国民营经济、民营企业较发达的地区，其民营企业的发展对于全国的民营企业具有先发性和借鉴作用，而其民营企业大都以家族企业的形式存在（余向前，2008）。因此，本研究以浙江地区的家族企业为对象，通过访谈、大量问卷调查等方法探讨企业家学习对家族企业动态能力影响的作用机理。

5.2.1　调查程序与样本结构

本次调研采用半结构化访谈和问卷调查的方法展开活动。在前期，我们在温州地区通过与工商联推荐的老企业家和世界温州人新生代国情研修班学员的对话，充分了解和梳理新生代企业家在成长过程中知识学习的类型和操作方式，同时依据国内外已经完成的相关调查数据，提炼企业家学习活动的量表，完成初步的探索性问卷，最后通过探索性因子分析初步确定企业家学习的测量量表进行测量。

在后期，本研究的对象设定为新生代企业家和创业企业家，分别进行一对一大规模问卷调查，研究的区域主要控制在浙江地区，同时少量辐射周边民营经济发达省份，在问卷中变量的测量采用 6 级 Likert 量表的形式。调查时间为 2015 年 5 月至 9 月，本次调查总共发放问卷 350 份，成功回收 292 份问卷，有效问卷 280 份，无效问卷 12 份，回收率是 83.4%，有效回收率是 80.0%。对于区域内家族企业，因为无论企业规模大小等背景因素，家族企业涉及新生代企业家接班与成长都是单案例研究，所以课题组根据《浙江经济普查年鉴》获取浙江省各地区私营企业单位数分布比例，派遣相关成员带领学生深入企业一线对企业家进行访谈和问卷调查，数据结果显示完成本次调查问卷超过10% 的地区分别是宁波（27.1%）、杭州（16.4%）、台州（14.6%）、温州（12.5%）以及绍兴（11.8%）。在样本结构方面，企业家以男性居多（68.9%），接受调查的第一代企业家为 40.4%，而新生代企业家比例为 55.7%，平均年龄 35 岁以下的为 60%。从接受教育程度上分析，6.1% 的企业家拥有研究生学历，超过半数（56.4%）的企业家具有大学教育经历。另外，从我们的调查数据发现,对象企业中家族股权绝对控制大于 50％的是 82.38％,拥有 50％的是 4.9％,低于 50％的是 12.8％,这说明私营企业中家族对企业具有绝对控制权是一种普遍的现象,家族企业是私营企业的一种普遍组织形式。

5.2.2　测量工具

企业家学习。目前国外学者主要关注案例研究,较少涉及运用统计学方法进行实证研究,而国内学者虽然实证统计研究有增多的迹象,但是在学术规范化方面有待提高。通过梳理现有文献发现,企业家学习方式主要分为企业家隐含学习和清晰学习(袁安府,2001),企业家职业经验和转变过程(Politis,2005),企业家教育和培训(Henry et al.,2005),触发式非线性学习(魏江等,2005),关键事件—解决学习(张学华、陈志辉,2005)以及社会关系网络学习(张建琦、赵文,2007)等。基于上述学者的研究,本研究针对中国情境下中小家族企业的企业家学习方式的测量总共归纳为以下 3 大学习方式、共计 13 道测试题项,具体表现为正规教育学习、经验性学习和社会关系网络学习。正规教育学习依据受调查者的教育学历判断,不同学历代表着企业家学习程度的差异;经验性学习分为入职前后两类,包含 7 个题项,前者包括家族企业入职后"干中学"、企业家代际学习、关键事件历练、企业外相关专家培训、企业内师徒制,后者包含入职前创业经历和入职前工作经历等;社会关系网络学习包含 5 个题项,分别测量参与民主党派、人大代表、政协委员、工商联组织和行业商会时间的长度。

企业家能力。诸多学者从不同角度入手,对企业家能力的概念和测量进行了深入研究(大前,1986;Man,2001;贺小刚,2006;等)。通过前期对企业家的调研访谈和对文献的梳理分析,结合本研究的实践需要,笔者采用了 Chandler 等(1994)对于创业企业家能力的测量量表,该量表的信度系数为 0.7,测量结构包括 6 个方面,即对企业家的"直觉""付出努力""识别机会""商机捕捉""风险承受""技术研发"等个体能力维度的测量。

企业家自我效能。本次调查的对象聚焦在年轻的创业企业家和企业接班二代。关于企业接班人自我效能感的测量,学术界主要存在两种研究取向,即测量考虑特定情景的特殊性和一般普适性。由于家族企业接班人自我效能感存在于特定领域,并且对企业家个体和企业的工作绩效产生显著的正相关(Robertson et al.,1993;Laschruger et al.,1994),所以笔者借鉴了 Zell-weger(2011)等的创业(企业家)自我效能感(Cronbach's α 系数为 0.688)的测量量表。为了使测量项符合本研究的目的,结合前期我们对企业家的访谈,笔者对企业接班人自我效能感测量项的描述方式进行了修改,最终确定为3个题项:"企业接班人有能力接管上一代创办的企业""企业接班人拥有运作好企业所需要的诀窍""企业接班人有信心把企业经营得更好"。

企业动态能力。Teece 等(1994,1997,2007)最初提出了动态能力的概念,虽然至今学术界没有对此统一界定,但是后续学者的研究大致上延续Teece(1994)强调的两个要点,即环境变化和资源重构,所以本研究参考 Prahalad 和 Hamel(1990)、Lawson 和 Samson(2001)、贺小刚(2006)以及刘磊磊(2008)等的研究对动态能力进行测量。测量项目总共为 4 种能力、9 个题项,它们是:机会发现能力,从"够理解市场需求及变化""能够及时向市场提供高质量的产品或者服务"两个方面测量;系统支持能力,从"企业高层支持技术创新和技术投入""工作流程定期发生改善变化,保持运作的灵活性""能够维持低成本运作模式"三个方面测量;资源整合能力,从"企业具有进入广泛的多样化市场的潜在通道""员工常常提出有创意的设想"两个方面测量;优势保护能力,从"企业可以让顾客感受到最终产品的价值""具有竞争对手难以模仿优势"两个方面来测量。

控制变量。Teece 等(1997)指出动态能力是指整合企业现有资源以应对快速变化的环境以期获得竞争优势,这是对企业资源观的拓展。所以家族企业规模等都会影响企业家能力的培养和企业动态能力,所以本研究将继续沿用以往研究的做法将上述变量作为控制变量处理。

5.2.3　数据同源偏差检验

由于本研究中涉及的所有题项都是由家族企业同一企业家完成的,虽然我们对于变量的测量多次强调时间点的先后顺序、填写内容的保密性以及数据仅限于学术研究的用途,而且对于变量在问卷中的位置刻意拉开距离,中间设置了许多其他问题,尽量避免两者产生联想的可能性,但是各个变量测量仍有可能存在同源偏差(CMV)的问题。根据 Kodsakoff(2003)等的建议采用哈曼单因素检验法分析同源偏差的影响,通过主成分因子分析的方法对所有变量的题项进行未旋转探索性因子分析检验。结果显示,在 4 个子量表的所有题项中,共有 7 个特征值大于 1 的因子,总共解释了 67.74% 的变异值,其中第一个因子解释的变异量只有 32.89%,明显小于 50%,说明同源偏差问题并不严重,基本不会影响结论的可靠性。

5.3　企业家学习、企业家能力和企业动态能力模型检验

5.3.1　研究变量的信度和效度

首先,笔者对本研究中所有量表的信度进行了检验,结果显示见表 5-1。企业动态能力(DC)的 α 系数为 0.91;企业家能力(EC)量表的 α 系数为 0.90;企业家自我效能(ESE)量表的 α 为 0.88;企业家学习方式(EL)细分为入职后经验性学习(F1)、社会关系网络学习(F2)、入职前经验性学习(F3)和正规教育学习(F4)[①]四个维度,而前三个影响因子的 α 系数为 0.85、0.78、0.85。所以综合所有 6 个变量的信度为 0.91~0.78,均高于 0.7 的可接受标准,说明这些变量具有良好的内部一致性,量表信度稳定性较高。

然后,笔者又检验了问卷量表的效度,验证性因子分析结果显示见表5-1。六因子模型拟合度最好(χ^2=834.77,df=390,χ^2/df=2.14,CFI=0.97,NFI=0.94,IFI=0.97,RMSEA=0.06)。除此之外,笔者还验证了其他情况——五因子、四因子、三因子、两因子和单因子模型,但是与六因子模型相比较,各项拟合指标较差,所以六因子模型能够更好地代表测量模型的因子结构,变量之间有良好的区分度,测量结果与要考察的内容吻合。

表 5-1　验证性因子分析比较分析结果

模型	χ^2	df	χ^2/df	CFI	NFI	IFI	RMSEA
六因子模型:F1,F2,F3,DC,EC,ESE	834.77	390	2.14	0.97	0.94	0.97	0.06
五因子模型:F1,F2,F3,DC,EC+ESE	993.98	395	2.52	0.96	0.93	0.96	0.07
五因子模型:F1,F2,F3,DC+EC,ESE	1200.07	395	3.04	0.95	0.93	0.95	0.08
五因子模型:F1+F2,F3,DC,EC,ESE	1356.65	395	3.43	0.94	0.91	0.94	0.09
四因子模型:F1+F2,F3,DC,EC+ESE	1515.34	399	3.80	0.93	0.90	0.93	0.10
四因子模型:F1,F2,F3,DC+EC+ESE	1584.50	399	3.97	0.92	0.90	0.92	0.10
四因子模型:F1+F2+F3,DC,EC,ESE	1533.66	399	3.84	0.92	0.90	0.92	0.10

---

①　正规教育学习测量的是教育程度,1=小学,2=初中,3=高中,4=大专,5=本科,6=研究生。由于 F4 不是潜变量而是可以被观察的确定性单个测量项,所以不需要进行信度和效度检验。

续表

模型	X^2	df	X^2/df	CFI	NFI	IFI	RMSEA
三因子模型:F1+F2+F3,DC,EC+ESE	1690.98	402	4.21	0.91	0.89	0.91	0.11
三因子模型:F1+F2,F3+DC,EC+ESE	1760.30	401	4.39	0.90	0.87	0.90	0.11
三因子模型:F1,F2,F3+DC+EC+ESE	1794.48	402	4.46	0.90	0.88	0.90	0.11
二因子模型:F1+F2+F3,DC+EC+ESE	2273.89	404	5.63	0.88	0.85	0.88	0.13
单因子模型:F1+F2+F3+DC+EC+ESE	3046.57	405	7.52	0.84	0.81	0.84	0.15

注:F1表示入职后经验性学习;F2表示社会关系网络学习;F3表示入职前经验性学习;DC表示企业动态能力;EC表示企业家能力;ESE表示企业家自我效能;+表示两个因子合成一个变量。

5.3.2　描述性统计分析

本研究涉及的主要变量有企业动态能力、企业家能力、企业家自我效能和企业家的四种学习方式,对各变量进行相关性分析结果如表5-2所示。数据显示,入职后经验性学习与企业动态能力($r=0.33,p<0.001$)、企业家能力($r=0.39,p<0.001$)和企业家接班自我效能($r=0.34,p<0.001$)之间均显著正相关;入职后经验性学习、社会关系网络学习和入职前经验性学习之间也具有显著正相关;而正规教育学习与其他变量没有达到显著性相关。为了避免多重共线性,进一步进行共线性检验,结果显示 VIF(方差膨胀因子)均小于10,多重共线性并不明显。

表5-2　研究变量之间的相关系数与区别效度

变量	M	SD	ESE	EC	DC	F1	F2	F3	F4
ESE	5.00	1.02	(0.88)						
EC	4.73	0.98	0.71**	(0.90)					
DC	4.77	0.89	0.55**	0.71**	(0.91)				
F1	4.66	0.96	0.34**	0.39**	0.33**	(0.85)			
F2	1.25	0.58	0.030	0.02	0.02	0.12*	(0.78)		
F3	2.39	1.86	0.11	0.058	0.06	0.23**	0.25**	(0.85)	
F4	4.46	0.95	−0.06	−0.06	−0.05	−0.09	0.01	−0.03	

**. 在0.01水平(双侧)上显著相关;*. 在0.05水平(双侧)上显著相关。括号内的数字为内部一致性系数(Cronbach's α)。

5.3.3　中介效应分析

在对研究模型的中介效应进行检验时,根据 Baron 和 Kenny(1986)提出的中介效应分析步骤来检验企业家能力的中介效应存在,结果如表 5-3 所示。表格中的数据显示,企业家学习中的入职后经验性学习(简称 F1)显著的正向影响企业动态能力($M=5,\beta=0.32,p<0.001$),从而 H1 假设得到部分支持;F1 对企业家能力也存在显著的正向影响($M=2,\beta=0.42,p<0.001$),假设 H2 得到部分支持;企业家能力对企业动态能力也存在显著的正向影响($M=6,\beta=0.65,p<0.001$),假设 H3 得到验证。进而在自变量和中介变量同时进入对结果变量的回归方程后,企业家能力对企业动态能力仍然存在显著的影响($M=7,\beta=0.63,p<0.001$),自变量中的 F1 对企业动态能力的影响不再显著($M=7,\beta=0.06,p>0.05$)。由此可以判断企业家能力在企业家入职后经验性学习与企业动态能力之间的关系中完全起到中介作用,假设 H4 得到部分的支持。

表 5-3　中介效应的回归检验结果

变量	企业家能力			企业动态能力					
	M1	M2	M3	M4	M5	M6	M7	M8	M9
常数项	4.72***	2.97***	0.53	4.84***	3.56***	1.76***	1.65***	1.71***	1.21***
控制变量									
Employees	0.10	0.11	0.06	0.22**	0.22**	0.14**	0.14*	0.18**	0.14**
Asset	−0.09	−0.05	−0.05	−0.22**	−0.20**	−0.15***	−0.15**	−0.17**	−0.14**
解释变量									
F1		0.42***	0.20***		0.32***		0.06	0.17***	
F2		−0.09	−0.08		−0.05		0.03	0.01	
F3		−0.01	−0.03		−0.002		0.01	−0.01	
F4		−0.04	−0.002		−0.04		−0.02	−0.02	
中介变量									
EC						0.65***	0.63***		0.59***
EC * ESE									0.08**
调节变量									
F1 * ESE			0.10**					0.15***	
F2 * ESE			−0.40***					−0.12	

续表

变量	企业家能力			企业动态能力					
	M1	M2	M3	M4	M5	M6	M7	M8	M9
F3 * ESE			0.02					−0.04	
F4 * ESE			−0.01					−0.10*	
ESE			0.64***					0.46***	0.15**
R^2	0.01	0.17	0.58	0.04	0.16	0.56	0.57	0.44	0.59
Adjusted R^2	−0.002	0.15	0.56	0.04	0.14	0.56	0.56	0.42	0.58
	0.80	8.73***	31.55***	5.46**	7.86***	105.51***	45.37***	17.14***	71.62***

注：* $p<0.05$，** $p<0.01$，*** $p<0.001$。

5.3.4　调节效应分析

采用 SPSS21.0 的层级回归分析法来分别检验企业家自我效能对企业家学习与企业家能力以及企业家能力与企业动态能力之间两段关系的调节效应，对变量进行中心化处理进而得出交叉项结果，如表 5-3 所示。在中介效应的第一段，数据显示企业家自我效能分别与入职后经验性学习（M3，$\beta=0.10$，$p<0.01$）、社会关系网络学习（M3，$\beta=-0.40$，$p<0.001$）的交互项对企业家能力存在显著的影响，表明企业家自我效能部分调节企业家学习与企业家能力之间的关系，假设 H5 得到了部分验证。在中介效应的第二段，数据显示企业家能力与企业家自我效应的交互项对企业动态能力存在显著的影响（M9，$\beta=0.08$，$p<0.01$），这也表明企业家自我效能调节企业家能力与企业动态能力之间的关系，假设 H6 得到了验证。

5.3.5　有调节的中介分析检验

为了进一步检验研究模型中被调节的中介效应，使用 Hayes（2018）开发的 SPSS21.0 宏程序 Process3.3 对混合模型进行 Bootstrapping 检验分析。在分别代入企业家学习变量之后，表 5-4 统计数据显示整个混合模型检验结果只有入职后经验性学习（F1）的变化在整个混合模型检验中产生显著的有调节的中介效应，高低差异的调节变量在 95% 的置信区间（CI）不包括 0，研究假设 H7 得到部分验证。

在表 5-3 中有调节的中介效应显示企业家自我效能不同水平上（均值的正

负一个标准差)的中介效应。数据显示企业家自我效能高的企业,企业家能力对入职后经验性学习影响企业动态能力的中介作用更强,即间接效应 95% 的置信区间(CI)不包括 0($\beta=0.052$,CI=[0.004,0.122]),表明间接效应达到显著水平。企业家自我效能低的企业,企业家能力对入职后经验性学习影响企业动态能力的中介作用更弱,即间接效应 95% 的置信区间(CI)也不包括 0($\beta=0.165$,CI=[0.074,0.280]),间接效应亦达到显著性水平。而且在不同程度的企业家自我效能下,间接效应的差异达到显著性水平($\beta=0.114$,CI=[0.011,0.221]),表明企业家自我效能调节企业家能力对入职后经验性学习(F1)影响企业动态能力的间接效应。

表 5-4　有调节的中介效应的 Bootstrapping 检验

EL	ESE	条件间接效应			有调节的中介效应		
		中介效应	BootSE	Boots95%CI	差异	BootSE	Boots95%CI
F1	高值	0.0514	0.0306	0.004,0.122			
	低值	0.1655	0.0521	0.074,0.280	0.1142	0.0539	0.011,0.221
F2	高值	0.1653	0.1088	−0.032,0.397			
	低值	−.1235	0.1268	−0.300,0.161	−0.02889	0.1904	−0.610,0.133
F3	高值	−0.0129	0.0189	−0.052,0.023			
	低值	−0.0051	0.0211	−0.050,0.036	0.0078	0.0308	−0.055,0.068
F4	高值	−0.0083	0.0395	−0.088,0.069			
	低值	−0.0194	0.0469	−0.111,0.073	−0.0111	0.0663	−0.140,0.120

5.4　小　结

5.4.1　研究发现与讨论

本研究结果显示,企业家学习行为主要集中在三个维度,分别是正规教育学习、社会关系网络学习和经验性学习,通过因子分析又可将经验性学习细分为入职前经验性学习和入职后经验性学习。这四种学习只有入职后经验性学习对企业动态能力产生正向显著影响,符合理论假设上的影响机理框架,但是在增加了企业家能力作为中介变量之后,企业家能力对企业家入职后经验性学习与企业动态能力之间产生了完全中介作用,并且该中介作用受到企业家自我效能的显著调节。对于低企业家自我效能而言,企业家能力对企业家入职后学习影响企业动态能力的中介效应较弱;对于高企业家自我效能而言,企业家能力对企业家入职后学习影响企业动态能力的中介作用较强。

(1) 企业家能力在企业家学习与企业动态能力间的中介作用

本研究验证了企业家通过自身学习行为提高自己的能力,从而影响企业动态能力,即企业家能力完全中介入职后经验性学习与企业动态能力。这样的结果可以解读为:第一,企业家的学习行为并不能直接影响企业动态能力,符合 Nonaka 和 Takeuchi(1995)提出的知识创造理论,企业家只有通过学习行为把外部显性知识内部化(internalization)为个体隐性知识,在转化并吸收成为自身的能力之后才能在企业管理中把自身的隐性知识进行社会化(socialization)、外部化(externalization)操作,才能产生企业的动态能力。第二,企业家的学习行为需要长期性、连续性。对于企业动态能力,Teece 等(1997)解读为企业核心能力动态性概念,用于解决如何维持企业竞争优势长期有效的问题。在本研究中,企业家学习行为的其他维度也是十分重要的,但是为什么最终没有对企业动态能力产生影响呢? 笔者认为,企业家职业生涯过程中前期接受学历教育和入职前的锻炼学习都是短期学习行为,它们可以显著影响人们成为优秀的创业家,但不是不断创新的企业家。企业长期续存需要维持一定的动态能力,究其根本,需要企业家持续不断的学习行为支撑。第三,随着中国市场经济发展水平的提升,社会关系网络的重要性有所下降,取而代之的是企业持续不断的创新创业行为。本研究中关于企业家社会关系网络学习的研究主要吸取前人研究的观点,测量变量集中在企业家参与人大、政协、工商联和民主党派等社会行为上的学习。而陆铭和潘慧(2009)根据东亚经济发展的经验归纳提出工业化和市场经济发展的早期,政府干预经济发展不可或缺,但随着经济发展水平的提升,政府对企业发展的影响应该及时转变,致力于宏观经济问题。所以社会关系网络影响企业发展也需要基于时代的变化而变化,改革开放 40 多年后,企业家通过社会关系网络行为为企业发展谋取竞争优势越来越困难,今后跨区域、国际化的企业经营更需要其自身在技术上、创意上学习突破。

(2)企业家自我效能的调节效应

本研究的另一个重要发现是企业家自我效能调节了中介模型的前后两段路径。高水平自我效能企业家有信心为达到目标而持续不断地努力,从而促使企业家成长和家族企业持续发展;对于低水平自我效能企业家而言,企业家成长与家族企业的发展程度相对于感知到较高自我效能的企业家较小。有研究发现,家族企业研究在导入自我效能概念之后,也开始关注下一代企业家对于自身能力的感知和信心,以及企业家成长过程中自我效能对于企业家行为、企业竞争优势的预测作用等(Chen,1998)。企业家能力提升影响家族企业动态能力,同时能力的变化主要源自企业家的学习行为,这三者是一个动态变化的过程,而个体感知到采取某一特定行为的难度越小,其执行该项行为的意图就会愈强(Ajzen,2002)。由此可以推测,高水平的自我效能会使企业家有信心为达到目标而持续不断地努力,风险承受能力较高,即使失败了也能从失败中快速振作,从而正向促使企业家能力成长和家族企业持续发展。相反,虽然拥有较为丰富的家庭经济条件和优越的企业物质资源,但是低水平的自我效能会使企业家长期自我认知不足,应对事件时更倾向于做出内部归因,长此以往形成以自我为中心的认知倾向,进而对其企业家能力成长和家族企业持续发展产生负面的影响。

另外,混合模型中第一段显示,企业家自我效能显著调节了企业家学习和企业家能力之间的关系。企业家学习行为中,入职后经验性学习和社会关系网络学习对于企业家能力的提升在企业家自我效能的调节作用下产生了显著的影响(表 5-3 的 M3)。但是在高水平的企业自我效能的情况下,这两种学习行为却出现相反的效果,入职后经验性学习与企业家能力之间的关系越来越强,而社会关系学习与企业家能力之间的关系反而越来越弱。本研究的结果(表 5-3 的 M5)支持了企业家花时间拓展社会网络(学习活动)对企业生存和创业绩效(动态能力)之间很难找到相关性的证据(Golden & Dollinger,1985;Aldrich,1993;陈钦约,2010)。很多创业企业家参与企业社会网络的活动属于私人活动,对于企业长期发展的动态能力直接影响非常有限。特别在企业家自我效能水平较高的情况下,企业家坚持入职后"干中学"等经验性学习,相信自己可以解决企业发展面临的困难,集中精力不断开拓企业主营业务,开发新市场。所以在创业初期公司治理结构不完善或者接班企业初级阶段的情境下,企业家自我效能较高,社会网络学习对企业家能力的影响较弱,与此同时入职后经验性学习对企业家能力的影响反而得到了加强。

5.4.2　研究价值与展望

企业家作为特殊个体,其学习具有个体学习的通性,又具有企业家学习的特殊性。本研究丰富了企业家学习的相关研究,对揭示企业家学习与企业动态能力的内在机理及其与企业家自我效能的相互作用机理,进而采取切实有效措施以促进企业家学习活动具有重要价值。在理论方面,本研究有助于理解企业家学习是如何直接、间接作用于企业动态能力,同时企业家自我效能的调节效应也揭示了不同企业家之间中介效应的强度具有差别。而且这种整合性混合模型的解释力度比单纯的中介模型和调节模型更具合理性,首次综合检验了多个相关变量的相互作用机理。在实践方面,本研究从动态演化视角解释企业家学习理论提供了实证证据,为企业家学习明确了切实可行的行为路径。本研究结果表明,要维系企业动态能力,那么企业家学习也是一个持续不断、长期积累的过程,具有路径依赖性(Costello,1996)。有效的学习发生在解决问题的过程中(Arrow,1962),高自我信念的企业家经历了"成长中的痛苦"才能得到成长,这是企业家对创业环境的适应的一种表现,也是一种自我能力的强化。

对于企业家学习、企业家成长和企业持续发展的关系,本研究仅仅是探索的开始,在文章中也存在诸多不足。首先,本研究考察仅限于一个地区。即中国民营经济最具活力的浙江地区。虽然浙江民营企业具有一定的代表性,但是研究结果是否具有普遍性? 所以建议未来的研究调查增加其他地区的样本,以进一步验证本研究的结果,增强外部效度。其次,本研究各个量表的选择差异可能会导致迥然不同的研究结论,并且不同学者对测量量表的解释本身存在重大差异,比如企业家能力与企业动态能力具有高度的相关性。虽然课题组在问卷设计中的逻辑表述和设置上有意识进行区分,在实际完成问卷的时候提示这两者是有差别的,但是两者存在一定相关性却无法避免。所以量表之间的内在相关性也是影响研究结论差异的重要原因。最后,研究需要考虑到国别特征与所处文化情境。不同国家企业家对于自我效能的理解与应用存在差异,比如在集体主义国家和个人主义国家,企业家自我效能体现的影响是不同的。

综上所述,企业是伴随着企业家能力的提升以及企业有效水平的不断认识和发展成长的。企业动态能力并不限于雄厚的资金支持,而在于对资源的有效配置的认知。企业家在创业初期或者刚刚接手企业时,对于企业持续核心能力并没有把握,更不可能对自身能力具有良好的界定。企业家在创业初期凭借的是自己的创业激情和对行业历史状况的考察,但随着企业发展,企业家将能理清自身能力存量,自身治理企业信心得到提升,管理经验也随之增长。然而考虑到每个企业面临的情景千差万别,维持长期企业动态能力的目标依旧是充满挑战性的。

第 6 章　轮流坐庄与家族企业代际成长

——基于合伙人企业 TL 案例研究

家族企业由一个或者数个家族具有企业控制权（Barnes et al.，1976；Stern，1986；Upton et al.，1987；孙治本，1995）。对于中国经济改革初期的创业企业家来说，由于缺乏正当的原始创业基金来源，合伙创业无疑就是当初最优选项。由此引发一旦企业创业成功后合伙人之间对于企业控制权的纠纷。以往国内家族企业控制权战争打响后，两败俱伤如雷士照明事件、国美事件等（赵晶等，2016），或者最终分手视对方为"头号劲敌"的正泰、德力西集团案例比比皆是，然而鲜有中国式合伙人和平共处、同舟共济的事例。

轮流坐庄是轮流与坐庄相结合的产物，依次论序和坐庄行为的互补企业治理行为有利于家族企业营造和平共处的企业氛围，从而实现家族企业基业长青。家族企业将企业的跨代际持续成长作为其长期发展目标，但是"富不过三代""仇人式"散伙、家族企业缺乏与时俱进的创新等一直是绕不开的难题（Boyd & Dumpert，1983），所以轮流坐庄机制的出现，无疑为这些难题解套增加了一个有力的选项。合伙人轮流坐庄机制正是通过企业合伙人轮庄机制的默契配合和创新行为，有效吸收轮值合伙人的知识与能力推行创新制度举措，避免了各合伙人之间"头破血流"的场面，从而实现对家族企业持续创业精神的传承。因此，选取成功代际传承的家族企业对其轮流坐庄机制进行深入案例分析，对于中国家族企业的发展具有重要的意义。TL 实业有限公司（后述简称 TL）作为一家具有近 40 年历史、已经成功完成代际传承的家族企业，成为一个最佳的案例研究对象。本研究在理论构建和理论改进的方法的基础上，深入发掘 TL 轮流坐庄治理机制对于凝聚企业动态能力、实现企业家代际成长，并为后续研究发挥了有力的参考作用。

6.1　创新、轮流坐庄、动态能力及家族企业代际成长：理论模型构建

6.1.1　轮流坐庄的动力来源——知识创新和治理创新

6.1.1.1　知识创新与家族企业轮流坐庄

知识创新理论最初由美国战略专家 Amidon(1993)提出，其观点认为知识创新是思想和经济活动的融合。日本学者 Nonaka 等(2000)根据显性知识和隐性知识转移共享提出知识创新的 SECI 模型，其中隐性知识不易被模仿和复制的特性成为形成企业持续竞争优势的核心要素。史丽萍等(2011)指出知识创新是一个知识重新配置的动态过程，通过知识的激发、扩散、碰撞和整合，产生新思维、新方法，最终实现价值增值。

在知识创新的转换过程中，知识源泉存在于团队中的个体，个体间通过沟通进行一个知识的交流和转化，从而形成了团队层面上的知识，新知识进一步通过检验和升华，上升为组织知识(Mc Elroy，2000)。由于家族企业创业初期蕴含了大量个体隐性知识(OECD，1996)，伴随隐性知识为主导的知识创新具有内隐性和不易转化的特性，又是家族企业传承的命脉(Nonaka et al.，1995)，因此促进承载于个体的隐性知识转化是家族企业发展和创新的动力源泉。

隐性知识的难以编码性决定了其转移依赖于知识源的主动性和接受者自身的接受能力，而不能简单地通过系统的培训、授课等方式完成转移，只能在双方的相处和互动中耳濡目染，通过观察、感悟、反复交流逐渐被知识接受者获取(韩荷馨，2016)。为了实现家族企业知识创新的原始需要，迫切需要一种有别于常态的治理机制来实现企业知识创新。而家族企业的轮流坐庄机制为家族企业知识创新的主体提供了和平共处的内部环境，创业合伙人之间不断进行治理理念和管理实践等知识交流，实现了隐性知识的转化和增值，促进了企业代际成长。同样轮流坐庄机制有利于企业家二代不断地学习到先辈们独特的企业家精神与知识理念，打破自身的知识局限性，对新旧知识进行整合从而构建更加丰富和完善的知识架构，使企业家二代知识不断增值和创新。

基业长青是家族企业的根本目标(Chua et al.，1999)，企业持续竞争优势往往来源于独特的家族企业治理模式，轮流坐庄机制满足了隐性知识在家族

企业内部共享和传承的需要。本研究从家族企业知识创新的角度出发,以轮流坐庄机制为有力分析工具,保证家族企业持续竞争优势,以期在深入认识知识创新过程的基础上,促进企业家的代际成长。

6.1.1.2　治理创新与家族企业轮流坐庄

企业治理(corporate governance)是协调企业股东和利益相关者关系的制度安排。最初 Berle 和 Means(1932)指出企业治理源自企业中所有权与控制权的相互分离,企业所有者及其相关投资者的利益会随着企业管理者的权力增大而变得岌岌可危,甚至担心因此会失去对企业的控制。Williamson 等(1964)都认为"两权分离"下,由于企业管理者可能会对企业所有者利益产生损害,由此产生了企业治理问题。吴敬琏(2001)指出,企业治理是一种由企业股东、董事会和高级经理人所构成的组织,彼此之间形成监督约束关系。

家族企业作为企业的一种特殊形式,必然需要完善企业主要的、实质性的控制权由家族成员把持的一套制度安排,以及因此而形成的一种新的组织治理机制(余向前,2010)。在家族企业由于企业所有权与经营权被一个或者数个家族掌控,所以家族企业治理与其他类型企业之间存在差异性。Leif(2000)指出家族企业治理不能完全依靠企业治理理论,其中部分理论并不适用家族企业。而我国家族企业大多数采取家族式治理模式,家族式治理模式是指企业所有权和经营权没有实现分离,企业与家族合一,企业的主要控制权在家族成员手中的一种治理模式(李维安,2002)。此种模式下,企业的所有权与经营管理权都集中在有血缘、亲缘关系的家族合伙人手中,管理高度集权化。家族企业领导者,特别是领袖人物通过权威可以改变企业价值观,影响企业的一切行动,但是并不是所有的家族企业合伙人都具有领袖式的人物。此外,中国人对家族成员具有较高的信任度,但是对家族成员以外的信任度很低,制度化信任差异导致激励与约束差异(李新春,2002),为了防止过高的委托代理成本,最终限制了家族企业对社会性管理资源吸收和接纳能力(储小平,2002)。由此家族企业为了突破企业发展的瓶颈需要进行内部治理创新。

家族企业在有限的家族资源前提下,为了实现内部治理创新,减少外部委托代理成本,需要从家族内部对所有权和经营权治理进行制度创新。而轮流坐庄机制的诞生,恰好合理地解决了所有权和经营权分离所带来的问题,轮流坐庄实质上是一种企业经营权的交替,将不同合伙人的治理观念依次贯彻实施,取优去次,不同合伙人间可以相互借鉴学习,取长补短,从而最优化家族企业,取得持续竞争优势。另外,由于家族成员天生具有的家族血缘亲缘特征,轮流坐庄机制是家族合伙人参与企业治理过程中一个很好的切入点,在所有权不变的情况下,经营权轮替,合伙人及其继任者轮番而治,共同担当企业的战略策划和制度建设的主持者。因此轮流坐庄机制是家族企业治理创新需要下的最优选项。

6.1.2　轮流坐庄与家族企业动态能力——企业持续竞争优势的保证

家族企业创业之初,由于单一家族资金、人才以及技术的局限性,往往会出现多个合伙人为代表的数个家族控股企业,由此在家族企业代际成长过程中产生企业控制权、利益分配等内部问题。这是家族企业传承与发展中不容忽视的痛点,所以家族企业代际成长需要其建立科学合理的治理机制,以此来保证家族企业基业长青。对于家族企业而言,轮流坐庄机制一方面维系了创始合伙人间以及其后代间的友好关系,另一方面又为企业发展提供了一个良好的大环境,有利于企业代际成长。家族企业合伙人在每个"坐庄"时期担负了企业首席运营官(COO)的职责,不仅宏观上要制定企业战略发展规划,而且微观上需要对内负责各项决策,为了获取其他合伙人对自己的决策拥护不得不降低姿态做事,如日本家族企业治理也多采用轮流坐庄机制(廉德瑰,2009)。家族企业轮流坐庄不仅营造企业合伙人和平共处的环境,而且通过企业控制人轮替确保企业进行知识创新,维持企业竞争优势,从而实现家族企业的跨代际成长。

传统资源基础理论认为企业要想实现自己长期的战略发展目标,必须构建持续有效的竞争优势(Wernerfelt,1984),而竞争优势是企业生存和发展的基础,对企业竞争优势的研究呈现出一定的规律性(赵永杰,2011)。然而由于传统资源基础理论对关键概念界定不清晰、同义反复(Williamson,1999),对外部环境的忽视(Amit & Schoemaker,1993)、不能适应动态市场环境(Eisenhardt & Martin,2015)以及事后理性的限制(Williamson,1999)等局限性,企业动态能力理论开始兴起。动态能力理论是在动荡复杂的竞争条件下,为了解决企业持续竞争优势而发展起来的一个战略理论前沿。Teece 等(1994,1997)首先提出动态能力的概念,并指出这是一种整合、建立和再配置内外部资源的能力。Eisenhard 和 Martin(2015)认为动态能力是一种可识别的常规惯例和过程。Wang 等(2007)则认为动态能力能够利用独特的资源升级并重构核心能力以应对日益变化的市场,从而获得并维持持续竞争优势。

对于动态能力的深层次构念,不少学者也从多维度进行了研究。Wu(2007)将动态能力分为资源调配能力、资源再配置能力以及学习能力。国内的学者贺小刚等(2006)认为,动态能力包含市场潜力、组织柔性、战略隔绝、组织学习以及组织变革等五个维度。焦豪等(2008)则认为企业动态能力可以由环境洞察能力、变革更新能力、技术柔性能力、组织柔性能力四个维度组成;冯军政和魏江(2011)认为动态能力包括机会和威胁的感知能力、资源调配能力以及资源重构能力。董保宝(2011)把动态能力划分为环境适应能力、组织变革能力、资源调配能力、学习能力和战略隔绝机制。基于以上国内外各学者对动态能力维度的不同分析,可以认为对于动态能力的维度目前并无统一的界定,而是根据具体现象和研究对象出发进行归纳。据此本书主要从 Teece 等(1994,1997)的观点出发,把家族企业动态能力分为三个维度,分别是企业持续不断进行长期学习行为(主要体现在企业家行为方面)、企业内外资源整合配置以及对外部环境变化的适应能力。

家族企业轮流坐庄机制为家族企业保持动态能力及代际成长提供了有力的保障,处于家族企业跨代际持续发展过程中企业家成长面临着更多的环境动态性、复杂性和不确定性,如何不断地开发和培育与环境变化相匹配的企业动态能力已成为家族企业及其企业家成长面临的巨大挑战。家族企业轮流坐庄归根结底体现了同代内和代际间进行企业控制权高效交替递增的观念与行为表现模式,在一定层面上反映出家族企业特有的企业治理结构、知识资源、商业模式等一系列关键资源要素的配置与整合,其目的是为了实现家族企业在不同合伙人手中企业仍能保持持续竞争优势与代际成长。因此,本书沿用Teece 等(1994,1997)的观点,即持续学习能力、资源整合能力、环境适应能力作为研究家族企业动态能力的主要框架。

6.1.3　家族企业代际成长的目标——企业代际传承

家族企业是家族和企业结合的产物,一方面强调企业经济效益最大化,另一方面又追求企业在家族控制下跨代际成功传承作为首要目标,这也是家族企业与非家族企业的一个重要区别(Le Breton-Miller et al.,2004)。家族企业代际传承以往的研究更多侧重于权力和职位的成功交接,实际上更关键的在于家族企业是否保持持续竞争优势,这种优势不仅仅停留在静态上的企业核心竞争力层面(李新春等,2008),更重要的是一种科学、合理、高效的企业治理长效机制,并且将这种治理机制内部贯彻落实,从企业持续竞争优势上体现出来。企业持续不断的竞争优势可以带来异质性资源持续涌现,这是家族企业实现代际成长关键要素。本研究中涉及的 TL 案例正具备这样的典型性,通过对其成功代际成长案例分析,可以更清晰认识到轮流坐庄机制在家族企业存在多个创业合伙人的情况下,合伙人通过建立轮值控制人的形式和平相处。在此基础上继承者之间也遵循此机制进行不同分工,相互学习与知识传递,实现企业的持续竞争优势。因此探讨为家族企业带来持续竞争优势与代际成长的保证——轮流坐庄机制,是具有重要的理论和现实意义的。

基于家族企业代际成长与轮流坐庄机制已有研究,本研究认为尚存在三个热点需要进一步探究。(1)已有的轮流坐庄机制研究基本停留在企业经营权层面,如华为的轮值 CEO 机制的研究,鲜有涉及企业合伙人的身份实施轮流坐庄机制,而且停留现象描述的层面,很少有学者利用定性或定量的方法对轮流坐庄机制进行检验。(2)已有的家族企业合伙人控制权争夺案例研究,大多停留在对失败案例研究的基础上,鲜有家族企业合伙人和平共处,并且成功传承案例研究。(3)学术界当前对轮流坐庄机制的研究文献甚少,因此这种企业治理机制的实现过程仍然是没有揭开的"黑盒子"。根据以上要素分析,结合案例研究方法,课题组开始寻找合适的研究对象。Eisenhardt(1989)认为对于单案例研究进行案例选择需要注意案例的极端性和启发性,通过这些特性可以排除典型情境下非研究因素对研究问题的干扰,获取的结论更具有解释性。所以针对现实中普遍存在的家族企业"仇人式"散伙结局的现象,本研究选择了具有近 40 年发展历史,已经完成代际传承的 TL 实业有限公司作为研究对象,希望通过案例分析回答下面几个问题:为什么家族企业实施轮流坐庄机制?家族企业的轮流坐庄机制具有什么样的特征?家族企业如何通过轮流坐庄机制影响企业动态能力及其代际成长?

鉴于此,本研究采用理论构建(theory development)和理论改进(theory improvement)的方法构建了研究框架。理论思路主要围绕家族企业轮流坐庄机制的动力来源,即企业发展过程中知识创新和治理创新的需要。实施家族内部合伙人轮流坐庄机制可以使合伙人之间有效地进行个体隐性知识转移和共享,升华成为企业组织层面的共享知识,成为企业可持续竞争优势的源泉(余向前,2013)。轮流坐庄机制又经历了跨越代际的考验,维持轮流坐庄的长效机制可以对家族企业动态能力发挥重要的影响。具体研究框架见图6-1。

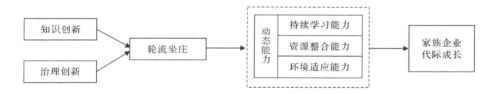

图 6-1 家族企业轮流坐庄与代际成长研究框架

6.2 研究方法设计

案例研究作为一种研究方法,长期受到质疑,最大的问题在于缺少严谨性(Rigor)、规范性(Normalization),不过 Colquitt 和 Zapata(2007)在 AMJ 上刊文进行反驳,1963—2007 年以案例研究为主的理论构建性论文刊文的数量年年递增,而且 AMJ 年度最佳论文大部分也来自案例研究。案例研究被认为是管理理论构建(theory development)和理论改进(theory improvement)的重要研究手段(Yin,2003)。作为一种研究方法,案例研究需要遵循一套预先设定的程序、步骤,对一些复杂的而且无法定量的实证课题进行定性研究的方法(殷,2004)。

在案例研究论证理论的过程中,进行一手资料的采集并合理利用各种来源的二手资料,对提高论证的可信度至关重要。一手资料的采集应包括实地采访、调研、公司发展史籍以及观察等方式,同一问题应多次采访企业中不同的对象,包括创始人,接班人甚至企业的高管等,这对降低资料的偏差十分重要,在采访的过程中,同时可以对二手资料进行技术性印证(Eisenhardt & Graebner,2007),最终提高研究的质量和可信度。

自 2017 年 3 月起,笔者依托地处温州的地理优势,对 TL 进行了多次实地调研和面对面访谈,一直延续到 2018 年 1 月。在调研开始前期,笔者通过网络、报纸和杂志等渠道搜集了大量关于 TL 的二手资料,提炼出与研究主题相关的研究框架。同时与 TL 集团不同负责人进行多次接触。2017 年 3 月 17 日首次与 TL 家族企业第二代接班人之一 SJY 进行了会面与访谈,时间为 3 个多小时,课题组就本文研究框架转化成的访谈提纲进行提问,SJY 对其进行了详细的答复。访谈结束后两名课题组成员立刻将访谈内容独立转换成文字形式,随着主题逐渐深入,受访者推荐其他当事人参与校正访谈。2017 年 6

月 16 日晚上,课题组造访 TL 的一位老骨干员工,他在 TL 工作历时 20 年。通过与其进行交流,课题组对相关资料和问题进行了进一步核实。2018 年 1 月 23 日再次造访 TL,与企业家二代 SJY 和 ZWC 又进行了约 3 小时的深入交谈,课题组把收集到全部资料与问题逐一与企业家二代进行详细校对,在此基础上企业家二代丰富并夯实了课题组提供的资料。至此,课题组已经全面、翔实地掌握了 TL 轮流坐庄机制资料,为下一步展开案例研究提供了充足的准备。

6.3 家族企业轮流坐庄及其实现:案例分析

6.3.1 TL 实业有限公司成长过程概述

TL 实业有限公司由 SHZ 和 ZXB 等合伙人共同创办,成立时间是 20 世纪 70 年代末,迄今公司已经发展将近 40 年的时间。TL 的发展由最初的亲戚之间合伙创业,采用"轮流坐庄"企业治理机制,并且不断优化轮流坐庄机制内涵,目前已经完成家族企业代际权力传承,主要可以分为以下几个重要阶段。

6.3.1.1 1984—2009:一代创业,原始资本累积

TL 创始人 SHZ 和 ZXB 早年就职于国有企业,分别就职于温州印染厂和温州塑料漆厂,而后 ZXB 与 SHZ 其妹喜结连理,成了 SHZ 的妹夫。当时国企收入较低,他们都是技术型的工人,对模具、机械技术领域很在行,因为两人是亲戚关系,聊得来又彼此信任,于是萌生了共同创业的想法。

在 20 世纪 70 年代末,SHZ 和 ZXB 等就开始了合作关系,1984 年国家开放注册股份制合作公司后,通过挂靠东风街道办事处成立了温州东风电子器件厂,开始了艰苦的创业之路。起初小作坊主要是做一些机械模具、车床、表带、麦克风、仪表等。两人借自身技术工出身的优势,很快奠定了彼此在东风电子器件厂的引领地位。1992 年企业正式改制成立温州市 TL 实业有限公司,1993 年成功研发 118 系列开关插座,从此开创了 TL 实业有限公司以电器开关为主要产品的事业。

企业创办之初十分艰辛,随着企业的发展,一部分决心不够坚定的合伙人纷纷退出了企业,SHZ 和 ZXB 却一起坚持了下来。1993 年"TL"商标获准注

册;于 1998 年 11 月升格为"浙江 TL 实业有限公司";2001 年 9 月,TL 牌家用开关插座被认定为"浙江名牌产品";2002 年 12 月,更名为 TL 实业有限公司,被国家核准为"无区域冠名"企业;2003 年元月,"TL"商标获"浙江省著名商标",参股温州市商业银行;2004 年 5 月,组建了 TL Honeywell 工作室,开始了与世界 500 强公司合作的新阶段;同年 TL 与多家民营企业联合成立中瑞财团。

在东风电子器件厂创办之初,厂房的规模很小,两个人都要接触各方面的事务,事情多而繁杂。起初两个人之间并无明确分工,事情来了谁有空谁就去做,制度化体系也尚未形成,与工人之间打交道也全靠人情与信任。因为是合伙创业,公司体系和别的公司就不太一样,随着事业的发展,两人逐渐意识到分工协调合作的重要性。SHZ 的性格较为内向,所以主要负责国内生产和研发部门。ZXB 比较热衷于交际,所以负责对外开拓业务、洽谈生意。虽然分工极大程度上提高了效率,但是也有一个弊端,就是双方不理解彼此的工作,有时候甚至因为不了解对方经营的领域,对彼此的工作产生误解。因此,通过多位合伙人集体商议于上世纪末创新性提出了轮流坐庄 1.0 版本:我做内部管理,你就做外部营销,两人之间四年轮换。这样轮流坐庄机制有效加强了双方对彼此领域的了解,做到互补,在面对重大决策的时候也能避免因为相互不理解而产生意见分歧甚至争吵,最终轮流坐庄机制雏形也得以形成并且延续下去。

6.3.1.2　2009—2015:以老带新,事业同心多元化

SHZ 有一个独子 SJY,ZXB 膝下有一儿一女,儿子名叫 ZWC,女儿名叫 ZW。二代中 SJY 年龄最大,其次是 ZXB 的女儿 ZW,最小的是 ZWC。

企业家二代 SJY 出生于 1982 年,中学时读的是普高,因其父交好的兄弟建议,其父萌生了将其送出国留学的想法。在完成国内高中教育之后,开始为其办理签证手续。SJY 在华东政法大学念了三个月,签证办了下来,前往加拿大温哥华留学。ZWC 的姐姐 ZW 出生于 1983 年,她从小是个学霸,初中于温州第六中学毕业后被杭州第二中学录取,念高二的时候,已经被保送清华,可是仍然选择参加高考,获得了温州市第二名的好成绩。之后就读于北大物理系,毕业后去芝加哥大学念物理学硕士,考虑到家族企业发展的需要又在纽约大学获得金融学硕士。ZWC 出生于 1987 年,中学就读于中国与加拿大学校合作联办的班级,毕业后直接前往加拿大多伦多温莎大学接受 4 年工商管理学本科教育。由此可见 TL 创业者非常注重接班人的培育,选择让二代出国

留学深造,所以 TL 的企业家二代是一支接受高等教育、国际接轨的接班团队。

2009 年 SJY 学成毕业后回到家族企业,他开始穿上企业统一的蓝色 T 恤工作服,扎身在一线车间从最基本的东西开始学习。2009 年 ZWC 学成回国,经其父 ZXB 推荐在广州一家从事继电器生产与经营相关公司工作一年之后,于 2010 年回到家族企业,负责企业外贸业务以及"同心多元化"项目。ZW 海外留学后工作经历了香港瑞士银行与温州金融办,最终在 2015 年回到家族企业,主要负责公司内部财务和对外贸易。家族企业代际传承过程中,SHZ 对 SJY 传授了企业内部管理的相关诀窍,ZXB 指导 ZWC 体验了家族企业外的工作,ZW 依靠自身优秀学识积累了外企与事业单位工作经验,最终他们回归家族企业形成阵容强大的接班团队。在接班过渡期,当面对重大决策的时候,由一代、二代以及其他合伙人开会商议决定,所以 TL 顺利地渡过了企业代际传承时期。其家庭成员职责如表 6-1 所示。

表 6-1　TL 第二代家族成员情况概览

家族成员	家庭角色	毕业院校与专业	加入年份	公司内角色
SJY	SHZ 独子	加拿大温哥华西三一大学工商管理专业	2009	温州地区总经理,安徽地区董事长
ZW	ZXB 长女	北大物理系,芝加哥大学物理系硕士,纽约大学经济学硕士毕业	2015	国际部总经理
ZWC	ZXB 长子	加拿大温莎大学工商管理专业	2010	温州地区董事长,安徽地区总经理

在上一代企业家精心培育下,企业家二代开始结合自己外国接受的教育帮助家族企业在业务方面取得了诸多突破。在企业大战略方面,二代团队提出产品"同心多元化"发展战略。"同心多元化"指的是企业发展与其经营主产品相关的多种同质产品,如智能家居、LED 灯等,促进其同质产品的多元化。2013 年,二代团队借鉴国外先进绩效考核制度,结合家族企业的管理特点,仅仅两个月的时间在企业内部就推行了全新的绩效考核体系。此外,在"电商换市"的背景下,带领企业管理层更新思路,组建电商团队、开设微信公众号,在天猫、京东等一线电子商务平台开设旗舰店,适时融入了互联网"电商红利"时代。与此同时,二代团队利用自身在海外接受过教育的背景,加大了对海外贸易的力度和规模。在国际上不仅与经济发达国家法国、荷兰等企业合作甚多,而且把产品销售突破到发展中国家,如与印度和中东的贸易往来也十分密切,

截止 2017 年年底企业外贸销售占比突破整体业务的 40％以上。这些都标志着 TL 同心多元化战略已跨入新阶段,兄弟姐妹三人开始涉入 TL 的关键业务,尽管创始合伙人仍然参与一些企业重大决策,但 TL 的日常企业经营活动已经逐步交接给二代团队管理。

6.3.1.3　2015—至今:二代放飞,"五年计划"实施

TL 成立 30 周年之后,创始合伙人正式宣布二代团队接班,实施"五年计划"。二代团队由 7 人决策委员会组成,自称"七个葫芦娃",分工管理家族企业不同的事务,委员职责如表 6-2 所示。ZWC 负责外贸技术这一块的工作,SJY 负责企业的国内生产和业务;而 ZW 负责财务也向 SJY 和 ZWC 汇报。

表 6-2　TL 两代合伙人占股与公司内职责情况概览

一代合伙人	SHZ 39.5％	ZXB 39.5％		TYY 10.5％	HFL 10.5％	职业经理人	
职责	企业治理	对外销售		技术	采购	—	
二代合伙人	股东	SHZ 27％	ZXB 19％	TYY 3.0％	HFL 6.5％	—	
	决策委	SJY 12.5％	ZWC 12.5％	ZW 8％	TYY(子) 7.5％	HH 4.0％	TXL	CHW
职责	生产管理	销售技术	财务	外贸和技术	国内销售	生产	质检

资料来源:天眼查(https://www.tianyancha.com/)

2015 年确定在安徽阜阳阜南县建设新厂,家族企业传承到第二代后,轮流坐庄机制也发生了一些变化与创新,董事会对轮流坐庄机制进行了完善,完成家族企业轮流坐庄 2.0 版本。首先,由于企业由单一生产地区转变为多个生产地区,企业家二代难以同时操控各自独立法人企业,所以在不同地区实施董事长和总经理岗位对调注册(如上表公司内角色列所示),确保各个独立公司在管理上责权利对等原则。然后,由于时代的变化,企业变更法人信息的成本越来越高,办理手续烦琐性极强,所以企业暂停了同一地区工商注册用的章程变更,维持在工商行政管理局注册的信息不变。最后,完善轮流坐庄机制并提出"五年计划"。"五年计划"分为两个阶段,前三年是帮扶阶段,老一代退居幕后帮助二代团队走向前台,承担企业董事长和总经理等关键职位,把控企业重大决策在二代的领导下顺利实施。后两年是"放权而治"阶段,老一代除了重大战略决策之外,二代团队全权负责企业自主经营与决策。随着"五年计划"的实施与进行,前三年的阶段已经顺利过渡,企业内部的权力和职责也逐

渐完成了交接,接下来从 2018 年开始,是二代团队独立自主、轮流而治的阶段。TL 在企业家二代接棒之后,事业蒸蒸日上,产品销售供不应求。

由此可见,轮流坐庄机制在家族企业代际成长中得到传承与创新,TL 实业有限公司的经营范围与规模更是得到了突飞猛进的发展。综合看来,TL 发展历程可整理如图 6-2 所示。

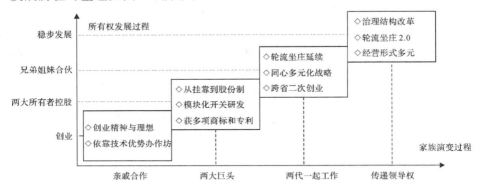

图 6-2　TL 实业有限公司发展过程

6.3.2　TL 轮流坐庄与家族企业代际成长的实现路径

企业拥有异质性资源和能力是其竞争优势的源泉(Barney,1991)。基于环境的动态变化企业核心能力存在核心刚性(core rigidities)缺陷(Leonard-Barton,1992),所以动态能力理论逐渐发展成为战略管理理论研究的热点。企业动态能力是家族企业实现代际成长的关键,依据课题组成员对 TL 实地多次深入访谈资料,TL 的轮流坐庄机制直接影响家族企业动态能力,主要包含持续学习能力、资源整合能力以及环境适应能力这三个维度,最终实现家族企业代际成长的路径。

6.3.2.1　持续学习能力

在 TL 成长过程中,知识创新和治理创新的需求为其保持动态能力提供了关键驱动基础。首先,知识创新通过轮流坐庄机制影响企业持续学习能力,学习能力的提升是 TL 轮流坐庄机制的一个重要直接结果。作为一个生产开关的老字号企业,TL 几十年来专注于开关行业的发展,不断地加深生产线,拓展产品品种。在 TL 创业初期遇到了多重困难,起步十分艰辛,需要核心技术来支持企业的持续发展。在 20 世纪 90 年代,中国内地电工市场已被 86 型和 120 型开关占领,但是这两种型号开关的灵活性低且互配性差,电工市场需继续发展与创新。敏锐的 TL 创始人 ZXB 捕捉到市场的这一创新需求,当他在广州市场上发现一种可以自由组合模块的新式开关,就购买带回温州。由于这种新式开关技术研发成本高,ZXB 决策开始犹豫。在将自己的发现与想法传递给合伙人 SHZ 之后,SHZ 凭借企业家直觉不计成本支持研发。因此合伙人各自利用自身专业技术,通过技术交流与共享,毅然突破 TL 以往广泛化产品生产,进入到开关产品专业化领域,共同研发了 TL 专属产品专利——118 型开关,最终进入开关市场的蓝海领域。118 型号开关主要特征是模块化插座,电工可以随意调整,互配性极强,插座的使用率大大提高。刚推出 118 型号开关的时候,其出售价格十分昂贵,但凭借极强的互配性,迅速得占领了市场,为 TL 创造了里程碑式的辉煌。这种创新性产品研发与生产都是在轮庄坐庄机制下轮值者带领大家不断打破现有企业内个体知识壁垒,形成组织知识来完成的。企业知识创新来源于市场对互配性强开关的需求,而产品变革动力来源于企业内轮值者的企业家精神,以及轮值者不同于他人的机会洞察能力和持续不断的互相学习能力。在 TL 创业过程中第一代合伙人通过轮流坐庄机制提升了企业学习能力,而 118 型号开关的成功研发为 TL 今后在开关行业龙头地位奠定了坚实的基础。

其次,治理创新通过轮流坐庄机制影响企业持续学习能力。家族企业以事业和财富的代际传承作为主要目标,当家族企业出现多个创始合伙人,由于股权结构及权力分配的复杂性,亟待一项治理创新来满足家族企业的可持续代际成长。对于 TL 而言,轮流坐庄机制的出现无疑为其发展提供了坚实而关键的制度保障。在创业初期,由于工厂规模小、职能部门设置简单,创始合伙人各自负责某个职能领域的事务,为了防止权力过分集中以及增进彼此对企业各个职能部门事务的了解,合伙人决定采用轮流坐庄机制,SHZ 和 ZXB 两人分别主持企业内外部事宜,四年轮换。在轮换之际企业法人和经营权都会产生交替,这样就营造了家族企业合伙人之间公平公正,没有私心的氛围。在这种氛围中,由于企业管理权的轮替,SHZ 和 ZXB 都十分理解对方的工作,不论在外部应酬还是内部管理制度方面,只有亲自掌握企业控制权才知道对方的决定并未存有私心,大家按着规则和章程办事情,所以可以合作长久。在企业遇到重大决策的时候,SHZ 和 ZXB 因为意见相左也会发生激烈的争吵,但是因为轮流坐庄机制明确了彼此责权利的关系,所以合伙人不会因为争吵就散伙,大家都遵循既定机制讨论出一个结果据此执行下去。

随着时间的推移,轮流坐庄机制也延续到第二代。在与老一代的思想碰撞中,企业家二代的眼界和学识得以拓展,而轮流坐庄机制也不断得到完善和创新。轮流坐庄 2.0 版本不再进行企业法人代表交替,而停留在企业经营权的交替,增设企业决策委员会,引入外部职业经理人。这样即简化了工商注册更改的烦琐性,又有利于重大决策在时间上的贯彻与落实。在 TL 由于轮流坐庄机制的存在,遇到重大决策时轮值总经理需要与其他利益相关人员商议决断,于是便产生了决策委员会。在决策委员会小组讨论期间,轮值总经理提出需要讨论的议题和想法分享给大家,其他人反馈自己的看法,最终轮值总经理汇总大家的管理诀窍加以完善,融入符合时代发展的元素,大家的思想在争吵与碰撞中得以升华与融合,最终决策委员会带动企业整体的学习能力得到大幅度提升。TL 的重大决策一旦在决策委员会通过后,由轮值总经理负责实施。家族企业可能会因该决策而带来一切损益都由决策委员会共同承担,任何个体成员不得独享利益或埋怨他人。由轮流坐庄机制产生的决策委员会为家族成员提供了表达了价值观、自身需求以及对家族发展期望的场所,这就降低了因家庭关系问题对企业经营决策可能造成的不良影响,推动了企业合伙人之间知识的交流与共享,企业的学习能力在此过程中也得到了质的飞跃。

6.3.2.2　资源整合能力

Amit 和 Schoemaker(1993)将资源整合过程分为资源识别与选择、资源获取、资源开发及融合三大环节。Sirmon 和 David(2007)认为组织获取所需资源后将其进行重构的过程以形成新核心资源体系十分重要。由于轮流坐庄机制的存在,轮值总经理在任职期间都能将自身所学知识与企业发展进行有效结合,不断地调配企业内外部资源,为企业发展开辟新的道路。所以家族企业能否有效地引入异质性资源,突破原有家族企业内部的资源束缚,进行资源的优化整合十分关键。

TL 在企业创新发展过程中,通过轮流坐庄机制有效调整了家族企业内外异质性资源的布局实现企业竞争优势的领先地位。在家族企业内部资源整合方面,创始企业家的企业家精神、洞察力都是企业内部不可多得的资源,所以 TL 在合伙人之间常常会进行小组讨论和商议活动,进行企业家知识资源的共享与再调配。例如 SHZ 和 ZXB 带领 SJY 与 ZWC 做决策向前走,通过"讲故事"等形式手把手将老一代企业家治理企业的诀窍(tacit knowledge)传授给下一代。在企业外部资源引进方面,TL 作为一个家族企业,本身具有浓重的家族色彩,但在外部人力资源的引入事项上,TL 建立了不同于以往家族企业的运作与管理方法,实现了外部人力资源的内部化治理创新。比如轮值总经理委任职业经理人 TXL 和 CHW 为企业质检老总和生产部主任,并且让他们以期股制的形式成为企业合伙人,这标志 TL 企业治理机制走向一个新的里程碑。

2009 年之后,企业家二代陆续回归家族企业形成二代接班团队,家族企业由创始人治理向二代接班人转移,不变的是轮流坐庄机制还在延续。针对互联网时代的背景,二代团队提出"同心多元化"发展战略构想。首先,整合现有线下资源采用多元化营销模式提高线下实体销售业务。线下单独开设实体店成本太高,而且墙壁开关的装换需要专业人士处理,TL 选择了与零售终端合作的方式进行线下销售,将墙壁开关放到各地五金店与灯具店一同销售。这样既节约了成本,又与第三方取得了共赢,同时为消费者提供了便利。然后,引入线上销售平台资源,增加 24 小时在线销售网点,提升客户消费的满意度。凭借二代团队的留学经历和学识,开拓了企业线上电商销售渠道。因为墙壁开关产品自身具有一定技术和知识壁垒,往往受到电工知识、产品型号以及用户自身喜好等限制,买家在买货前需要根据电工师傅开具的清单进行购物。所以在线销售 TL 也会提供一个购买套餐指导,降低顾客购买的技术门槛,提高了 TL 品牌终端市场的知名度。另外,在企业内部二代团队调整了人力资源诸多政策,推出了一系列推陈出新的考核制度。如设立公司的公众微信号与订阅号,成立 TL 之家,鼓励员工自己成立俱乐部并下拨资金给员工举办活动,建立活动考核制度,给予十佳员工优越待遇,还通过举办网络投票扩大自己公司的影响力等等。

轮流坐庄机制 2.0 适应环境变化,发挥自身机制优势,积极整合企业内外部资源从而产生企业竞争优势的持续效应。随着 TL 业务量逐渐增大,二代团队选择了在土地与劳动力成本相对较低的安徽阜阳扩建新厂,扩大其生产量。SJY 和 ZWC 的职位进行了对调,SJY 担任新厂的董事长,ZWC 则担任总经理,总负责安徽阜阳厂的一切生产及对外事宜。轮值总经理强调产品质量过硬,优化渠道优势,通过第三方的口碑宣传使 TL 品牌在业内树立了良好的形象,收获了大量的合作商资源,构建了其稳定的外部合作关系和网络交往联系。在同行中,TL 墙壁开关的款式和材料都是业内有目共睹的,所以业内很多厂家都会找 TL 合作贴牌。比如正泰、德力西、飞利浦,甚至还有法国的世界五百强企业,欧洲两大连锁型实体超市也会来 TL 采购墙壁开关。

6.3.2.3　环境适应能力

企业环境适应能力是指面对不确定环境的变化,企业主动变革自身,影响环境实现柔性适应(Krijnen,1979)。当外部环境发生变化时,企业根据自身的治理机制会产生反应,以应对和开拓将来发展机遇,从而适应外部环境的长期变动(Weick,1982)。Teece(1997)从动态能力的视角提出为了应对外部快速变化环境企业必须提升其自身的环境适应能力。家族企业的环境适应能力之所以受到家族企业轮流坐庄机制的深远影响,原因在于轮流坐庄得到了内部支持并有效规避了外部业务风险。

家族企业发展过程中具有很高的淘汰率,面对外部瞬息万变状况,企业主任何决策都具有很高的风险性,而轮流坐庄机制在企业风险防范和规避方面可以发挥更大的作用。TL 创始合伙人 SHZ 与 ZXB 虽在合伙创业上亲密无间,但是两人在私底下却没有太多交集。SHZ 与 ZXB 从不在一起进行任何娱乐活动,只有家族聚餐的时候会坐在一起吃饭,就连家庭组织的郊游活动晚上住宿都在不同的地方,平时互通电话肯定是因为有公事。在家族企业发展中,很多造成破产的原因都是酒桌上连坐与互保等民间借贷行为的结果。而在 TL,正因为 SHZ 和 ZXB 两人从不在私底下出席同一场合,所以私下和别的企业家聚餐时,谈及合作或担保的问题,SHZ 或 ZXB 都会以回企业和对方商量为理由,暂时搁置合作或担保的事情,其他企业家也明白 TL 实施轮流坐庄机制,重大事项也不是由单个合伙人能决定的,所以即使温州民间发生借贷危机,而 TL 却总能安然渡过风波。正是因为轮流坐庄机制的存在,TL 才得以在外部变化的环境中步步为营成功渡过各种风险。

在企业治理理念上,随着二代团队逐步成熟驾驭企业,轮流坐庄机制也在发生质的转变来适应环境变化。在家族企业内部,企业家二代对待任何事情不再亲力亲为,也不像上一辈看中人情,他们凭借自身对现代管理理念的理解建立起制度化的治理模式。20 世纪 80 年代建厂之初,由于规模小人情味浓厚,一切可以由人情做主导,老一辈的企业家任何事情都亲力亲为,一个零部件掉落地面都要自己捡起来。而接受国际化教育背景的新生代企业家们则有不同看法。企业应该通过规章制度约束员工,讲求科学化的治理模式,一个零部件掉落地面,企业家所要掌控的是员工何时捡起零部件。如果捡垃圾扫地这种事情还需企业家亲力亲为,那就不是优秀管理,也没有发挥员工自主能动性作用。在 TL 企业内部治理,上下级之间标准划一,即使是总经理不戴厂牌、不穿厂服出入工厂也会被扣奖金,倘若有事需要早退,需填写出门单,说明这个时间段不在公司的缘由。年轻一代企业家认为企业的治理模式需要与环境同步适时进行改革,任何事情不再都需要亲力亲为,而更需要完善的企业制度治理。通过建立高效制度化的科学管理模式来带动全局,意味着领导不再是时时刻刻安排任务、进行指导的高度集权者,而是通过"无形的手"驱动企业内部上下一心,互利共赢。因此,周围环境变化驱动企业通过轮流坐庄机制来提升企业环境适应能力,对最终实现家族企业代际成长目标。

6.4　小　结

通过对 TL 的案例描述与剖析,可以清晰梳理出轮流坐庄机制可以有效解决家族企业控制权问题,实现家族企业代际成长。在 TL 近 40 年两代人的发展过程中,也曾出现过发展瓶颈时期,作为一个家族企业,TL 能够成功地实现代际成长,关键在于内部轮值创新者的出现。轮值创新者拥有独特的眼光与敏锐的观察力,可以使企业内部个体隐性知识不断交流与共享,从而凝聚成企业产品专利等异质性资源,如创新性研发 118 型开关。轮流坐庄机制可以平衡家族企业合伙人之间的利害关系,增进彼此之间相处的容易度,防止优秀合伙人及其知识和技术流失影响家族企业成长对关键人才的需求,如 SJY 表示"合伙人哪怕关起门吵架,但是等他们走出房间企业就只有一个决定,大家都会严格执行决议"。TL 通过知识创新和治理创新促进家族轮流坐庄机制的传承,从而实现家族企业动态能力提升,为企业持续发展打下来稳固而坚实的基础。

TL 的轮流坐庄机制从原先二轮驱动到"轮流坐庄＋决策委员会",即轮流坐庄 2.0 版本,确立了团队领导的新模式,重大战略由决策委员会集体讨论决定。二代接班团队为首的决策委员会在企业重大战略布局上体现了企业家精神,维持企业较高的动态能力。例如二代团队主导下经过长时间实地考察,TL 在安徽阜阳创建 TL(安徽)电器股份有限公司。这项战略布局是针对国家对内提出"发展中西部"、对外"一带一路"战略下,企业战略规划的适时调整。TL 中长期规划把温州本部作为拓展国际外贸市场的桥头堡,而把在安徽的 TL(安徽)公司作为满足中国西部大发展需要重镇打造。

TL 通过提升企业持续学习能力、资源整合能力以及环境适应能力,实现家族企业向第二代成功传承。2015 年 TL(安徽)电器股份有限公司建成并投入生产,它已成为 TL 的重要产业基地。通过轮流坐庄 2.0 机制促成 TL 企业发展的二次飞跃,新产品的研发,更多外部资源导入,以及融合中国世纪战略大发展的需要,TL 以顽强不息的生命力勃勃生长。纵观 TL 近 40 年的发展历程,这既是中国近代家族企业发展的一个缩影,又是不断拼搏进取、维持企业动态能力、代际成长的过程,而"拼搏、创新、开拓、奋进"的 TL 理念将走得愈加久远。

第7章 政企纽带:家族企业青蓝接力与企业家健康成长

　　中国民营企业大都以家族企业的形式存在。企业家人力资本与其所有权具有不可分离的特征,周其仁(1996)解读为人力资本所有者可以"垄断"其拥有的人力资本,即企业家能力难以遗传给后代,创业企业家凭借自己超人的能力和机遇成功创业,但是创始人后代的企业家能力又因"均值回归"理论而趋于社会平均水平(Mehrotra et al.,2013),从而导致创始人之后家族继任企业家接班之后企业绩效难有出色表现(Mork et al.,1988;Villalonga & Amit 2006;王明琳等,2010)。古今中外在家族中选择继任者仍是一种普遍的现象,那么如何解决家族企业青蓝接力中出现的企业家能力问题呢?以往研究成果显示,企业家人力资本在代际传承中存在流失和损耗难以有效继承,造成家族企业传承困难,然而如果企业占据有利的政治地位可以抵御不利制度环境感知的影响,而且创始人的政治关联涉入程度会显著增加企业家继任者介入管理层或者董事会的可能性,增加接班意愿(胡旭阳,2006),所以从经济利益视角可以推断政治制度对家族企业传承发展具有显著性影响。因此,如何顺利推进家族企业持续发展,把民营企业家具有的"敢为人先,特别能创业"的精神和灵活的适应能力、敏锐的商业意识传递给新生代企业家已是当前政府和学术研究急需引起重视的课题。

　　为深入了解非公有制经济人士,即新生代企业家"青蓝接力"培养行动实施情况,发现新生代企业家培养过程中存在的困难和问题,探索今后用什么方法、如何更好地引导民营企业家健康成长,笔者带领课题组选择具有先发性和典型性的温州市非公有制经济人士"青蓝接力"为研究对象。现把课题调研情况总结如下。

本次调研的范围限定在温州地区的民营企业,调查对象是新生代企业家,即45周岁以下的企业家,其中包括创业企业家和企业家二代。课题调研从2017年6月底开始,至2018年8月中旬结束,课题组主要采取以下四种调研方式。

其一,采取由市委统战部主导带队,偕同温州大学商学院调研队、温州网调研队以及世界温州人杂志社记者等采风团对温州市各个县市区的"青蓝接力"培养行动中优秀代表人物逐一进行深入访谈。新生代企业家采风活动前后历时两个月,课题组对21家企业规模较大、已经完成或者正在接班过程的新生代企业家及其父辈企业家分别进行谈话。深度访谈的部分内容作为后期企业家大量问卷调查的题项基础,一定程度上保证了最终调研成果的精准性。具体访谈形式质性研究调研的企业家情况如表7-1。

表 7-1 访谈企业基本情况

受访序号	公司名称	所属行业	受访人职位	创业者与受访人关系	访谈时间	访谈地点	企业家成长进展
1	浙江华联机械集团	机械制造	总经理	父子	2017-6-28	瓯海工业园区	创始人担任董事长,子女顺利接班企业,目前已经全面接手企业。
2	浙江温州新机电器有限公司	电器制造	总经理	女婿	2017-6-28	新机电器公司内	女婿接班,原先从事警察公务员工作,后期接班企业经营,不断学习。
3	浙江任浪鞋材有限公司	鞋业制造	董事长/总经理	父子	2017-7-1	任浪鞋材公司内	两代人共同创业,第二代高学历,有技术,能创新。
4	浙江星际实业控股有限公司	警用设备	总经理	父子	2017-7-4	星际控股公司内	一代创业,二代出国留学,逐步接班。
5	浙江康奈有限公司	鞋业	董事长/总经理	父子	2017-7-4	公司总部内	创始人已经退休,控制关键决策,继任企业家已经全权负责企业事务。
6	大自然钢业集团	钢铁制造	总经理	父子	2017-7-11	公司总部内	二代企业家没有明确的接班意识,基本上是根据父母的安排进入家族企业。
7	浙江天联机械集团	药品机械制造	董事长/总经理	父子	2017-7-11	天联机械集团内	一代从事机械制造业,二代学习金融专业,家族企业责任感促使二代接手企业。
8	洞头贝雕有限公司	手工制造	董事长	本人	2017-7-12	贝雕博物馆内	创业者个人兴趣和国有企业倒闭的契机促使一代进入此行业。
9	泰昌电力集团	电力配件	董事长/总经理	父子	2017-7-12	龙湾经济开发区	创业者意外离世,二代匆忙接班,通过不断学习逐步接手企业。
10	浙江溢香厅大酒店有限公司	餐饮	董事长/总经理	父女	2017-7-12	溢香厅大酒店内	一代是厨师,创立餐馆,二代是法律专业转行接手企业。
11	乐清康泰有限公司	高端电子产品出口	创业者	本人	2017-7-20	乐清康泰公司内	创业者定位自己企业的产品高端路线,专注于欧美高端市场。

续表

受访序号	公司名称	所属行业	受访人职位	创业者与受访人关系	访谈时间	访谈地点	企业家成长进展
12	乐清德首集团有限公司	管道建筑业	董事长	本人	2017-7-20	乐清德首集团总部内	创业者担任董事长,原先做外贸,但是因为质量问题被迫自己生产。
13	永嘉东蒙集团有限公司	服装业	董事长/总经理	父子	2017-7-20	永嘉东蒙总部内	二代大学后开始接手企业,同时自己也创业,专注高端生产。
14	温州胜华波有限公司	汽配业	部门经理	女婿	2017-7-26	塘下胜华波有限公司内	家族企业二代的代表,原先从事医学工作转行企业管理,就读EMBA,从基层开始做起。
15	浙江力诺流体有限公司	阀门业	董事长/总经理	本人	2017-7-26	公司总部内	创业者担任董事长,但是平时已经没有参与企业管理,继任企业家全面接手企业,采取聚焦战略,收缩生产种类,提升品牌。
16	温州市天顶湖休闲农庄有限公司	旅游业	董事长/总经理	本人	2017-7-27	文成县天顶湖农庄	家里人出原始资金,创业过程通过以战养战的方式逐步成长。
17	浙江农归巴有限公司	网络平台	董事长/总经理	本人	2017-7-27	公司总部内	从失败中成长,从传统畜牧行业走向"互联网+"平台。出道年纪轻,成就卓著。
18	温州九果文化传播有限公司	文化创意	董事长/总经理	本人	2017-7-28	平阳九果文化传播公司内	文化创意公司,政府规划,企业投资,政企合作。
19	浙江三星有限公司	机器配件	总经理	父子	2017-7-28	公司总部内	二代大学毕业后先后在外企业工作十年,经历就业、创业环节,最后回归家族企业。
20	浙江环宇集团	电器配件	总经理	父子	2017-8-28	南白象工业园区企业内	二代经历早期在外创业,出国留学,具有国际化视野。
21	浙江瑞丰集团	油漆制造	董事长/总经理	父女	2017-7-28	公司总部内	作为家庭长女,与一代共同创业,经历了企业整个创业过程,近似于创业企业家。

其二,针对 45 周岁以下新生代企业家全区域纵横相结合进行问卷调查。问卷参考了袁安府(2001)、Politis(2005)、Henry 等(2005)等学者的研究,总体分为八个部分,分别是新生代企业家基本情况、企业家代际间隐性知识传承、企业家能力、企业动态能力、企业家特质、企业家学习行为、企业持续优势以及填写人基本情况等。本次调查在温州地区纵向通过市委统战部向各级县市区下级统战部下发问卷,横向通过温州市新生代企业家联谊会等民间协会①的形式总共发放问卷 290 份,成功回收 276 份,其中有效问卷 199 份,无

---

①　本调查报告中提到的"协会"是指除政府职能部门以外由商人自发或者非自发组成的团体。如商会、联谊会、企联会等。

效问卷 77 份,回收率为 95.2％,有效问卷回收率为 68.6％。

其三,温州大学商学院调研队单独针对新生代企业家代表性人物进行走访,充分听取新生代企业家对市委统战部"青蓝接力"培养行动的意见和建议,从学术中立的视角引导企业家讲真话、说实话。

其四,在温州市非公有制经济人士"青蓝接力"探索与研究之前,安排原生计划在浙江省全省进行试点预调研。我们于 2017 年 7 月针对全省非公有制经济人士成长模式与企业动态能力为主题收集了相关信息 262 份问卷,为温州市"青蓝接力"探索与研究活动奠定基础。因此,针对温州地区非公有制经济人士,即新生代企业家"青蓝接力"培养行动的探索与研究的方法是科学、严谨的。

7.1　新生代企业家"青蓝接力"培养行动现状

7.1.1　接受调研企业概况

问卷调查收集到的数据显示接受调研的温州企业自报资产规模 1 亿元以上企业占 11.1％,0.5 亿～1 亿元企业占 15.8％,1000 万～5000 万元企业占 31.1％,500 万～1000 万元企业占 28.4％,500 万元以下企业为 13.7％,整体呈现正态分布;企业职工人数规模显示中小企业为主,人数大致上少于 500 人,前三位分别是 50～100 人企业占 34.4％,100～500 人企业占 33.3％,50 人以下企业为 24.6％。

从接受问卷调查的 199 位企业家的性别来看,男性企业家占多数,为 83％,女性企业企业家为 17％;接受调查的企业家平均年龄为 34.6 岁,最小 23 岁;最大 57 岁,年龄的标准差在 5.8,符合我们原先调查设定的 45 周岁以下新生代企业家年龄的要求。接受调查的企业涉及的行业按《中国统计年鉴》的划分标准,最多是制造业,占 58.3％,分别从事服装、鞋革、阀门、汽摩配和眼镜等传统产业,符合本地区这些行业成立时间较早的规律;剩余行业基本平均分布在医疗、文化、信息和国际贸易等行业。

7.1.2　"青蓝接力"培养行动执行情况

2016 年温州市提出了新生代企业家"青蓝接力"培养行动,目前新生代企业家工作已经列入年度市考绩项目。各级党代会、"两会"政府工作报告分别明确提出了"全面开展'青蓝接力'培养行动,助力新生代企业家健康成长"的工作目标。接受调查的新生代企业家表示,他们愿意参加政府组织的培养活动为 91.1%,其中占总数的 52.9% 的企业家表示非常愿意;从意愿到实际参加的行动数量显示,新生代企业家参加政府组织的培养活动年均 4.35 次,其中次数最多为 4 次,占调查总数的 34.5%,3 次占 21.5%,5 次以上活跃参加的占 18.6%。

　　研究表明新生代企业家除了具备传统的企业家工作能力之外,企业家与政府交往能力对中国民营企业的发展具有重要作用(曾萍等,2013)。所以在争取党外企业家"听党话、跟党走"政策下,企业家积极接受各种来自政府的政治安排和荣誉安排等。在接受调查的新生代企业家中,担负政治安排,包括各级国省市县的党代表、人大代表及政协委员的有 58 位,占 29.1%,时间上从 2011 年开始至今;45 位企业家二代在对父辈的政治身份的调查回复中显示其企业家一代担任过各种各级政治安排职位,时间上从 1992 年至 2017 年一直延续。其中两代人都承担过政府政治安排的企业有 21 家,这说明企业家政治安排在家族代际传承的过程中具有一定的延续性。

i. 与新生代对话

课题组: 在"青蓝对接"的过程中,你现在是瓯海新生代企业家协会的副会长,有没有人大、政协代表的兼任?

新生代蒋: 瓯海区政协委员。

课题组: 那你父亲原来做过吗?

新生代蒋: 都没有,他是全身心地投入到生产基地当中。

课题组: 那你这种政治兼职的话,在某些层面上会带来政府支持的便利?比如在融资或者政策方面……

新生代蒋: 现在区委区政府对我们非常重视啊,特别是这几年,企业碰到大大小小的事你只要跟他们说下,他们都是非常支持我们做好的。

　　另外,从政府统战部门的角度开展的工作情况来看,发现和培养"青蓝接力"优秀企业家人才并且在政策层面上给予一些倾斜,实现"三个安排"即政治安排,荣誉安排,社会安排也是符合政府目前的指导方针。

ii. 与统战部门对话

课题组: 你们如何看待新生代人才呢?

统战部男 1: 我们要去找一批人才,因为怎么样呢,我们统战部就是掌握政策,发现人才,我们不是有几种安排嘛,政治安排,这些都是我们重要职责与工作,如果我们发现一个很好的人才,那么今天我们和你交朋友,朋友交好以后,我们扶你一把,给你一个更高的平台,发挥你的作用,比如政协,人大或者更高级别上面的。

课题组:那还是走政治这一块人才的。

统战部男1:我们这个政治安排也是我们一个重要的职责。

课题组:这个对我们来说也不是很敏感啊,我们只是研究着眼点不一样。

统战部男1:政治安排,荣誉安排,社会安排,我们三个安排的途径,我们都是做这些工作。

统战部女:一个就是企业家能够把这些影响给别人,另一个就是我们统战把这个优秀的、突出的企业家引导向党靠近啊,可能有这个意思哦。

统战部男1:我们做这个就是要这样,不要遮遮掩掩的啊,就是要跟党走嘛,听党话,跟党走。

课题组:简单明了,口号响亮。

统战部男1:简单明了嘛,这个没有什么东西嘛,共产党是执政党,有什么不可以说呢,就这样的。

7.1.3 企业家培养方式的选择

在新生代企业家"青蓝接力"培养行动中,政府主要从宏观层面对非公有制经济人士培养以政策引导为主,微观层面采取"青蓝接力"的"5M"行动创新模式①为辅。具体到各级基层部门实施和执行细节上,企业家对各种培养方式反馈结果显示,大家最认可的学习方式为"新生代企业家之间的'互学互助'行动"的占总数的 35.6%,其次要求"参加行业内标杆企业访学"的占28.2%,第三认可"与知名企业家结对形成导师团队学习"的占 21.3%,意外的是参加"革命老区游学"活动形式的选择比例最少为 3.2%。

iii.与新生代对话

课题组:对于新生代的企业家培养你还有哪些好的建议?就是他们将来要如何开展活动来吸引会员,发展一些新企业家会员?

新生代郑:我们现在不是在做"青蓝接力"吗?我觉得还应该向老的企业家学习,所以我们今年开展了几次活动,下半年就有一次,要学会怎么融入老一辈的企业家当中去,要多融合,新生代的企业家之间就肯定不用说了,肯定

---

① "5M"行动创新模式,即师徒团队、微讲坛、同馨思享吧、双月活动、年度乐享会。

能打成一片，怎么融入老的企业家当中去，那就是去他们的厂里面参观座谈学习，这些都是我们接下来要去做的，这块还是很有必要的。

区领导蔡：之前，新生代协会组织去台州参观了三十几个企业，郑总怎么看？

新生代郑：还有一个可以跳出新生代，市里区里都一样，把我们安排到工商联里面，这把我们融入到了一个圈子里面，现在我们市里工商联跟区里工商联都有几个新生代的在，这就是很好的引导。除此之外，我们工商联每年一次大会几个小组活动，包括我们通过工商联到了政协，所以它的交流是越来越频繁了，跟上一代的企业家也是一起坐下来交流工作，相互学习，这就比纯新生代要好，这个就能更好地保证我们融入，毕竟我们跟老企业家的年龄跨度比较大，平时坐下来很难聊起的话题，但是有这样一个平台，通过一些活动，我们相互了解，更好地融合在一起，这就是领导高明的地方。一方面是对我们下一代的培养，另一方面也是做好了新老一代的传承。

iv.与新生代对话

课题组：在你的学习过程中间关于管理啊，专业学习啊，有没有特别的例子，可以举两个吗？

新生代陈：宣传部每年都有个去浙大学习的机会，我每年都有参加的，我自己也参加那个电大的学习，年底应该就有证书了，三年了，今年年底学分就够了。

课题组：有没有参加 MBA 之类的管理专业的学习？

企业家陈：那个太空了一点，我们还是有针对性的，因为我们是一个文化产业，我们还是去学习一些成功企业的运作，有针对性的还好一点。统战部有安排培训，比如重走一些革命路线，那我就推荐我们协会里面的年轻小伙子去了，他们从国外留学回来，让他们去接受培训，我们已经很爱国了，放心吧。

课题组：你自己有没有自发地去参加一些培训班，不是政府组织的？一年几次？

新生代陈：有的，一次左右。本来今年 7 月我和中国专家委员会里面的一些专家，说好了去福州漆器厂游学，去参观，体验一下，然后去四川，去陕西，那边有一个漆器材料基地，以前我只知道这个漆器怎么做，现在我要知道这个材料的要求是怎么样。他让我进去，现在没关系了。以前大家是竞争关系，现在大家都是相辅相成的，就是说我有我的专业领域，你有你的专业领域，我们可以整合。以前我们也经历了一个模仿人家的阶段，现在我们提倡原创，当我的产品原创之后，你的竞争对手会认可你的产品，甚至我的产品也允许你去生产，你去卖。

7.1.4　企业家与政府部门的关系

在中国经济转型升级时期,政府对企业家正确选拔和有效监督在实践中具有重要的现实意义。我国市场经济体制在逐步完善,我们也不否认在此过程中存在企业家寻租行为,所以在企业家选择和培育、使用与监督过程中进行宏观政策引导和规范体系建设非常关键。以此类推企业家对政府部门的反馈意见如同一面镜子检验政府对企业家培养机制构建的有效性。调查数据显示,新生代企业家对"本地政府部门的廉洁清明程度"的认可度平均分为 5.31(总分为 6 分),标准差为 1.03,在李克特量表六级打分中,满分(非常认同)的比例为 60.5%;针对"本地政府职能部门的办事效率高"的问题上,认可程度平均分为 5.06,标准差为 1.15,其中满分的比例为 50.0%。在比较新生代企业家对政府部门的认可度上,同比政府职能部门的办事效率还有待提升。

v.与新生代对话

课题组:那你在接班过程中,对于政府的"青蓝接力"培养行动有什么心得体会吗? 有什么感想? 或者说给那些比你更年轻的企业家或创业家可以分享的东西?

新生代张:我最早入青企协,然后是工商联。从工商联角度讲,我认为更多的意义在于传承,而对于青企协来说,我认为是为接触社会、接触政府的一批人提供了一个很好的平台,在这里面交了很多朋友,那个时候大家通过相互的座谈开会,一些专题的讨论拜访,我们对政府就有一个更清晰的认识,所以我认为年轻一代接触协会是一件好事。如果没有协会这个平台,凭空地去接触政府的某些东西,难!

7.2　企业家培养行动面临的问题

7.2.1　培训行动点多面广与个体差异化

课题组在 20 多位企业家访谈过程中深刻体会到自从市政府提出"青蓝接力"培养行动后,各级地方政府和部门很好地落实和实施,集体层面上培养行动红红火火,比如 5M 行动模式中提到的师徒团队、微讲坛、同馨思享吧、双月谈行动和年度乐享会等。但是,具体到个体层面上,如何提升企业家能力需要落实到点上。由于每个新生代企业家具有个体差异,大家仅仅共同上一堂课,一起去吃一顿饭对于企业家个体来说培养行动的深度不够,无法体现培养行动的差异化,所以新生代企业家培养行动也需要开展小组形式的"私人订制"。

vi.与新生代对话

课题组:您能对我们这个新生代企业家协会提点建议吗?

新生代吴:我也在新生代企业家协会里面,我活动参加得少一点,政府对于企业家二代的关心呢,我也能体会到,包括我的同龄人,以及在企业里面已经接班的,他们也能体会到。但是如何帮助我们成长需要落实到点上,希望政府可以多组织一些活动,让我们能够有更多的学习机会,不单单是一两次的沙龙,可以进入高校或者其他企业,在其他企业能多多地实地了解其真实状况,在高校可多多学习管理方面的知识,边学边结合自身企业,应该会对我们成长有较大的帮助,另外同年龄的二代企业家之间彼此的联系也可以更紧密一点,彼此之间先有共鸣再到某个具体项目的合作就会顺理成章,比如说一起出游一起出去玩,必定会增进彼此感情与了解。

7.2.2　协会数量多、职能重复

调查组在实地深度访谈中,常常有企业家反映平时参加的协会数量多,大多职能类似。由于新生代企业家大都是被安排到协会的"重要"领导岗位,而协会活动有时因为本职工作原因无法参加,经常遭人指责,所以新生代企业家也苦恼没有很好履行协会的领导工作。

vii.与新生代对话

课题组:如果从政府引导的层面,你对政府提供服务的看法如何?

新生代张:正好统战部的领导也在,说实话协会太多也是烦人的,我是比较明显的,我一人兼任了好几个,再比如说现在青企协会长——候阳,他兼任了好几个,我正会长也只有龙湾新生代一个,我说我就当一个,多了我也不搞,原来当过商会会长,退掉了,我说千万不要找我。协会太多不符合自然规律。天下之事合久必分,分久必合,搞多了呢,要合并要整合,我觉得搞来搞去嘛,人还是这些人,协会似乎也太多了一点。

7.2.3　本职工作与协会活动

企业家往往是一种具备超乎寻常能力,解决大量的工作,承担必要责任的人。然而在现实中,企业家在生理和体力方面与常人无异,超过常规的工作量也会导致工作的效率和正确性下降。我们的调查显示,80％的新生代企业家认为参加协会数量多、活动量大已经对本职工作产生影响。

viii.与新生代对话

课题组:那您觉得这个新生代企业家协会,还有什么需要完善的地方?

新生代陈:我也分两点讲,每个会员都有自己的企业,因为我既是会员,也是另一个区协会的执行会长,所以我代表会员和协会的领导层说几句,每个人都有自己的企业,我们花的时间花的精力,所关注的点不可能在这个协会上面,自然而然会放在企业上面。比如我一天工作8小时,我每天大部分时间都会花在企业上面,即使我是执行会长,需要承担一些职责,但自然而然自己不会太关注这个事情,这是一个比较大的问题,早上我也和王书记说了这个问题。协会的话还是需要一个比较强大的秘书处,他是能做日常固定工作的,而且这个秘书处他是有领导能力的,那么我们是出出点子的,具体执行则由秘书处去做,秘书处是有能力把这个东西拓展出来,而且应有一些延续性的行为准则。

7.2.4   政府与协会工作关系

针对在协会中日常工作的情况,接受调查的企业家认为政府应该是一个好的环境的缔造者,在宏观层面发挥更多的主导作用。面对协会具体微观层面的工作需要抓大放小,更多需要工作上的支持和宽容的看法为93.3％,平均值达到5.31,标准差为1.023。与此同时,新生代企业家对于政府在参与协会活动方面也表达了一些看法,他们认为政府对协会关心过多、过细,平时举办活动时各级领导层层添加自己的意见,最终导致协会的活动没有特色,盘大求全,最终导致会员参与协会活动兴趣旁落,活动参与次数减少,该看法在接受调查的新生代企业家中有79.7％表示认同,平均值为4.6,标准差为1.595。比较这两组数据,同比新生代企业家更希望政府对协会工作抓重点、要宽容,而没有强烈支持"政府关怀与协会会员活动参与度之间存在强烈的相关性"的看法。

ix.与新生代对话

课题组:您认为政府对于协会工作发展有何影响?

新生代陈:政府要帮助和支持协会工作,而不是管理和控制,这个非常重要,否则管理和控制会变成贪大求全。协会活动什么东西我们都安排了好了,要层层审批。但每一层的领导都有自己的想法，都提一个意见，你必须都加上去，每一层你都不能得罪，其意见都应考虑到，最终方案变成什么样子我们都很难想象。然后成了做事的习惯，一旦没顾及到就不好。那个要突出"红军"的什么加上去。你这种东西出来，别人不知道，别人不乐意不愿意参加。90后一看这些没兴趣，没有亮点嘛。

7.3　新生代企业家健康成长的对策建议

温州是中国民营企业的发祥地，温州商人在中国经济改革开放过程中遍布全国，走遍天下。在中国市场经济发展的初期，温商就等于浙商，由于温州商人勇于开拓、敢于创新，具有丰富的企业家精神，温州商人的动态变化一直以来都是中国非公有制经济发展的风向标。针对温州新生代企业家健康成长所面临的严峻形势，课题组经过科学、严谨的研究讨论，提出如下几点对策性建议。

7.3.1　创立新生代企业家健康指数报告

目前，老一代企业家逐步开始退居二线，新生代企业家开始进入企业一线奋斗的舞台。中国民营企业正在面临一个特殊的传承危机与转型升级的关键时期，需要创立一个可以真实、动态反映新生代企业家健康成长的年度指标报告，如"温州新生代企业家健康指数报告"。这个年度报告既可以响应习近平总书记在中央统战工作会议上的讲话精神，又可以为打造中国的"工匠精神"发挥"灯塔"式的开拓作用。纵观全省乃至全国，此项工作可以提升地方政府对非公有制经济人士健康成长的关怀，也可以树立中国"青蓝接力标杆"的创新性作用。

7.3.2　协会精简机构、提升办事效率

对于协会数量繁多而造成的企业家困惑问题，课题组通过问卷调研的形式，吸取被访谈对象的意见成为调查项目，即"希望政府能够适当统合功能重复企业家协会，明确梳理各个协会的职能，最大化发挥企业家有限的精力投入到协会的工作"。问卷结果显示，93.7%的企业家对此表示认同，平均值为5.19，标准差为1.089，说明这种看法获得多数企业家的支持。

在具体如何提升企业家参与协会活动方面,有企业家提议增加企业家协会秘书处的职能,形成协会会员出点子,秘书处具体落实执行的操作模式。通过课题组问卷调查收集的数据显示,96.9%的企业家支持这种模式,平均值为5.38,标准差为0.89,支持率高而标准差小充分说明这个想法获得了广泛的认同。

7.3.3　建立和完善"非公有制经济人士服务中心"

在对接温州市"青蓝对接"培养行动中,为了增加新生代企业家的凝聚力、归宿感,感受党委、政府对新生代企业家的重视,设立专属"非公有制经济人士服务中心"迫在眉睫。比如,瓯海区工商联在新生代企业家联谊会办公场地之外,在区内国家大学科技园单独创立"新生代企业家活动中心"。

该中心主要发挥三大职能,一是新生代企业家培养;二是新生代企业家风采展示;三是新生代企业家与创业导师、老一辈企业家互动平台展示。同时在活动中心开展以新生代企业家为主体的非公有制经济人士党建、创业创新、与兄弟联谊会互看互学等小组活动。结合瓯海区实际情况,该活动中心已经在国家大学科技园启动区东方路 102 号(集创星谷众创空间)三楼 400 平方米面积原厂房内启用,活动中心设置了展示区、党建室、会议室、培训室以及活动室等。根据温瓯联发〔2017〕6 号文件,区政府不仅全免了该中心房租,而且额外又从财政拨付 30 万元作为装潢款。

7.3.4　走出国门、争创世界一流企业

接受访谈某企业家 D 说:"我就是希望能去一些大企业多走访,因为我觉得在温州本地学习接触的知识面比较狭窄,我是希望去大企业或者走出国门去学习,华为呀或者是国外一流大企业去看看,学习一下,拓宽一下自己的知识面。"

对于新生代企业家在实践中健康成长,学习路径主要分为内外两种形式,在内依靠企业内专业知识和管理知识的隐性传递,在外依靠政府和协会的大力引导性培养,比如新生代企业家之间"互学互助"和标杆企业的访学。随着我国"一带一路"倡议的深入实施,企业逐步走向国际化,向世界一流企业学习、争取成为世界一流企业已经成为中国新生代企业家面临的任务,所以95.9%的新生代企业家(平均值为 5.52,标准差 0.889)渴望政府有针对性地

引导大家走出国门，争创一流企业。2017 年 4 月，温州市新生代企业家联谊会组团到德国汉诺威，目的很明确希望看到世界新技术发展的趋势，发现今后企业转型的新产品新技术，助力企业发展。抱团学习的国际访学之旅，今后还需要从协会或者政府层面组织更多类似的活动，让企业家走出去，开阔视野，寻找企业发展新路径。

7.4　小　结

企业家和学者们期待政企纽带可以朝着更有利于企业发展的方向转变，但是这需要经济的持续发展来维系。从全球经济发展的历程来看，没有一个国家可以让政企纽带对家族企业持续发展与企业家成长的作用完全消失。从东亚经济的发展经验来看，很多国家在经济的起飞阶段政企纽带曾经起到过非常明显的推动作用。家族企业在其成长过程中大都得到来自政府的各种扶持和优惠政策。但是在经济发展到较高水平之际，政府往往会逐步减少对企业的干预，甚至退出。

西方经济学家对于政府在经济发展上的作用并没有太多的好感，也许政府只是在经济危机来临之时充当救火队员的角色，这也是在凯恩斯的学说诞生后才逐渐被人们所接受。但是二战之后东亚经济发展以及中国经济的快速崛起促使人们在经济发展模式中对政府职能进行重新认识。在经济发展初期政府不是市场机制的对立面，也不是市场机制的补充，而是可以弥补市场发展的不足，甚至发挥部分市场职能的作用。

就目前中国经济发展的经验说明：其一，在工业革命的初期阶段，由于先发发达资本主义市场经济体已经占据资本积累和技术壁垒，所以发展中国家的市场培育的政府干预不可或缺，任何迷信私营经济的发展可以自发实现工业化的理论都被历史的经验证明是不可行的。其二，随着经济发展水平逐步提升，企业的数量和规模呈现爆炸式增长，企业微观信息呈现越来复杂，所以政府应该与时俱进改变自身策略，进而致力于处理宏观经济调控的领域。其三，正确的政策比正确的机制更重要，民主的制度如果不能确保正确的政策，那么就不利于经济持续发展和企业家成长，与此相对，政府一定形式的集权却是很多发展中经济体在早期阶段取得经济上成功的政治体制模式。

家族企业与企业家课题组 10 多年跟踪调查以温州为主体的浙江民营企

业,即时刻画了中国市场经济中最为活跃地区之一的经济发展脉络,也统计分析了企业家代际传承以及新生代企业家成长的轨迹,尤其表现在企业家学习、能力培养和企业家精神等方面,为中国民营经济持续发展提供了坚实的基础。中国40年改革开放取得了举世瞩目的成绩和进步,政府把新生代企业家培育作为业绩考核指标、创建非公有制经济人士服务中心、对新生代企业家委以政治任务、精简商业协会职能等,为中国培养优秀新生代企业家创造了丰富的土壤。同时,中央政府全面发文启动深化改革,弘扬企业家精神的意见(2017-09-25)也为企业家健康成长营造了良好的环境。

　　家族企业家成长不仅在中国,在世界范围都是一个难以轻易解决的课题。课题组相信中国人刻苦耐劳的品质、敢为人先的精神对于克服这一世界性难题方面可以实现新的跨越,中国民营企业家必将为经济转型发展做出更大的贡献。

第8章 企业家隐性知识的过去与未来

在本书中笔者始终试图用一组研究框架和实证调查来解读出以企业家隐性知识为主线的中国家族企业持续发展与企业家成长的蓝图。所以在这最终的章节中,笔者将简要总结已有研究发现,揭示其含义,最终总结整个研究项目可以得到的启示。最后,本章也将对代际转移的企业家隐性知识再做一些新的讨论。

8.1 企业家隐性知识:我们知道了什么?

追溯家族企业传承研究的发展历程,早在20世纪80年代之前的萌芽阶段,被认为是孤立的"偶发事件"。"有效继任者"被认为是解决传承问题的关键,在任者被认为是推动继任计划的主要负责人。在此之后大致经历了两个阶段,分别是企业资源观和企业知识观阶段。从企业资源观的角度,通过以所有权为基础的资源管理论,即家族企业权力转移过程,西方学者构建了一系列模型来解释家族企业代际传承。2000年之后,随着知识信息化时代的到来,学习和知识被认为是企业的资源,而资源学派将知识转移、创新等行为看待成能够为企业获取长期的竞争优势。

企业家应该发挥自己在管理和运作层面的潜在知识,这些嵌入在他们创业者身上的隐性知识对于家族企业具有战略性意义。嵌入到企业家个体的隐性知识是企业成长的关键性战略资产,家族网络促进了家族内部的知识分享和吸收,而国内外学者在这方面的研究取得了诸多成果。随着研究的深入发展,家族企业传承研究与企业战略、知识管理的关联日益密切,由此家族企业研究者开始基于企业资源、家族性和知识管理的视角开展对竞争优势的探讨，试图解释导致竞争优势的企业家隐性知识转移对家族企业的影响和作用机理。

代际转移的企业家隐性知识对于家族企业传承研究者来说仍然是一个"谜团"，因为其本身具有难以交易和模仿，具有稀缺性、适用性和专业性，这些特定知识以及创造和转移这些知识的能力被认为是公司的关键战略性资产。针对"谜团"，现有的研究思路主要按照如下两个方面进行：其一，根据企业控制权传承研究路线，主要通过家族企业两权代际转移对家族企业传承影响进行研究。虽然这种研究思路实现了一定理论突破和概念创新，但是，实际上难以解释家族企业传承与持续成长中竞争优势的延续，即控制权和竞争优势并不是因果关系。其二，通过代际转移的企业家隐性知识特征来进行编码，使需要转移的隐性知识的量化可操作性得到提高，最终实现实证研究过程。这类研究聚焦了研究范围和对象，关注代际间嵌入到企业家个体的特质，研究的深入发展可以使我们理解关键知识在家族企业中的地位和重要作用。

本研究沿袭后者的思路，根据国内外家族企业代际传承理论、知识管理理论和中国家族企业代际传承现场的最新动态，深入探索了以下三个关键问题：家族企业代际传承过程中，理论推导需要转移的企业家隐性知识与企业竞争优势延续之间理论基础是什么？作为家族企业代际传承的关键要素，代际转移的企业家隐性知识内涵以及有哪些要素需要转移？代际转移的企业家隐性知识对家族企业成功传承又有何影响？围绕上述问题，本研究开展了理论分析和实证研究，获取的主要结论如下：

（1）基于企业知识观的家族企业代际传承研究得到学者的认可，代际转移的企业家隐性知识研究成为该领域解开"谜团"关键。

经过 40 多年的发展，中国家族企业代际传承理论研究取得了一定的进步，人们开始认同家族企业代际传承中知识转移的中国经验的重要性。越来越多的研究理论建模和实证检验表明，家族企业的代际传承不仅仅是简单的权力转移，而关键是能否实现企业家隐性知识的代际转移。它是一个动态演化的过程，主要发生在在任企业家与继任企业家相互角色调整的复杂过程。在代际传承过程中，在任者不仅可以把有形资本、附属家族企业的网络资源传给后代，更是期望把所有的隐性知识转移给接班人，从而维持家族企业的竞争优势，促进家族代际财富积累。从本质上看，现任企业家将隐性知识转移给接班人、接班人学习传承知识并在企业实践中应用创新知识的过程，决定着家族代际传承的成功与持续成长。

（2）运用扎根理论编码形成企业家意识、企业家精神以及个体社会网络等三个主范畴和下属十个范畴，构建了家族企业代际转移的企业家隐性知识测量量表，并进行了实证检验。

通过理论回顾和分析，在家族企业研究领域目前尚未形成关于代际需要转移的企业家隐性知识的成熟测量量表。所以，首先通过对 21 位企业家深度访谈和谈话数据收集，运用扎根理论对数据编码从而获取"企业家意识""个体社会网络""企业家精神"是家族企业代际转移的企业家隐性知识的三个主范畴。然后，通过 EFA、CFA 和信效度检验等大样本调查问卷验证了家族企业代际转移的企业家隐性知识测量量表的稳定性和有效性。在对量表题项的解释性判断上，根据因子分析降维获取三个公共因子，最终命名为"诚信好学""个体社会网络"和"企业家精神"要素。

（3）企业家的诚信好学、个体社会网络要素的有效转移对家族企业成功传承具有显著的正向影响。

依据现有研究成果家族企业成功传承可以使用成熟量表进行测量，表现在两个维度，即对传承前后的企业绩效变化和家族对传承过程的满意度进行测量，而代际间企业家隐性知识的有效转移的测量则可以通过上述笔者开发的量表进行测量。基于课题组对 133 家家族企业的企业主进行问卷调研的数据分析发现，企业家的诚信好学和个体社会网络两个维度对家族企业成功传承具有显著的正向影响。企业家诚信提高、建设学习型企业家、强调企业家的责任心和合理的利益分配等行为有助于家族企业平稳过渡和持续成长。

（4）创业企业家交班意愿对代际转移的企业家隐性知识之诚信好学和家族企业成功传承的关系具有完全中介效应。

通过理论推导本研究假定两代企业家的交班意愿和接班意愿对代际转移的企业家隐性知识和家族企业成功传承的关系产生间接影响。实证调查的数据显示：创业企业家的交班意愿对代际转移的企业家隐性知识之企业家诚信好学和家族企业成功传承的关系具有完全的中介作用，而继任者的接班意愿对此没有产生中介效应。Ward(1997)强调要实现家族企业成功传承，在任企业家意愿是至关重要的。

（5）在中国家族企业代际传承过程中，在任企业家交班意愿的影响强度超过继任企业家接班意愿的影响强度。

在家族企业传承理论研究的过程，一直对企业家传承双方谁发生主导作用存在争议。基于上述现状,解决这个命题只能依靠数据分析才有科学的定论。根据笔者对133份问卷的统计分析,在中国的情境下,数据更支持"家业长青"是由在任企业家推动,并且发挥主动作用的。

(6)企业家隐性知识对企业持续发展具有显著正向的影响,其展现的路径是主要通过个体学习增强企业家能力从而实现家族企业持续发展。

企业家学习是整个组织学习的关键代理人,通过这种方式增加企业家隐性知识储备,当企业所处环境发生变化时,企业家就会激活隐藏在组织流程中的动态性核心能力,最终保持企业竞争优势。企业家学习方式(EL)细分为入职后经验性学习(F1)、社会关系网络学习(F2)、入职前经验性学习(F3)和正规教育学习(F4),数据分析的结果验证了"干中学"是企业家提升能力和维持企业竞争优势的重要影响因素,即入职后经验性学习是家族企业基业长青的关键。

(7)家族企业成长过程控制权纠纷并非都是零和博弈,轮流坐庄机制可以有效解决家族企业控制权问题,实现代际成长。

通过理论构建和理论改进的方法,选择历时近40年完成两代接力的TL案例作为研究对象,验证和发展轮流坐庄机制与家族企业代际成长的理论依据。研究显示:知识创新与治理创新是实施轮流坐庄机制的动力源泉,家族企业通过升级轮流坐庄机制打破现有束缚,不断提升企业内部学习能力、资源整合能力和环境适应能力等一系列动态能力行为,利用持续涌现的异质性资源实现家族企业代际成长。本研究突破既有家族企业控制权纠纷零和博弈分析框架,建立了家族企业轮流坐庄与企业动态能力的分析范式。

8.2　中国的家族企业如何基业长青?

对于中国的家族企业来说,我们往往采用"家"文化等社会学视角来看待和分析,由此产生了"富不过三代"的议题。经济改革开放之后,作为企业的一种形式——中国家族企业的重新出现并且发展势头汹涌澎湃。如今占据我们国内生产总值约三分之二的民营经济与国家总体经济密切相关,那么民营经济的主体代表家族企业及其研究的重要性不言而喻。改革开放走过40年,代际传承(基业长青)作为家族企业研究的子系统自身还处于发展初级阶段,而且由于大多数家族企业主不愿直面学者的研究调查,增加了学者研究的难度。

因此,虽然笔者经过数年、借用本身的地域优势为一些中国家族企业直面的问题提出对策建议,但是家族企业基业长青是一个复杂的动态过程,要对其有一个全面的把握还需继续努力。在人们纷纷讨论中国家族企业"富不过三代"的时候,我们的研究却试图探讨一种开解这种现象的有效路径,即企业家隐性知识的有效代际转移。

2019 年 11 月 3 日晚间,上市公司通达股份公告,控股股东史万福与女儿史梦晓**解除了**表决权委托协议。原因在于史梦晓个人意愿不在家族企业,而"专业的金融、类金融公司是其刚毕业之际更好的选择方向"。就在 10 月 27 日,史万福才刚刚通过表决权委托的方式,将其持有的约 1.09 亿股对应的表决权及投票权全部委托给史梦晓。

史万福与女儿史梦晓签订的《表决权委托协议》约定,史万福自愿将其所持有的公司股权对应的表决权及投票权**独家、无偿且不可撤销地**全部委托给史梦晓行使,史梦晓同意接受该委托。史万福为通达股份控股股东、董事长,持有公司 10881.634 万股股份,占上市公司总股本的比例为 24.52%。协议规定,有效期内史梦晓可行使上述股份对应的表决权、提名和提案权、参会权、监督建议权以及除收益权和处分权除外的其他权利。(来源:新浪财经)

基业长青是家族企业研究的重要议题,但是现实的操作和过往的研究往往局限在基于企业资源观的视角对所有权和经营权转移进行系统研究,即更多侧重家族产业的有形转移,而忽视了企业发展过程中作为新生代企业家需要具备的接班意愿和企业掌控隐性知识的转移。

在最近的 10 多年,随着家族企业传承中开始凸显的矛盾和负面事件的出现,学术研究开始集中转向基于企业知识的转移和组织创新。而国内学者对此关注起步较晚,还停留在强调权力等有形资源传承的推演,基于企业知识资源传递的研讨不足,如企业家隐性知识等实证研究欠缺。因此,针对家族企业以企业家为研究对象进行隐性知识测量的相关探索是对以往研究的有益补充和完善。

对于中国未来的经济有效增长而言,民营经济的代际发展特别是家族企业基业长青至关重要。那么,中国家族企业如何基业长青呢? 老一代企业家的年龄和技能的积累具有时效性,在时间的维度上家族企业不得不考虑新生代企业家成长与培养,那么新生代企业家如何接班呢? 根据我们的研究,企业家成长可以依靠个体学习行为提升企业家能力从而促进家族企业持续发展。企业家个体隐性知识的形成主要依靠不间断的学习行为而获取,企业家学习具体表现为正规教育学习、经验性学习和社会关系网络学习。首先,正规教育学习依据受调查者的教育学历判断,不同学历代表着企业家学习程度的差异,本研究数据分析显示企业家受教育程度与企业竞争优势不具显著性关系,而对于企业家个人素养、道德观等有一定关系;其次,家族企业接班人经验性学习又可以细分为企业内和企业外经验性学习(Sardeshmukh et al.,2011),同时按照时间分布又可以分为入职前后的经验性学习,特别是工作后"干中学"或者老一代企业家个人经验面对面传授等形式的学习影响重大。最后,社会关系网络学习包含作为企业的代表,家族企业与社会、家族企业与政府之间的关系,构建中国特色的网络关系,比如政企纽带。政企纽带对于区域内特定企业是有利的,可以获取更好的发展条件。但是随着企业规模日益扩大,未来中国家族企业势必需要突破本地市场的局限,而地方化和人际化的政企纽带对于整个家族企业成长却构成了阻碍(陆铭、潘慧,2009)。

中国经济未来发展的潜在优势在于规模经济,我国人口众多,经济总量庞大,改革开放前40年家族企业可以依靠本地市场规模就足以为企业发展提供条件。但是随着企业转型升级势必需要突破本地市场的局限,在此过程中基业长青是家族企业发展研究绕不开的议题。家族企业作为重要的企业组织形式,在知识管理等方面与其他组织形式存在着本质性的差异。一般企业继任者的培养主要注重形式化和程序化的流程进行操作,而家族企业则更加注重个体化和针对性地对家族内部继任者进行长期培养,由于两代企业家之间的亲情关系,促进了企业家隐性知识的代际有效转移。而目前我国家族企业传承的主流模式依旧是"子承父业",家族内传承对企业的可持续发展产生的影响引发了政府、企业家和学者的诸多忧虑。在这种形势下,关注代际转移的企业家隐性知识并对其量化的研究将有助于家族企业核心能力传承和我国民营经济的健康发展。

综合上述论述,为了中国家族企业的发展蒸蒸日上,从学术研究方面也需要配合企业的实践活动有针对性跟踪研究并提出对策,由此,我们在后续的研究中至少可以从以下几点去探索和完善。

(1)家族企业继任者接受隐性知识的有效方式和途径需要进一步探索

继任者成为一个优秀企业家的路径具有多样性,而对于这方面的研究至今没有形成清晰可行的继任者成长路径模型。现有成果仅仅是学者从不同的角度切入研究,各成果之间的整合性比较差。所以家族企业继任者成长研究需要更多、更科学的大样本调查统计分析各种路径模型,而其中关键是如何实现代际间企业家隐性知识的积累与创新。梳理目前国外学者对继任者成长问题的研究成果可以发现东西方存在差异,由于国家文化具有显著差异,教育理念、手段各不相同,所以强调鲜明的个人主义较难适用在典型集体主义的中国。所以学者贾生华等(2010)提出了具有中国情景下家族企业代际传承过程中继任者成长的三种路径模式:师徒制、干中学和情景故事。"师徒制"是企业家隐性知识代际转移的最直接方式,国内外学者的观点基本一致。Fiegener等(1996)研究比对发现家族企业在继任者培养方式上更倾向于采用私下关系导向为主的方法。"干中学"也是企业家向子女转移自己诀窍知识经常采用的方式。与前者师傅主动传授隐性知识不同,干中学更强调继任者接受知识的主动性。另外,对于隐性知识转移源来说,在企业家知识转移的过程中最大的烦恼在于无法用简单易懂的编码把自己的经营理念和管事方式为继任者所理解。而"情景故事"的方式就是采用一个个活生生的情景故事推广自己的理念,试图让别人接受。遗憾的是上述学者并没有进一步明确家族企业企业家隐性知识转移对不同继任者在不同的阶段如何选择用何种方式进行隐性知识转移,是单独进行师徒制的培养还是两种或者三种模式的混合? 它们之间先后的顺序又是什么? 等等这些课题正是我们这些后来的学者需要完善和探索的科学研究方向。

(2)代际转移的企业家隐性知识之间的关系需要深入论证和考察

本研究通过扎根理论开发的代际转移的企业家隐性知识新量表的三个要素在本研究中没有深入研讨它们之间的关系以及如何有效在两代企业家之间有效转移。比如它们之间是并列关系、因果关系还是递进关系? 我们只有明确它们之间的关系之后,才可以将理论服务实践,提出家族企业企业家隐性知识转移的最佳路径。又如在我们的研究中"企业家精神"要素对家族企业成功传承没有产生显著影响,这说明传承过程更多追求平稳过渡,而非跨时代的飞跃。由此说明在不同情境下对于企业家隐性知识的结构需要是不同的,所以企业家隐性知识转移各要素与情境的关系也需要在今后进一步开拓与完善。

(3)规范研究数据、增加样本区域和数量以此加强结论的外部效度

代际转移的企业家隐性知识对家族企业成功传承影响机制是一个非常复杂的过程,本研究关注了在任企业家和继任企业家交接班意愿的中介效应,其交接班意愿有可能是个内生变量,从而导致其与企业成功传承发生作用时可能发生内生性问题。虽然,根据我们在问卷中的一项调查数据的统计结果显示,在接受调查的家族企业中,超过 70% 的家族企业已经发生了代际传承。

而接受调查的企业家,无论创业企业家或者二代企业家对于接班前的交接班意愿,以及接班过程中的满意度接受打分调查,大都是对过去事实的回顾,所以这两者已经存在先后关系,再次发生内生性问题可能性很低。但是,在研究中我们也不能完全排除两者间内生性问题,所以在后续的研究中要吸取教训,严格事先排除。

基于数据的可得性,本研究样本的收集方面局限于一个地区,虽然温州的民营经济具有一定的代表性,但是我们的研究结果是否具有普适性,这需要我们在其他地区进一步进行研究。另外,由于样本收集难度较大,研究样本虽然涉及的行业较多,但是分布很不均衡,传统制造业明显多于其他行业。所以后续研究还需要增加样本的来源区域和数量以及规范样本的标准,以提高研究结论的效度。

8.3 "授之以渔"还是"授之以鱼"?家族企业代际传承老问题新解读

传统观念上,我们支持家族后代人才辈出,才能持续积累财富,即无论研究还是观念更倾向基于"授之以渔"方式解决家族企业代际传承。但是,也有研究颠覆这一观点,陈琳、袁志刚(2012)的计量分析结果表明,虽然人力资本投资对中国的代际收入传递起到了重要作用,但是社会资本的影响也呈现出不容忽视的上升趋势,以房屋资产和金融资产为代表的家庭财富更是表现出远大于上述两种资产的解释力和回报率,而这可能带来对下一代经济能力的投资扭曲。这些研究成果是否对传统的家族企业传承研究产生颠覆性影响?还是值得我们进行下一步的比较研究?这是一个科学命题,还是伪命题?这些问题显然还有待研究进一步深入。

为了顺应家族企业的持续发展,理论研究和大数据分析最为重要。中国越来越多的家族企业开始面临代际传承问题,这也不失为推动基业长青变革的一股力量,关键是要看中国家族企业企业家如何实现隐性知识在家族企业内代际转移。如果要实现基业长青至少需要关注如下两点:其一,尽早制定接班人计划。**代际转移的企业家隐性知识与家族企业基业长青之间关系研究,有助于创业企业家等实践者做出事前规划和制度安排,为家族企业成功传承提供保障。**以往的研究结果显示,家族企业的继任计划的早日制定是家族企业成功传承的重要保障。但是在中国的家族企业实践中，由于文化、观念等因素继任计划的文字化实施程度不尽如人意（Sharma，Chua & Chrisman，2000；余向前，2010）。本研究通过开发代际转移的企业家隐性知识测量量表及其对企业传承影响的调查研究，系统识别了代际传承过程中需要转移的企业家隐性知识具体内涵，有助于提高家族企业利益相关者对企业家隐性知识的全面认识，可以为家族内继任企业家成长制定有针对性的继任计划提供理论依据。具体表现为继任企业家的培养应当从小、长期进行隐性知识的转移和实际操作能力的锻炼，在任企业家更多采用"师徒制"，现场演示等方法提高企业家隐性知识的有效转移等。其二，有效发挥政企纽带作用。**从现实的角度，本研究为家族企业实现顺利传承提供了具体可操作性内容，为地方政府行政决策的制定提供了理论依据。**本研究明确了家族企业代际转移的企业家隐性知识的测量量表，从而为隐性知识"社会化"提供了可操作的前提和路径。由于企业家隐性知识在一定程度上也是外生变量，一旦明确了企业家隐性知识的具体内涵，那么地方政府部门和相关研究机构完全可以有针对性地制定相应扶持政策和相关企业家培训班等引导措施，促进企业家隐性知识的积累和家族企业持续成长。所以，本研究工作的成果也为地方政府正确引导家族企业稳定、健康发展，制定有效的经济应对措施提供了理论依据。

然而，针对企业发展的不同阶段，陆铭和潘慧（2009）等提出影响家族企业持续发展和企业家成长的阶段说。根据中国家族企业在市场经济发展初期的经历说明如下一系列的道理：第一，在工业化和经济发展的早期，政府政策对企业家成长方面的影响作用是不可或缺的，任何迷信市场通过看不见的手可以自然地实现工业化的理论并不被调查数据和经验所支持。第二，随着经济发展的水平不断提升，专业化知识和技能越来越复杂，老一代企业家和政府应该及时转变干预新生代企业家成长的角色，转而致力于处理企业宏观经营战略决策问题。第三，正确的企业发展方向本身比企业发展方向制定机制更重要，民主的制度如果不能确保企业发展方向的正确性，那么就不利于家族企业长治久安，相反，企业家个人英雄主义决断和政府干预、保护，甚至一定程度的集权，却是很多家族企业在早期阶段取得成功所具有的常见组织模式。

中国在过去的 40 年中，尤其是 20 世纪末，创业企业家和政府在民营经济发展中发挥了巨大的作用，中国已经基本上建立了市场经济体制，同时由于生理年龄的因素老一代企业家开始离开企业一线，政府对经济的管制也已经大范围放松。从"转型"所蕴含的经典意义来看，中国已经完成了从计划经济向市场经济的转型。但是,另外一种"转型"似乎才刚刚开始,这场转型要求老企业家和政府在步入新的发展阶段后适时地退出或调整对家族企业发展的干预和管制,即转变两者角色的职能。西方发达市场经济国家的经历似乎说明,创业企业家和政府的作用在家族企业发展早期更为明显,随着家族企业的发展,两者主动选择了减少对企业的干预。中国是不是也会沿着这条路径来走?目前似乎还不太确定,比如联想集团在柳传志退休多年后由于接班人经营业绩不尽如人意,导致柳传志重拾企业经营权,扭转企业经营劣势;在出现经济发展省内垫底之后,温州政府加大了对企业特别是民营企业的干预,重振温州经济的发展等。由此我们可以认为传统经济学理论所刻意强调自由竞争与资源配置的过程肯定不是市场经济体制的全部。市场经济从来都是不完全竞争的,只要信息存在不对称,企业家的作用就凸显重要性。随着中国进入世贸组织,价格自由化政府管制放松和民营经济全面开发,中国已经被世界上诸多国家承认为市场经济国家,这意味着中国经济转型的结束。但是从发展的视角来看,两代企业家之间、政府与企业之间的关系仍需不断进行调整。企业家成长是一个没有终结的话题,"授之以渔"的企业家成长理念需要在新的发展阶段赋予更多的内涵和发展空间。

结语 别人眼中的孩子,其实他们都已经长大了

"2017 年《新财富 500 富人榜》数据显示,榜单中 50 岁以上民营企业家占比为 67%,这意味着近七成的中国家族企业需要寻找接班人。我国民营企业中约有 90% 为家族式经营,也就是说,**未来五到十年**,将有 300 万家民营企业面临这一问题。"

近几年,在很多地方政府的调查报告和研究数据分析中经常出现"今后五到十年将是家族企业接班的高潮"的论断,事实上无论是新闻媒体还是政府报告中所谓接班高潮时间的推断,都在无视企业家二代正在或者已经接班的事实。

其实,根据对温州家族企业和企业家的实证调查,2008 年笔者首次刊发学术实证论文提出温州家族企业接班的高峰会在五年后出现。2010 年笔者在学术专著中再次根据数据分析,进一步指出温州家族企业接班的高峰会在"未来的五到十年"出现。

2017 年温州市工商联(总商会)第十二届执委会领导班子诞生,其中企业家二代所占比例接近四成,这预示着温州家族企业家二代全面接班的态势日渐明朗。

村上春树说,人其实都是一瞬间长大的。出现在中国经济改革开放最佳时代的企业家二代,经历了财富快速增长,从"富二代"向"创二代"华丽转身,企业家二代更渴望向世人证明他们已经长大了,他们有自己的传奇。

2001 年 4 月笔者从日本留学 7 年归来就职于温州大学(前身温州师范学院),从当年的省哲社课题导向中选取"家族制企业模式的评价与发展趋势研究"主题获取校级课题立项。最初研究家族企业主要使用经济学的方法开展的,论文数据收集依靠地方文献和统计年鉴,从宏观的视角研究温州的家族企业。随着研究的深入,宏观的统计数据已无法解释现实中出现的一些细微现

象,所以转型向微观的视角通过心理学、社会学等方法,从企业家访谈向问卷设计、问卷调查转变,从客观的角度观察温州乃至中国的家族企业发展与企业家成长,这是一件有意义的工作。

1. 初期迷茫、充满荆棘

随着研究不断深入,笔者发现宏观的数据分析满足不了当时的需要,所以在立项温州科技局重点课题之后,我们利用大学暑期社会实践活动与学术调研相结合的方式开始深度接触温州本地家族企业和企业家,案例分析部分是大量问卷调研的铺垫工作。

笔者针对许多成功的家族企业渐渐步入转型期,两代人之间权力继任进行研究,分析家族企业成功过渡中出现的问题,并提出解决的对策。首先为了解决财富的可继承性与人力资本的不可继承性问题,完全有必要设计一套全面的继任计划;其次家族企业选择"子承父业"模式,其本质不仅是新旧领导者的交替,而且是企业内新的管理团队逐步形成的一个过程;再次如果出现第二代有多个继任者继承企业财产,或者唯一的继任者又难以继承企业经营权的情况。针对前者,提倡用"货币价值分配法"来解决家族财产均分所带来的问题。对于后者,在当今中国经理人市场尚未成熟的情况下,轻易地把企业的经营权委托经理人,是不明智、不现实的选择。

在实地调研访谈方面,最初企业家访谈我们是从温州市打火机行业协会开始入手的。当时协会秘书长说,在温州打火机行业最辉煌的阶段,温州本土打火机企业有 3000 多家,世界金属打火机市场温州企业占比超过 80%。而温州打火机企业大多数是规模小、模仿创新能力强的家族企业。

在进行企业家访谈阶段,最初接触的企业家之一是李中坚。当时身为温州市东方轻工实业有限公司总经理的李中坚,还是一代伟人邓小平的特型演员,十几年来,他游走于企业家与"伟人"之间,认认真真地"扮演"这两个角色。

2016 年在苦撑几个月后,李中坚思量再三,决定关厂。我们对李中坚的访谈发生在 2007 年他的办公室,在前后三个小时的对话中,印象最深刻的是他的儿子热衷于糕点制作,而且在法国深造,对于回国接手家族企业没有一丝兴趣。**李中坚也语气肯定地表态说尊重儿子想法,将来也不打算把企业传承给儿子。**这段对话是否已经为十年后企业走向终点埋下伏笔呢?

另一位是明星企业家,即当时央视年度经济人物黄发静。黄发静眼神犀利,社交面广,担任过温州大学经管学院名誉教授。在和他的访谈中,他常常纠正我们调研问卷和谈话中措辞不严谨之处，体现了他做人做事精益求精的精神。**黄发静指出自己只有一个女儿，所以企业将来只能是女儿接班，而接班是一个长期过程。**随着访谈的深入，后期在温州市工商联的创二代企业家座谈会上接触了其独女黄佳丽，她大学是在澳大利亚完成的，因为刚刚从国外留学回来，说话客气有礼貌，符合当时二十多岁小女生的风范，但还是缺少像父辈经营企业的那种"霸气"。

2. 引入外脑、上交"学费"

为了深入研究温州家族企业和企业家，开展产学研交流，拓宽对企业家研究的深度。温州大学商学院与温州市工商联进行了点对点合作，工商联提供丰富的企业家资源，我们提供科学、专业的研究成果。这个阶段的主要研究成果支撑了浙江省哲学社会科学和国家教育部课题。

我们通过和地方工商联合作，主要研究新生代企业家健康成长与企业家隐性知识的转移机制。在温州地区本次调查共发放了问卷 212 份，成功回收 141 份，有效问卷 131 份，无效问卷 10 份，回收率为 66.5%，有效问卷回收率为 61.8%。通过对企业家深入访谈和大量问卷调查，数据统计分析发现：诚信好学、企业家精神以及个体社会网络是需要转移的企业家隐性知识的三个主要内涵。其中企业家诚信好学和个体社会网络要素的代际转移对家族企业成功传承具有非常显著的正向影响；企业家诚信好学的转移对两代企业家交接班意愿都具有显著的正向影响。当两代企业家交接班意愿同时发生作用时，在任企业家的交班意愿会极为显著地影响成功传承，同时在任企业家交班意愿对诚信好学要素转移和成功传承之间存在完全中介效应，从而推动家族企业"家业长青"。

在案例分析方面，通过温州市工商联的介绍，我们对温州藤桥禽业有限公司总经理张海永进行了一次深入访谈。张海永学历背景并不高，但为人踏实肯干，自诩是 1.5 代企业家。因为家族企业创业初期主要是父亲打理全部企业事务，随着事业不断扩大，兄弟两人逐渐回家族企业帮忙，所以他们也伴随企业一起成长。

1999 年，张海永在经商 8 年多后回到企业。家族成员在企业中的主要分工是父亲负责投资和财务，大哥负责生产，海永负责行政和销售，大嫂负责生产出纳，海永妻子负责销售出纳。亲戚多人在企业中任职，但是都没有负责中层管理工作，而中层管理人员都是由外聘的职业经理人担任，严格按照企业制度进行企业运作。

这是一家聘请职业经理人较早而且深入落实到企业深层的温州本土家族企业，他们提供的藤桥熏鸡在温州本土家喻户晓，而背后家族企业现代化治理也是效果明显。

与熏鸡等老百姓息息相关的常用食品不同，温州电力发展离不开基础设施供应商泰昌电力的支持。龙湾工商联的同志带领我们约谈了泰昌电力集团董事长张鹏飞，他的办公室在略有年龄感的公司大楼的顶楼，空间也不太大，时值盛夏温度尤为难耐，因为来客人了所以打开了空调。

在所有温州企业家二代中，张鹏飞的接班方式与众不同，在高中毕业之际，由于父亲意外车祸，本来要赴加拿大攻读大学的他匆匆回温接手家族企业。

刚开始接班的时候，张鹏飞说自己也是一片茫然，因为现在很多企业家二代到企业里面是都有前辈带的，而自己突然接班完全找不着北。坐在这个位置上，其实有时候也是有点为难的，当时不具备这个能力，却让他突然接手几万人的家族企业，压力爆棚。幸好企业领导班子还是比较团结的，日常企业运营逐渐步入正轨。

张鹏飞指出企业家二代都有个相似点，很多人不差钱，却想急于得到别人的认可，所以在自己成长的过程中也上交了不少"学费"。泰昌集团投资过蓖麻，这是国家倡导的农业科技创新项目，所以投资了几百万资金。在项目执行过程，委托他人去做，做的过程中对项目风险没有做很好的评估和控制，导致这个事情最后以失败告终，对张鹏飞来说是一个很大的教训和逆向激励。

3. 不忘初心、青蓝接力

单纯从企业家的视角研究温州企业家二代是不够的，企业家本身与地方经济、政府治理等相关要素互为关联。我国市场经济体制在逐步完善，我们也不否认在此过程中存在企业家寻租行为，所以政府在企业家选择和培育、使用与监督过程中进行宏观政策引导和规范体系建设非常关键。在这个阶段，我们研究团队既肩负国家社科基金课题，又服务地方政府职能部门，发掘企业家与政府治理之间的作用机理。所以我们接受了温州市统战部专项课题委托，研究温州新生代企业家"青蓝接力"培养行动的成效与思考。

通过案例分析，我们提出家族企业成长过程控制权纠纷并非都是零和博弈，轮流坐庄机制可以有效解决家族企业控制权问题实现代际成长。我们选择历时近 40 年两代接力的 TL 案例作为研究对象，验证和发展轮流坐庄机制与家族企业代际成长的理论依据。研究显示：知识创新与治理创新是实施轮流坐庄机制的动力源泉，家族企业通过升级轮流坐庄机制打破现有束缚，不断提升企业内部学习能力、资源整合能力和环境适应能力等一系列动态能力行为，利用持续涌现的异质性资源实现家族企业代际成长。本研究突破既有家族企业控制权纠纷零和博弈分析框架，建立了家族企业轮流坐庄与企业动态能力的分析范式。

现实中，这个阶段我们接触的温州家族企业二代接班大都已经形成"战斗力"，活跃在地方经济建设的各个领域。比如，具有军队服役背景，推出阀门产品可以军民两用，走出温州民营企业一条不同寻常之路的是江南控股集团。温州市工商联常委、江南控股集团董事长黄子龙曾在加拿大留学，2005 年年底毕业回国之后，在家族以外的企业历练了两年多，2008 年年底回到父亲黄作兴的集团公司工作，2010 年初开始参与阀门公司的工作。

黄子龙性格温和又有一股韧性，具有很强大的亲和力，如果不是他主动亮明身份，也许你不会把他和企业家二代联系在一起。我们访谈相约在晚上去餐厅，当时见面他还是身着工作服，可能因为工作太忙，或者他认为我们之间的交谈也是企业形象推广的一部分吧。

在对话中他时常提及的是父亲对他的影响，**"不忘初心，匠心不改"，这是父亲对他的要求，也是对他的勉励。**黄子龙说，自己在接下江南控股的那一刻起就知道，自己的未来将和这个企业绑在一起，与企业员工奋斗在一起。永怀初心，踏实做好每一个产品是父辈的心愿，也是他的奋斗目标。这位从父亲手中接过企业未来发展重任的年轻温商，更接过了父辈脚踏实地做实业的创业精神。

在我们深度访谈的企业家二代中年龄最长者是浙江瑞丰集团周赛珍董事长。与其说是企业家二代，不如说是和父辈从草根开始创业的合伙人。

周赛珍十几岁开始，一边上学一边在企业帮忙。她原来家乡在永嘉县，由于父亲来市区进货回家卖，后来在市区安家落户。刚开始创业非常艰辛，弟妹还很小，自己下课后就帮父亲打理生意，慢慢就融进去了。然而高考差三分落榜，使她又回到店里帮父母做生意。当时她很想成为作家，打算先做几年家族企业，再实现个人梦想。可是企业经营瞬息万变，后来梦想变成了遗憾。

周赛珍在父亲周岩龙身边"陪跑"过程中，顺利完成了"青蓝接力"，从中学会了父亲的诸多为人处世之道，和父亲企业治理的"工匠精神"。由于父女之间的信任关系,周赛珍可以全力把企业打造成一家多元化的现代企业,相继拿下嘉宝莉等知名品牌的温州代理权。2017年在周赛珍带领下瑞丰集团又拿下平阳一块工业用地以建设更大的生产和物流基地,周赛珍即将面对的"舞台"使她的工作越来越具挑战性。

大浪淘沙沉者为金,风卷残云胜者为王。家族企业成功延续在世界层面上都是小概率现象,经历经济改革开放40年,温州家族企业和企业家二代几经沉浮变得更加成熟、精干。原先我们接触的那些"大孩子"——企业家二代在家族企业经历磨炼,与企业共同成长过程中他们一瞬间长大,希望他们在觉醒后拥有自己更宽阔的蓝海。

参考文献

[1]Adkins C L，Samaras S A，Gilfillan S W，McWee W E. The relationship between owner characteristics，company size，and the work‐family culture and policies of women-owned businesses ［J］. Journal of Small Business Management，2003，51(2):196-214.

[2]Ajzen，I. Residual effects of past on later behavior：Habituation and reasoned action perspectives［J］. Personality and Social Psychology Review. 2002,6：07-122.

[3]Aldriech H E，Reese P R. Does Networking Pay off? A Panel study of Entrepreneurs in the Research Triangle[A]. In Churchill，N. C.，et al. (eds). Frontiers of Entrepreneurship Research. Wellesley，MA：Babson College. 1993：325-339.

[4]Alwin D F，Hauser R M. The decomposition of effects in path analysis ［J］. American Sociological Review，1975，40(February)：37-47.

[5]Ambrosini V，Bowman C. Tacit knowledge：Some suggestions for operationlization ［J］. Journal of Management Studies，2001，38(6)：811-829.

[6]Amit R，Schoemaker P J. Strategic assets and organizational rent ［J］. Strategic Management Journal，1993，14：33-46.

[7]Amit，Rand Schoemaker，PJH. Strategic Assets and Organizational Rent ［J］. Strategic Management Journal，1993，14(1)：33-46.

[8]Anderson A R，Jack S L，Dodd S D. The role of family members in entrepreneurial networks：beyond the boundaries of the family firm ［J］. Family Business Research，2005，18(2)：135-154.

[9]Anderson J C, Gerbing D W. Structural Equation Modeling in Practice: A Review and Recommended Two-step Approach [J]. Psychological Bulletin, 103(May), 1988:411-423.

[10]Andrews K L, Delahay B L. Influences on knowledge processes in organizational learning: The psychosocial filter [J]. Journal of Management Studies, 2000, 37(6):797-810.

[11]Aogote L, Ingram P. Knowledge transfer: a basis for competitive advantage in firms [J]. Organizational Behavior and Human Decision Processes, 2000, 82(1): 150-169.

[12]Arregle J L, Hitt M A, Sirmon D G, Very P. The development of organizational social capital: attributes of family firms [J]. Journal of Management Studies, 2007, 44(1):73-95.

[13]Arrow K. Economic implication of learning by doing[J]. Journal of Comparative Economics, 1962, Vol.29(3):29-82.

[14]Ascensión B M A, Sanguino G R, Bañegil P T. Study of factors influencing knowledge transfer in family firms [J]. Intangible Capital, 2013, 9(4):1216-1238.

[15]Astrachan J H, Klein S B, Smyrnios K X. The F-PEC Scale of Family Influence: A Proposal for Solving the Family Business Definition Problem [J]. Family Business Review, 2002, 15(1):45-58.

[16]Astrachan J H, Shanker M C. Family Businesses' Contribution to the U. S. Economy: A Closer Look [J]. Family Business Review, 2003, 16(3):211.

[17]Auken H V, Fry F L, Stephens P. The Influence of Role Model on Entrepreneurial Intentions [J]. Journal of Developmental Entrepreneurship, 2006, (2):325-336.

[18]Bagozzi R P, Yi Y. On the evaluation of structural equation models [J]. Journal of the Academy of Marketing Science, 1988, 16(1):74-94.

[19]Bandura A. Self-Efficacy: Toward A Unifying Theory of Behavioral Change. Psychological Review, 1997, (84):191-215.

[20]Bandura A. Social foundations of thought and action: A social-cognitive view [M]. Englewood Cliffs, NJ: Prentice-Hall, 1986.

［21］Barach J A，Ganitsky J B. Successful succession in family business ［J］. Family Business Review. 1995，8(2):131-155.

［22］Barnes L B，Hershon S A. Transferring power in the family business. Harvard business reviews，1976，54(4):105-114.

［23］Barney J. Firm Resources and Sustained Competitive Advantage ［J］. Journal of Management，1991，17(1): 99-120.

［24］Baron R M，Kenny D A . The moderator-mediator variable distinction in social psychological research: Conceptual, strategic, and statistical considerations［J］. Journal of Personality and Social Psychology. 1986，51 (6):1173-1182.

［25］Beckhard R，Burke W. "Preface. "［J］Organizational Dynamics，1983，12:12.

［26］Beckhard R，Dyer W G. Managing changing the family firm—Issues and strategies ［J］. Sloan Management Review，1983，24(3): 59.

［27］Beckhard R，Dyer W G. Managing continuity in the family - owned business ［J］. Organizational Dynamics，1983，12: 5-12.

［28］Beijerse R P. Questions in knowledge management: Defining and conceptualizing a phenomenon ［J］. Journal of Knowledge Management，1999，3: 94-109.

［29］Bentler P M. EQS: Structural Equations Program ［M］. Los Angeles: BMDP Statistical Software，1989.

［30］Berenbeim R E. How business families manage the transition from owner to professional management ［J］. Family Business Review，1990，3(1):69-110.

［31］Berle A，Means C. The Modern Corporation and private property ［M］. New York: Mac Million. 1932:101-112.

［32］Bertrand M，Schoar A. The role of family in family firms ［J］. Journal of Economic Perspectives，2006，20(2):73-96.

［33］Bierly P，Chakrabarti A. Generic knowledge strategies in the U. S. pharmaceutical industry ［J］. Strategic Management Journal，1996，17(4):123-136.

［34］Bjuggren P，Sund L. Strategic Decision Making in Intergenerational

Successions of Small-and Medium-Size Family-Owned Businesses [J]. Family Business Review, 2001, 14(1):11-23.

[35]Blackler F. Knowledge, knowledge work and organizations: An overview and interpretation [J]. Organization Studies, 1995, 16(6):1021-1046.

[36]Bollen K A. Structural Equations with Latent Variables [M]. New York: John Wiley & Sons, 1989.

[37]Bowker L H, Star S L. Sorting things out: Classification and its consequences [M]. Cambridge, MA: MIT Press, 1999.

[38]Boyd D P, Gumpert D E. Coping with entrepreneurial stress [J]. Harvard business review, 1983, 2(3/4):46-56.

[39]Boyd D, Gumpert D. The Loneliness of the Entrepreneur. InHornaday, J. a. et al. (des). Frontiersin Entrepreneurship research, 180 - 191. BabsonCollege,Wellesley,MA, 1983.

[40]Boisot M. Knoledge assets: securing competitivw advantage in the information economy [M]. New York: Oxford University Press, 1998

[41]Brady G, Helmich D. Executive Succession [M]. Prentice-Hall, New Jersey US, 1984.

[42]Brislin R W. Translation and content analysis of oral and written material [M]. Boston: Handbook of cross-cultural psychology, 1980.

[43]Brockhaus R H. Family business succession: suggestions for future research [J]. Family Business Review, 2004, 17(2):165-177.

[44]Brown J S, Duguid P. Organizing knowledge [J]. California Management Review, 1998, 40(3):90-111.

[45]Busch P, Richards D. Selected Tacit Knowledge Observations within Two Organizations [J]. Visual Information Processing, 2003, 22:5-11.

[46]Cabrera-Suárez K, Saá-Pérez P D, García-Almeida D. The succession process from a resource and knowledge-based view of the family firm [J]. Family Business Review, 2001, 14(1):37-46.

[47]Cadieux L, Lorrain J, Hugron P. Succession in women-owned family businesses: A case study [J]. Family Business Review, 2002, 15(1): 17-30.

[48]Boisot M, Child J. From fiefs to network capitalism: explaining China's

emerging economic order[J]. Administrative Seience Quarterly，1996，
41(4)：600-628.

[49]Cadieux L. Succession in Small and Medium-Sized Family Businesses：
Toward a Typology of Predecessor Roles during and After Instatement
of the Successor [J]. Family Business Review，2007，20(2)：95-109.

[50] Canada. Key Small Business Statistics [DB/OL]. www. ic. gc. ca/
sbstatistics. 2011. Aug 28.

[51]Castillo J. A note on the concept of tacit knowledge [J]. Journal of
Management Inquiry，2002，11(1)：46-59.

[52]Cater J J I, Justis R T. The development of successors from followers
to leaders in small family firms：an exploratory study [J]. Family
Business Review，2009，22(2)：109-124.

[53]Cavusgil S T, Calantone R J, Zhao Y S. Tacit knowledge transfer and
firm innovation capability [J]. Journal of Business &. Industrial
Marketing，2003，18(1)：6-21.

[54]Chandler A. Organizational capabilities and the economics history of the
industrial enterprise[J]. 1992,6：79-101.

[55]Chandler G N, Hanks S H. Founder competence the environment and
venture performancel. ET&.P [J]. 1994 Spring：83.

[56] Charmaz K. 'Grounded theory', in Smith J A, Harré R and
Langenhove L. （eds.）Rethinking Methods in Psychology [M].
London，Sage. 1995：27-49.

[57]Chen C C, Greene P G and Crick A. Does entrepreneurial self-efficacy
distinguish entrepreneurs from manager? [J]. Journal of Business
Venturing，1998，13(4)：295-316.

[58]Chen H-L, Hsu W-T. Family ownership，board independence，and
R&.D investment [J]. Family Business Review，2009，22：347-362.

[59]Chirico F, Nordqvist M, Colombo G, Mollona E. Simulating Dynamic
Capabilities and Value Creation in Family Firms Is Paternalism an
"Asset"or a"Liability"? [J]. Family Business Review，2012，25(3)：3
318-338.

[60]Chirico F, Nordqvist M. Dynamic capabilities and trans-generational

value creation in family firms: the role of organizational culture [J]. International Small Business Journal, 2012, 28(5):487-504.

[61]Chirico F, Salvato C. Knowledge integration and dynamic organizational adaption in family firms [J]. Family Business Review, 2008, 21(2): 169-181.

[62]Chirico F. Knowledge accumulation in family firms: evidence from four cases studies [J]. International Small Business Journal, 2008, 26(4): 433-462.

[63]Chrisman J J, Chua J H, Kellermanns F W. Priorities, resource stocks, and performance in family and non - family firms [J]. Entrepreneurship Theory & Practice, 2009, 33(3):739-760.

[64]Chrisman J J, Chua J H, Sharma P. Important attributes of successors in family business: an exploratory study [J]. Family Business Review, 1998, 11(1):19-34.

[65]Chua J H, Chrisman J J, Bergiel E B. An agency theoretical analysis of professional family Firms [J]. Entrepreneurship Theory and Practice, 2009, 33:355-372.

[66]Chua J H, Chrisman J J, Sharma P. Defining the Family Business by Behavior [J]. Entrepreneurship Theory and Practice, 1999, 23(4):19-39.

[67]Churchill G A. A paradigm for developing better measures of marketing constructs [J]. Journal of Marketing Research, 1979, 16(1), 1979:64-73.

[68]Cochburn I M, Henderson R M, Stern S. Untangling the origins of Competitive advantage [J]. Strategic Management Journal. 2000,21: 1123-1145.

[69]Coff R W, Coff D C, Eastvold R. The knowledge-leveraging paradox: How to achieve scale without making knowledge imitable [J]. Academy of Management Review, 2006, 31(2):452-465.

[70]Cohen W M, Levinthal D A. Absorptive capacity: A new perspective on learning and innovation [J]. Administrative Science Quarterly, 1990, 35:128-152.

[71]Colquitt J A, Zapata C P. Trends in Theory Building and Theory Testing: A Five-decade Study of the Academy of Management Journal

[J]. Academy of Management Journal，2007，50(6)：1281-1303.

[72]Cope J. Toward a dynamic learning perspective of entrepreneurship[J]. Entrepreneurship Theory and Practice. 2005(7).

[73]Costello N. Learning and routines in High-tech SMEs：Analyzing rich case study material[J]. Journal of Economic Issues. 1996(2)：30.

[74]Craig J B，Moores K. Championing family business issues to influence public policy：Evidence from Australia [J]. Family Business Review，2010，23：170-180.

[75]Creswell J. Qualitative inquiry and research design：Choosing among five traditions [M]. Thousand Oaks，CA：Sage，1998.

[76]Cumming J，Teng B. Transferring R&D Knowledge：The Key Factors Affecting Knowledge Transfer Success[J]. Journal of Engineering and Technology Management，2003，20(6)：39-68.

[77] D'Eredita M A，Barreto C. How does tacit knowledge proliferate? An episode-based perspective [J]. Organization Studies，2006，27：1821-1841.

[78]Danny Miller，Jamal Shamsie. The Resource-Based View of the Firm in two Environments：The Hollywood Firm Studios from 1936 to 1965 [J]. Academy of Management Journal，1996，39(3)：519.

[79]De Massis A，Chua J H，Chrisman J J. Factors preventing intra-family succession [J]. Family Business Review，2008，21(2)：183-199.

[80] Debra M. Amidon Rogers. The challenger of fifth generation R&D [J]. Research technology management，1993，39(4)：33.

[81]DeNoble A，Ehrlich S，Singh G. Toward the development of a family business self-efficacy scale：A resource-based perspective [J]. Family Business Review，2007，20(2)：127-140.

[82] Denscombe M. The Good Research Guide：For Small‐scale Social Research Projects（Second Edition）[M]. Maiden head：Open University Press，2003.

[83]Dollinger M J. Environmental Contacts and Financial Performance of the Small Firm[J]. Journal of Small Business Management，1985,23 (1)：24-30.

[84]Drozdow N. What is Continuity? [J]. Family Business Review，1998，

11(4):337-347.

[85]Dumas C, Dupuis J P, Richer F, St-Cyr L. Factors that influence the next generation's decision to take over the family farm [J]. Family Business Review, 1995, 8(2):99-120.

[86]Dumas C. Integrating the daughter into family business management [J]. Entrepreneurship: Theory and Practice, 1992, 16(4):41-55.

[87]Dumas C. Preparing the new CEO: managing the father-daughter succession process in family businesses [J]. Family Business Review, 1990, 3(2):169-181.

[88]Dumas C. Understanding of father-daughter and father-son dyads in family-owned businesses [J]. Family Business Review, 1989, 2(1):31-46.

[89]Eisenhardt K M, Graebner, M E. Theory building from cases: opportunities and challenges [J], Academy of Management Journal, 2007, 50(1): 25-32.

[90]Eisenhardt K M. Building Theories from Case Study Research [J]. Academy of Management Review, 1989, 14(4): 532-550.

[91]Eisenhardt K M, Martin J. Dynamic Capabilities: What are They [J]. Strategic Management Journal, Special Issue, 2000,21(10-11): 1105-1121.

[92]Fahed-Sreih J, Joundourian S. Determinants of longevity and success in Lebanese family businesses: An exploratory study [J]. Family Business Review, 2006, 19(3): 225-234.

[93]Fang H, Memili E, Chrisman J J, Welsh D H B. Family Firms' Professionalization: Institutional Theory and Resource-Based View Perspectives [J]. Small Business Institute Journal, 2012, 8(2):12-34.

[94]Felfe J, Yan W, Six B. The Impact of Individual Collectivism on Commitment and Its Influence on Organizational Citizenship Behaviour and Turnover in Three Countries [J]. InternationalJournal of Cross Cultural Management, 2008, 8(2): 211-237.

[95]Fiegener M K, Brown B M, Prince R A, File K M. A comparison of successor development in family and non-family business [J]. Family Business Review, 1994, 7(4):313-239.

[96]File K M, Prince R A. Attributions for Family Business Failure: The

Heir's Perspective [J]. Family Business Review，1996. 9(2):171-184.

[97]Fornell C，Larcker D F. Evaluating structural equation models with unobserved variables and measurement error [J]. Journal of Marketing Research，1981,18: 39-50.

[98]Gallo M A. The role of family business and its distinctive characteristic behavior in industrial activity [J]. Family Business Review，1995，8(2):83-97.

[99]Gilbert M，Cordey-Hayes M. Understanding the process of knowledge transfer to achieve successful technological innovation [J]. Technovation，1996,16(6):301-312.

[100] Glaser B G. The Grounded Theory Perspective II: Description's Remodeling of Grounded Theory [M]. Mill Valley，Sociology Press，2003.

[101]Glaser B G. The Grounded Theory Perspective: Conceptualisation Contrasted with Description [M]. Mill Valley，CA，Sociology Press，2001.

[102]Glaser B G. Theoretical Sensitivity: Advances in the Methodology of Grounded Theory [M]. Mill Valley，CA，Sociology Press，1978.

[103]Godfrey P C，Gregersen H B. Where do resourced come from? A Model of resource Generation [J]. The Journal of High Technology Management Research. 1999,1:37-60.

[104] Goldberg S D，Wooldridge B. Self - Confidence and managerial autonomy: Successor characteristics critical to succession in family firms [J]. Family Business Review，1993,06(1):55-73.

[105] Goldberg S D. Effective successors in family - owned businesses: Significant elements [J]. Family Business Review，1996，9(2):185-197.

[106] Gorsuch R L. Factor Analysis [M]. Hillsdale，NJ: Lawrence Erlbaum，1983.

[107]Granovetter M S. Economic action and social structure: The problem of embeddedness [J]. American Journal of Sociology，1985，91(11): 481-510.

[108]Grant R M. The resource - based theory of competitive advantage:

Implications for strategy formulation [J]. California Management Review, 1991, 17(1):114-135.

[109] Habbershon T, Williams M. A resource - based framework for assessing the strategic advantages of family firms [J]. Family Business Review, 1999, 12(1):1-25.

[110] Hair J F, Black W C, Babin B J, Anderson R E, Tatham R L. Multivariate data analysis(6th ed.). Upper Saddle River, NJ: Prentice-Hall.

[111] Hakanson L, Nobel R. Technology characteristics and reverse technology transfer [R]. In: Paper Presented at the Annual Meeting of the Academy of International Business, Vienna, Austria, 1998.

[112] Handler W C. Key interpersonal relationships of next - generation family members in family firms [J]. Journal of Small Business Management, 1991, 23(3):21-32.

[113] Handler W C. Succession in owner-managed and family firms: A mutual role adjustment between the entrepreneur and the next generation [J]. Entrepreneurship Theory and Practice, 1990, 15(19):37-51.

[114] Handler W C. The succession experience of the next generation[J]. Family Business Review, 1992, 5(3):283-307.

[115] Handler WC. Managing the family firm succession process: the next-generation family member's experience [D]. Doctoral Dissertation, School of Management, Boston University, 1989.

[116] Hatak I R, Roessl D. Relational competence-based knowledge transfer within intrafamily succession: an experimental study [J]. Family Business Review, Published online before print, 2013, doi: 10. 1177/0894486513480386:1-16.

[117] Hatch N W, Mowery D C. Process innovation and learning by doing in semiconductor manufacturing [J]. Management Science, 1998, 44:1461-1477.

[118] Hatcher L. A Step-by-step Approach to Using the SAS System for Factor Analysis and Structural Equation Modeling [R]. Cary, NC: SAS Institute Inc. 1994.

[119] Haynes S N, Richard D C, Kubany E S. Content validity in psychological

assessment: A functional approach to concepts and methods [J]. Psychological Assessment, 1995, 7:238-247.

[120] Hedlund G. A model of knowledge management and the N-Form Corporation [J]. Strategic Management Journal, 1994, 15:73-90.

[121] Hedlund J, Forsythe G B, Horvath J A, Williams W M, Snook S, Sternberg R. Identifying and assessing tacit knowledge: understanding the practical intelligence of military leaders [J]. The Leadership Quarterly, 2003, 14(2):117-140.

[122] Hendriks P. Why share knowledge? The influence of ICT on the motivation for knowledge sharing [J]. Knowledge and Process Management, 1999, 6(2): 91-100.

[123] Henry C. Frances Hill and Claire Lench. Entrepreneurship education and training: can entrepreneurship be taught? [J]. Education Training. 2005:98-111.

[124] Henry M, Erwee R, Kong E. Insights from Canadian case studies on succession and knowledge transfer in family firms [R]. Paper, Third Annual International Conference on Engaged Management Scholarship, Atlanta, Georgia, USA. 2013:1-13.

[125] Hofer C W, Charan R. The transition to professional management: Mission impossible? [J]. American Journal of Small Business, 1984, 09(1): 1-11.

[126] Hoffman J, Hoelscher M, Sorenson R. Achieving sustained competitive advantage: a family capital theory [J]. Family Business Review, 2006, 19(2):135-145.

[127] Hofstede G. Culture's Consequences: International Differences in Work related Values [M]. Newbury Park, CA: Sage, 1980.

[128] Holt D T, Rutherford M W, Kuratko D F. Advancing the Field of Family Business Research: Further Testing the Measurement Properties of the F-PEC [J]. Family Business Review, 2010, 23(1): 76-88.

[129] Hsia P. Learning to put lessons into practice [R]. IEEE Software, 1993, September:14-17.

[130] Hu L，Bentler P M. Fit indices in covariance structure modeling：Sensitivity to under parameterized model misspecification [J]. Psychological Methods，1998，3：424-453.

[131] Inkpen A C，Dinur A. Knowledge management processes and international joint ventures[J]. Organization Science，1998，9(4)：454-468.

[132] Jaskiewicz P，González V M，Menéndez S，Schiereck D. Long-Run IPO Performance Analysis of German and Spanish Family-Owned Businesses [J]. 2008，18(3)：179-202.

[133] Jaskiewicz P，Uhlenbruck K，Balkin B D，Reay T. Is Nepotism Good or Bad? Types of Nepotism and Implications for Knowledge Management [J]. Family Business Review，2013，26(2)：121-139.

[134] Jennifer Rowley. From learning to knowledge entrepreneur [J]. Journal of KnowledgeManagement，2000：7-15.

[135] Tokarczyk J，Hansen E，Green M，Down J. A Resource-Based View and Market Orientation Theory Examination of the Role of "Familiness"in Family Business Success [J]. Family Business Review，2007，20(1)：17-31.

[136] Johnson P E. What kind of expert should a system be? [J]The Journal of Medicine and Philosophy，1983，8：77-97.

[137] Joia L A，Lemos B. Relevant factors for tacit knowledge transfer within organizations [J]. Journal of knowledge management. 2010，14(3)：410-427.

[138] Joshi K D，Sarker S，Sarker S. Knowledge transfer among face-to-face information systems development team members：examining the role of knowledge，source，and relational context [R]. Proceedings of the 37th Hawaii International Conference on System Sciences，2004.

[139] Jovanovic B. Selection and the evolution of industry [J]. Econometrics，1982，50(3)：649-670.

[140] Keer M R. An Analysis and Application of Tacit Knowledge to Managerial Selection [D]. Unpublished doctoral dissertation，University of Waterloo，Waterloo，Ontario，1991.

[141] Keer M R. Tacit knowledge as a predictor of managerial success：A

field study [J]. Canadian Journal of Behavioral Science，1995，27(1)：36-51.

[142] Kellermanns F W，Eddleston K A. Corporate entrepreneurship in family firms：A family perspective [J]. Entrepreneurship Theory and Practice，2006，30(6)：809-830.

[143] Kellermanns F W，Eddleston K A. Feuding Families：When Conflict Does a Family Firm Good. Entrepreneurship [J]. Theory and Practice，2004，28(3)：209-228.

[144] Kelloway K. Using Lisrel for Structural Equation Modeling：A Researcher's Guide [M]. Thousand Oaks：Sage Publications Caledonia，1998.

[145] Kenny D A，Kashy D，Bolger N. Data analysis in social psychology. In Gilbert D，Fiske S，Lindzey G (Eds.)，Handbook of social psychology (4th ed.，pp. 233-265). New York：McGraw-Hill，1998.

[146] King S. Organizational performance and conceptual capability：The relationship between organizational performance and successor's capability in a family-owned firm [J]. Family Business Review，2003，16(3)：173-182.

[147] Klein G A，Calderwood R，MacGregor D. Critical decision method for eliciting knowledge. IEEE Transactions on Systems，Man，and Cybernetics，1989，19(3)：462-472.

[148] Kogut B，Zander U. Knowledge of the firm，combinative capabilities，and the replication of technoligy [J]. Organization Sceince，1992，3：383-397.

[149] Kogut B，Zander U. Knowledge of the firm and the evolutionary theory of the multinational corporation [J]. Journal of International Business Studies，1993，24(4)：625-645.

[150] Kram K E，Isabella L A. Mentoring Alternatives：the Role of Peer Relationships in Career Development [J]. Academy of Management Journal，1985，28(1)：110-132.

[151] Kransdorff A，Williams R. Managing organizational memory (OM)：The new competitive imperative [J]. Organization Development Journal，

2000，18(1):107-117.

[152]Krijen H G. The flexible firm [J]. Long Range Planning. 1979(12):
63-75.

[153] Kumar J A, Ganesh L S. Research on knowledge transfer in
organizations: a morphology [J]. Journal of Knowledge Management,
2009, 13(4): 161-174.

[154]Lam A. Tacit knowledge, organizational learning and societal institutions:
An integrated framework [J]. Organization Studies, 2000, 21(3):487
-513.

[155] Lambrecht J. Multigenerational transition in family businesses: A new
explanatory model [J]. Family Business Review, 2005, 18(4): 267-282.

[156] Lansberg I S. The succession conspiracy: Resistance to succession
planning in first generation family firms [J]. Family Business Review,
1988, 1(2):119-143.

[157]Lauschruger H K S,Shamian J. Staff nurse's and nurse's managers'
perceptions of job-related empowerment and managerial self-efficacy
[J]. Journal of Nursing Administration,1994,24:38-47.

[158]Lauschruger H K S, Shamian J. Staff nurses' and nurses managers'
perceptions of job-related empowerment and managerial self-efficacy
[J]. Journal of Nursing Administration. 1994,24:38-47.

[159]Lawson B, Samson D. Developing Innovation Capability in Organizations: A
Dynamic Capabilities Approach [J]. International Journal of Innovation
Management. 2001,5(3):377-400.

[160] Le Breton-Miller I, Miller D, Steiers L P. Toward an integrative
model of effective FOB succession [J]. Entrepreneurship Theory and
Practice, 2004, 28(4): 305-328.

[161] Lee J. Impact of family relationships on attitudes of the second
generation in family business[J]. Family Business Review, 2006,
19(3):175-191.

[162]Lee K S, Lim G H, Lim W S. Family business succession: Appropriation
and choice of successor [J]. Academy of Management Review, 2003,
28(4): 657-666.

[163]Melin L. Corporate Governance Processes in Family Firms-The Role of Influential Actors and The Strategic Arena [J]. Paper Submitted for The ICS World Conference，2000，(1):48-56.

[164]Leonard D，Sensiper S. The role of tacit knowledge in group innovation [J]. California Management Review，1998，40(3):112-132.

[165]Leonard-Barton D. Core capabilities and core ridegities：a paradox in managing new product developement [J]. Strategic Management Journal，1992，13:111-125.

[166]Levin D Z，Cross R. The strength of weak ties you can trust：The mediating role of trust in effective knowledge transfer [J]. Management Science，2004，50(11):1477-1490.

[167]Lippman S A，Rumelt R. Uncertain immutability：An analysis of interfirm differences in efficiency under competition [J]. Bell Journal of Economics，1982，13(2):418-438.

[168]Litz R A，Pearson A W，Litchfield S. Charting the Future of Family Business Research Perspectives from the Field [J]. Family Business Review，2012，25(1):16-32.

[169]Litz R A. Two sides of a one-sided phenomenon：Conceptualizing the family business and business family as a Möbius strip [J]. Family Business Review，2008，21:217-236.

[170]Man T W Y. Entrepreneurial，competencies and the performance of small and medium enterprises in the Hong Kong services sector [D]. Hong Kong Polytechnic University，PhD Thesis，2001.

[171]Maron R M，Kenny D A. The moderator-mediator variable distinction in social psychological research：Conceptual，strategic，and statistical considerations[J]. Journal of Personality and Social Psychology，1986 (51):1173-1182.

[172]Martinez-Jimenez R. Research on women in family firms [J]. Family Business Review，2009，22(1):53-64.

[173]Martz S. Testing for the Transfer of Tacit Knowledge：Making a Case for Implicit Learning [J]. Decision Sciences Journal of Innovative Education，2003，1(1):41-56.

[174]Massis A D, Frattini F, Lichtenthaler U. Research on technological innovation in family firms: present debates and future directions [J]. Family Business Review, 2013, 26(1):11-31.

[175]Mathews C H, Moore T W, Fialko A S. A theory of leadership succession in the family firm [J]. Family Business Review, 1999, 12(2):153-170.

[176]Mathews C H, Moore T W, Fialko A S. Succession in the Family Firm: A Cognitive Categorization Perspective [J]. Family Business Review, 1999, 12(1):159-168.

[177] McElroy M W. Integrating Complexity Theory, Knowledge Management and Organizational learning [J]. Journal of Knowledge Management, 2000, 4(3):195-203.

[178]McGivem C. The dynamics of management succession: A model of chief executive succession in the small family firm [J]. Family Business Review, 1989, 2(4):401-411.

[179]MecClelland D C. Testing for competence rather than for intelligence [J]. American Psychologist, 1973,28(1):1-14.

[180]Mehrotra V, Morck R, Shim Y. Adoptive expectations: Rising sons in Japanese family firms [J]. Journal of Financial Economics, 2013, Vol. 108:840-854.

[181]Meyer J, Rowan B. Institutionalized organizations: formal structure as myth and ceremony [J]. American Journal of Sociology, 1977, 83(2): 340-363.

[182]Miller D, Shamsie J. The resource-based view of the firm in two environments: the Hollywood film studios from 1936 to 1965 [J]. Academy of Management Journal, 1996, 39(3):519-543.

[183]Miller D, Steier L, Le Breton-Miller I. Lost in time: Intergenerational succession, change and failure in family business [J]. Journal of Business Venturing, 2003, 18(7):513-531.

[184]Morck R, Yeung B. Family Control and the Rent-seeking Society[J]. Entrepreneurship: Theory and Practice, 2004, Vol. 28:391-409.

[185]Morris M H, Williamsro R O, Allen J A, Avilara R A. Correlates of

success in family business transitions〔J〕. Journal of Business Venturing, 1997, 12(5):385-401.

[186]Morse G A、Calsyn R J、Allen G、Kenny D A. Helping homeless mentally ill people: What variables mediate and moderate program effects?〔J〕. American Journal of Community Psychology, 1994. 22: 661-683.

[187]Mosakowski E. Overcoming resource disadvantages in entrepreneurial firms: When less is more〔J〕. In Hitt M A、Ireland R D et al., Strategic entrepreneurship: Creating a new mindset〔M〕. Blackwell Publishers Ltd, 2002: 106-126.

[188]Nelson R N. Why do forms differ, and how does it matter?〔J〕. Strategic management Journal. 1991, 14:61-74. In Nicolai J. Foss (ed.), Resource, firms, and strategies. London: Oxford University press. 1997.

[189]Nonaka I, Takeuchi H. The knowledge creating Company〔M〕. Oxford: Oxford University press, 1995, 65.

[190]Nonaka I, Toyama R, Konno N. SECI, Baand Leadership: a unified model of dynamic knowledge creation[J]. Long Range Planning, 2000, (33):632.

[191]Nonaka I. A dynamic theory of organizational knowledge creation〔J〕. Organization Science, 1994, 5(1): 14-37.

[192]Nonaka I. The knowledge - creating company. Harvard Business Review〔J〕. 1991(11):97-104.

[193]Nunnally J C、Knott P D、Duchnowski A & Parker R. Pupillary response as a general measure〔J〕. Perception & Psychophysics. 1967 (2):149-155.

[194]Nunnally J C. Psychometric Theory〔M〕. New York: McGraw - Hill, 1967.

[195]OECD. The Knowledge-based economy[R]. DECD: Paris, 1996:36-48.

[196]Orpen C. Self - efficacy beliefs and job performance among Black managers in South Africa〔J〕. Psychological Reports. 1995, 76(2): 649-650.

[197] Osterloh M, Frey B S. Motivation, knowledge transfer, and organizational forms [J]. Organization Science, 2000, 11(5):538-550.

[198] Osterloh M, Freg B S, Frost. The dynamics of Motivation of new organizational forms [J]. International Jurnal of the Economics and Business, 2002, 9:61-77.

[199] Parnas D L, Clements P C. A rational design process: How and why to fake it [R]. IEEE Transactions on Software Engineering, 1986, SE -12(2):251-257.

[200] Patel P O, Fiet J O. Knowledge combination and the potential advantages of family firms in searching for opportunities [J]. Entrepreneurship Theory and Practice. Special Issue: Theory of the Family Enterprise, 2011, 35(6):1179-1197.

[201] Penrose E T. The theory of growth of the firm [M]. Basil Blackwell publisher, Oxford. 1959.

[202] Peteraf M A. The cornerstone of the competitive advantage: A resource-based view [J]. Strategic Management Journal, 1993, 14(3): 179-191.

[203] Polanyi M. Personal knoeledge: Towards a post-critical philosophg [M]. London:Routledge & Kegan Paul, 1958.

[204] Polanyi M. The republic of science[J]. Minerva, 1962, 1(1):54-73.

[205] Polanyi M. The tacit dimension of knowledge[M]. New York: M. E. Sharp Inc. , 1967.

[206] Polanyi M. The tacit dimension [M]. London: Routledge & Kegan Paul, 1966.

[207] Politis D. The process of entrepreneurial learning: a conceptual framework [J]. Entrepreneurship Theory and Practice, 2005(7):399-424.

[208] Prahalad C K, Hamel G. The Core Competence of the Corporation [J]. Harvard Business Review, 1990, 68(3):79-91.

[209] Rae D, Carswell M. Using a life-story approach in researching entrepreneurial learning: the development of a conceptual model and its implications in the design of learning experiences [J]. Education Training. 2000(42),4/5:220-227.

[210] Raine - Eudy R. Using structural equation modeling to test for differential reliability and validity: An empirical demonstration [J]. Structural Equation Modeling, 7(1), 2000:124-141.

[211] Yin K. Case study evaluations: A decade of progress? [J]. New Directions for Evaluation,1997, 76:69-78.

[212] Robertson I T, Sadri G. Managerial self - efficacy and managerial performance [J]. British Journal Management. 1993,4:37-45.

[213] Roessl D. Family businesses and inter-firm cooperation [J]. Family Business Review, 2005, 18(9):203-214.

[214] Rogers E. Diffusion of Innovations [M]. New York: Free Press, 1980.

[215] Royer I, Zarlowski P. Research design. In R. A. Thietart, Doing Management Research: A Comprehensive Guide [M]. London: Sage Publications, 2001: 111-131.

[216] Royer S, Simons R, Boyd B, Rafferty A. Promoting Family: A Contingency Model of Family Business Succession [J]. Family Business Review, 2008, 21(1): 15-30.

[217] Sardeshmukh S R, Corbett A C. The Duality of Internal and External Development of Successors: Opportunity Recognition in Family Firms [J]. Family Business Review, 2011, 24(2): 111-125.

[218] Schultz T W. The Investment in Human Capital [J]. American Economic Review, 1961, 5(1):1-17.

[219] Shah S, Corley K. Building better theory by bridging the quantitative-qualitative divide[J]. Joural of Management Studies, 2006, 43:1823-1837.

[220] Shaker A Z. Organizational learning and entrepreneurship in family firms: exploring the moderating effect of ownership and cohesion [J]. Small Business Economics, 2012, 38(1):51-65.

[221] Sharma P, Chrisman J J, Chua J H. Succession Planning as Planned Behavior: Some Empirical Results [J]. Family Business Review, 2003, 16(1):1-15.

[222] Sharma P, Chrisman J J, Pablo A L. Determinants of initial satisfaction with the succession process in family firms: A conceptual

model [J]. Entrepreneurship Theory and Practice, 2001, 25(3):17-35.

[223]Sharma P, Chua J H, Chrisman JJ. Perceptions about the extent of succession planning in Canadian family firms [J]. Canadian Journal of Administrative Sciences, 2000, 17(3):233-243.

[224]Sharma P. An overview of the field of family business studies: Current status and directions for the future [J]. Family Business Review, 2004, 17(1):1-36.

[225]Sharma P. Stakeholder management concepts in family firms [R]. In Proceedings of 12th annual conference of International Association of Business and Society, Sedona, Arizona, 2001.

[226]Simonin B L. Ambiguity and the process of knowledge transfer in strategic alliances [J]. Strategic Management Journal, 1999, 20(7): 595-623.

[227] Sirmon D G, Hitt M A. Managing resources: Linking unique resources, management and wealth creation in family firms [J]. Entrepreneurship Theory and Practice, 2003, 27(4):339-358.

[228]Sirmon, David G, Hitt, Michael A, Ireland, R Duane. Managing Firm Resources in Dynamic Environments to Create Value: Looking Inside the Black Box [J]. Academy of Management Review, 2007, 32(1):273-292.

[229]Sobel M E. Direct and indirect effects in linear structural equation models [J]. Sociological Methods & Research, 1987, 16(1):155-176.

[230]Spender J C, Grant R M. Knowledge and the firm: Overview [J]. Strategic Management Journal, 1996, 17(51):5-9.

[231]Spender J C. Making knowledge the basis of a dynamic theory of the firm [J]. Strategic Management Journal, 1996, 17(4):45-62.

[232]Spender J C. Organizational knowledge, learning and memory: Three concepts in search of a theory [J]. Journal of Organizational Change Management, 1996, 9(1):63-78.

[233]Stafford K, Duncan A K, Danes S. A research model of sustainable family businesses [J]. Family Business Review, 1999, 8(3):197-208.

[234]Stanley C, Stephenson B, Monteith D. The management of family

firm: an empirical investigation [J]. International Small Business Journal, 1995, 13(4):11-34.

[235] Stavrou E T. A four Factors Model: A Guide to Planning Next Veneration in the family [J]. Family Business Review, 1998, 11(2): 135-142.

[236] Stavrou E T. Succession in family businesses: Exploring the effects of demographic factors on offspring intentions to join and take over the business [J]. Journal of Small Business Management, 1999, 37(3):43-61.

[237] Steier L. Next Generation Entrepreneurs and Succession: An Exploratory Study of Modes and Means of Managing Social Capital [J]. Family Business Review, 2001, 14(3):259-276.

[238] Steiger J H. Structural Model Evaluation and Modification: An Interval Estimation Approach [J]. Multivariate Behavioral Research, 1990, 2:173-180.

[239] Stern M H. Inside the family-held business [M]. New York: Harcourt brace Jovanovich, 1986.

[240] Sternberg R J, Wagner R K, Williams W M. Testing common sense [J]. American Psychologist, 1995, 50(11):912-927.

[241] Straub D W. Validating Instruments in MIS Research [J]. MIS Quarterly(13:2). June 1989:147-166.

[242] Strauss A, Corbin J. Basics of qualitative research: Grounded theory procedures and techniques[M]. Newbury Park, CA: Sage, 1990.

[243] Su E, Dou J. How does knowledge sharing among advisors from different disciplines affect the quality of the services provided to the family business client? An investigation from the family business advisor's perspective [J]. Family Business Review, 2013, 26(3):256-270.

[244] Subramaniam M, Venkatraman N. Determinants of transnational new product development capability: testing the influence of transferring and deploying tacit overseas knowledge [J]. Strategic Management Journal, 2001, 22(4):359-378.

[245] Sundaramurthy C. Sustaining trust within family businesses [J]. Family Business Review, 2008, 21(1):89-102.

[246]Swap W, Leonard D, Shields M, Abrams L. Using mentoring and storytelling to transfer knowledge in the workplace [J]. Journal of Management Information Systems, 2001, 18(1):95-114.

[247]Szulanski G. Exploring Internal Stickiness: Impediments to the Transfer of Best Practice within the Firm [J]. Strategic Management Journal, 1996, (17):27-43.

[248]Szulanski G. The process of knowledge transfer: a diachronic analysis of stickiness [J]. Organizational Behavior and Human Decision Process, 2000, 82(1):9-27.

[249] Tabachnica B G, Fidell L S. Using Multivariate Statistics [M]. Boston. MA: Allyn & Bacon. 2007.

[250]Tagiuri R, Davis J. Bivalent attributes of the family firm [J]. Family Business Review, 1996, 9(3):199-208.

[251]Tan W L, Fock S T. Coping with growth transitions: The case of Chinese family businesses in Singapore [J]. Family Business Review, 2001, 14(2):123-152.

[252]Tanaka J S. How big is big enough? Sample size and goodness of fit in structural equation models with latent variables [J]. Child Development, 1987, 58(1):134-146.

[253] Teece D J, Pisano G, Shuen A. Dynamic capabilities and strategic management [J]. StrategicManagementJournal. 1997,18(7):509-533.

[254] Teece D J, Pisano G. The dynamic capabilities of firms: an introduction [J]. IndustrialandCorporateChange. 1994,3(3):537-556.

[255]Teece D J, Pisano G, Shuen A. Dynamic capabilities and strategic management [J]. Strategic management Journal. 1997, 14:61-74. In Nicolai J. Foss (ed.) Resource, firms and Strategies. London: Oxford University Press. 1997.

[256]Teece D J. Capturing value from knowledge assets: The new economy, markets for know-how, and intangible assets [J]. California Management Review, 1998, 40(3): 55-79.

[257] Teece D J, Pisano G, Shuen A. Dynamic Capabilities and Strategic Management[J]. Strategic Management Journal, 1997,18(7): 509-533.

[258] Teeee D J. Explicating dynamic capabilities: the nature and micro foundations of (sustainable) enterprise performance [J]. Strategic Management Journal. 2007,28:1319-1350.

[259] Tiemessen I, Lane H W, Crossom M M, Inkpen A C. Knowledge management in international joint ventures. In P. Beamish & J. Killings(Eds), Cooperative Strategies, North American Perspectives [M]. San Francisco, CA: New Lexington Press,1997.

[260] Trevinyo-Rodriguez R N, Tapies J. Effective knowledge transfer in family business [R]. IESE. Business School of Navarra, Working Paper, 2010:865.

[261] Tsoukas H. Do we really understand tacit knowledge? In M. Easterby-Smith & M. A. Lyles (Eds.), The Blackwell handbook of organizational learning and knowledge management 2003, Malden, MA: Blackwell: 411-427.

[262] Turner K L, Makhija M V. The role of organizational controls7 in managing knowledge. Academy of Management Review, 2006,31: 197-217.

[263] Upton N B, Sexton D L. Family business succession: The female perspective [J]. Paper presented at the 32nd Annual conference of the international center of small business ICSB, 1987.

[264] Venkatraman. The pedagogical side of entrepreneurship theory [J]. Journal of Business Venturing, 1996, 16(2): 101-117.

[265] Venter E, Boshoff C, Maas G. The influence of successor-related factors on the succession process on small and medium-sized family businesses[J]. Family Business Review, 2005, 18(4):283-303.

[266] Vera C F, Dean M A. An examination of the challenges daughters face in family business succession [J]. Family Business Review, 2005, 18(4):321-345.

[267] Villalonga B, Amit R. How do Family Ownership, Control and Management Affect Firm Value? [J]. Journal of Financial Economics. 2006, Vol. 80:385-417.

[268] Vrugt A, Koeman M. Theory of perceived self-efficacy as applied to women with a managerial function [J]. Gedragen Organisatie,1994, 7(4): 193-203.

[269]Wagner R K，Sternberg R. Tacit knowledge in managerial success [J]. Journal of Business and Psychology，1987，1(4)：301-311.

[270]Wagner R K. Tacit knowledge in everyday intelligent behavior [J]. Journal of Personality and Social Psychology，1987，52(6)：1236-1247.

[271]Wang C L，Ahmed P K. Dynamic capabilities：a review and research agenda [J]. International Journal of Management Reviews，2007，9(1)：31-51.

[272]Ward J L. Growing the family business：special challenges and best practices [J]. Family Business Review，1997，10(4)：323-337.

[273]Ward J L. Keeping the family business healthy [M]. San Francisco，CA：Jossey Bass，1987.

[274]Weick K E. Change in organizations：New perspectives on theory，Research and practice[M]. San Francisco，CA：Jossey-Bass，1982：375-408.

[275]Wernerfelt B. A resource-based view of the firm strategic management journal [J]. 1984，5：171-180.

[276]Wigdor A K，Garner W R. Ability Testing：Pt. 1[Paperback]. National Academies Press，1982，July 3.

[277]Williamson O E. The Economics of Discretionary Behavior：Managerial Objectives in a Theory of the Firm [M]. Englewood Cliffs，NJ：Prentice-Hall，1964.

[278]Williamson. Strategy research：government and competenceperspectives [J]. Strategic Management Journal，1999，20(12)：1087-1108.

[279]Winter S. Knowledge and competence as strategic assets [D]. In David Teece (Ed.)，the competitive challenge-strategies for industrial innovation and renewal，Cambridge，MA：Ballinger，1987.

[280]Woodfield P J. Intergenerational entrepreneurship in family businesses：A wine industry perspective[R]. Refereed paper，5th International Academy of Wine Business Research Conference，8-10 Feb. 2010 Auckland (NZ).

[281]Wu L. Entrepreneurial resources，dynamic capabilities and start－up performance of Taiwan's high－tech firms [J]. Journal of Business

Research，2007，60：549-555.

[282]Yin R. Case Study Research：Design and Methods (3nd Edition)［M］. Thousand Oaks，CA：Sage，2003.

[283]Zahra S A，Neubaum D O，Larraneta B. Knowledge sharing and technological capabilities：The moderating role of family involvement ［J］. Journal of Business Research，2007，60(12)：10.

[284]Zaichkowsky J L. Measuring the Involvement Construct ［J］. Journal of Consumer Research，1985，12：341-352.

[285]Zander U，Kogut B. Knowledge and the speed of the transfer and imitation of organizational capabilities：an empirical test ［J］. Organization Science，1995，6(1)：76-92.

[286]Zapta L，Rialp J，Rialp A. Generation and transfer of knowledge in IT -related SMEs ［J］. Journal of Knowledge Management，2009，13(5)： 243-256.

[287]Zellweger T M，Kellermanns F W，Chrisman J J，Chua J H. Family control and family firm valuation by family CEOs：The importance of intentions for transgenerational control ［J］. Organization Science， 2012，23(9)：851-868.

[288]Zikmund W G. Business research methods (7th Edition)［M］. Mason， Ohio：Thompson Learning/South-Western，2002.

[289] Zollo M，Winter S G. Deliberate Learning and the Evolution of Dynamic Capabilities ［J］. Organization Science，2002(13)：339-351.

[290]曾萍,邓滕智,宋铁波.制度环境、核心能力与中国民营企业成长［J］.管理学报,2013(5)：663-670.

[291]陈寒松.基于知识观的家族企业代际传承研究［J］.财贸研究,2009(4)： 102-109.

[292]陈琳,袁志刚.授之以鱼不如授之以渔？——财富资本、社会资本、人力资本与中国代际收入流动［J］.复旦学报(社会科学版),2012(4)：99-112.

[293]陈凌,应丽芬.代际传承：家族企业继任管理和创新［J］.管理世界,2003 (6)：89-97.

[294]陈钦约.基于社会网络的企业家创业能力和创业绩效研究［D］.南开大学,2010.

[295]陈文婷.家族企业跨代际创业传承研究——基于资源观视角的考察[J].东北财经大学学报,2012,82(4):3-9.

[296]陈忠卫,王志成.基于社会资本视角的企业成长模式研究[J].科技创业,2006(4):42-44.

[297]储小平.家族企业的成长与社会资本的融合[M].北京:经济科学出版社,2004.

[298]储小平.家族企业研究:一个具有现代意义的话题[J].中国社会科学,2000(5):51-58.

[299]储小平.职业经理与家族企业的成长[J].管理世界,2002(4):100-108.

[300]大前研一.企业家的战略头脑[M].北京:三联书店,1986.

[301]德鲁克.创新与企业家精神[M].海口:海南出版社,2000.

[302]丁栋虹,赵荔枝.企业家隐性知识水平差异研究:一个概念模型[J].科技进步与对策,2009,26(8):149-152.

[303]董保宝,葛宝山,王侃.资源整合过程、动态能力与竞争优势:机理与路径[J].管理世界,2011(3):92-101.

[304]窦军生,李生校,邬家瑛."家和"真能"万事"兴吗?——基于企业家默会知识代际转移视角的一个实证检验[J].管理世界,2009(1):108-120.

[305]窦军生,李生校.家族企业传承中的继承人选择——知识基础为视角的理论分析[J].现代经济探讨,2010(4):45.

[306]窦军生.家族企业代际传承中企业家默会知识和关系网络的传承机理研究[D].杭州:浙江大学,2008:62.

[307]樊景立,梁建,陈志俊.组织与管理研究的实证方法——第五章实证研究的社会与评价[M].北京:北京大学出版社,2008:108.

[308]费小冬.扎根理论研究方法论:要素、研究程序和评判标准[J].公共行政评论,2008(3):23-43.

[309]费孝通.乡土中国[M].上海:上海人民出版社,2007:25.

[310]冯军政,魏江.国外动态能力维度划分及测量研究综述与展望[J].外国经济与管理,2011(7):26-33.

[311]韩荷馨.代际冲突、企业家隐性知识转移与家族企业传承关系研究[D].华南理工大学,2016.

[312]韩维贺,李浩,仲秋雁.知识管理过程测量工具研究:量表开发、提炼和检

验[J].中国管理科学,2006(5):132.

[313]贺小刚,李新春,方海鹰.动态能力的测量与功效:基于中国经验的实证研究[J].管理世界,2006(3):94-112.

[314]贺小刚,潘永永,连燕玲.核心能力理论的拓展:企业家能力与竞争绩效的关系研究[J].科研管理,2007,28(4):141-148.

[315]贺小刚.企业家能力、组织能力与企业绩效[M].上海:上海财经大学出版社,2006.

[316]侯锡林.企业家精神形成:高校创业教育的核心[J].高等工程教育研究,2007(3):31-34.

[317]胡旭阳.民营企业家的政治身份与民营企业的融资便利——以浙江民营百强为例[J].管理世界,2006(5):107-113.

[318]贾生华,窦军生,王晓婷.家族企业代际传承研究——基于过程观的视角[M].北京:科学出版社,2010:62-63.

[319]焦豪,魏江,崔瑜.企业动态能力构建路径分析:基于创业导向和组织学习的视角[J].管理世界,2008(4):91-106.

[320]凯西·卡麦兹.建构扎根理论:质性研究实践指南[M].重庆:重庆大学出版社,2009.

[321]克林·盖尔希克等.家族企业的繁衍——家族企业的生命周期[M].北京:经济日报出版社,1998.

[322]李怀祖.管理研究方法论[M].西安:西安交通大学出版社,2004:260.

[323]李怀祖.我国家族企业的成长与社会资本的融合[D].西安:西安交通大学,2003.

[324]李南,王晓蓉.企业师徒制隐性知识转移的影响因素研究[J].软科学,2013(2):113-117.

[325]李维安.公司治理教程(第一版)[M].上海:上海人民出版社,2002.

[326]李新春,何轩,陈文婷.战略创业与家族企业创业精神的传承[J].管理世界,2008(10):127-140.

[327]李新春.企业家过程与国有企业的准企业家模型[J].经济研究,2000(6):51-57.

[328]李新春.信任、忠诚与家族主义困境[J].管理世界,2002(6):87-93.

[329]李新春.中国的家族制度与企业组织[J].中国社会科学季刊(香港),

1998 年秋季卷.

[330]栗战书.中国家族企业发展中面临的问题与对策建议[J].中国工业经济,2003(3):87-93.

[331]廉德瑰.政治文化与日本内阁"短命"的特性[J].日本学刊,2009(2):47-57.

[332]廉勇,李宝山.中外家族企业前沿理论研究综述[J].财经科学,2006(1):80.

[333]梁建,樊景立.组织与管理研究的实证方法:第十一章理论构念的测量[M].北京:北京大学出版社,2008:237.

[334]林震岩.多变量分析——SPSS 的操作与应用[M].北京:北京大学出版社,2007.

[335]刘刚.企业的异质性假设[M].北京:中国人民大学出版社,2005:181-141.

[336]刘磊磊.基于竞合互动视角的企业动态能力形成及作用机制研究[D].杭州:浙江大学,2008.

[337]柳士顺,凌文栓.多重中介模型及其应用[J].心理学报,2009,32(2):433-435.

[338]陆铭,潘慧.政企纽带民营企业家成长与企业发展[M].北京:北京大学出版社,2009.

[339]罗伯特·K.殷.案例研究设计与方法[M].周海涛,李永贤,李虔译.重庆:重庆大学出版社,2004.

[340]吕福新.家族企业的资源、短缺与理念接续[J].管理世界,2003(12):128-136.

[341]曼弗雷德·维里尔.金钱与权力王国[M].北京:机械工业出版社,1999.

[342]邱皓政,林壁芳.结构方程模型的原理与应用[M].北京:中国轻工业出版社,2009:100.

[343]任丽丽.国外组织间知识转移模式评介与扩展[J].外国经济与管理,2010(11):35-42.

[344]史丽萍,唐书林.基于玻尔原子模型的知识创新新解[J].科学学研究,2011,29(12):1797-1806.

[345]苏静怡.台湾家族型态之中小企业接班问题的探讨[D].台北:交通大学,2007.

[346]孙俊华,陈传明.企业家社会资本与多元化战略:一个多视角的分析[J].科学学与科学技术管理,2009(8).

[347]孙治本.家族主义与现代台湾企业[M].社会学研究,1995(5):56-65.

[348]王明琳.利他行为与家族企业代理关系效率研究[J].财经论丛,2010(1):91-96.

[349]王晓婷.基于家庭视角的家族企业传承研究[D].杭州:浙江大学,2010:42.

[350]魏江,沈璞,樊培仁.基于企业家网络的企业家学习过程模式剖析[J].浙江大学学报(人文社会科学版),2005(3):150-157.

[351]温忠麟,刘红云,侯杰泰.调节效应和中介效应分析[M].北京:教育科学出版社,2012.

[352]温忠麟,张雷,候杰泰,刘红运.中介效应检验程序及其应用[J].心理学报,2004(5).

[353]吴敬琏.我国公司治理结构存在的问题及其完善[J].中国远洋航务公共,2001(7):6-9.

[354]吴明隆.问卷统计分析务实——SPSS操作与应用[M].重庆:重庆大学出版社,2010.

[355]徐萌娜,李建林,王明琳.家族企业隐性知识代际转移研究[J].杭州师范大学学报,2012(3):95.

[356]于彬彬.家族企业接班人的胜任—绩效建模——基于越商代际传承的实证分析[J].南开管理评论,2012(3):61-71.

[357]于飞,刘明霞.我国家族企业代际传承知识转移影响因素分析——一个实证研究[J].科技进步与对策,2013(20):1-7.

[358]余向前,骆建升.家族企业成功传承的标准与影响因素分析[J].江西社会科学,2008(5):102.

[359]余向前,张正堂,张一力.企业家隐性知识、交接班意愿与家族企业代际传承[J].管理世界,2013(11):77-88.

[360]余向前.家族企业成功代际传承方式及其路径:152个样本[J].改革,2008(3).

[361]余向前.家族企业代际传承和制度创新[J].学术月刊,2007(3):96.

[362]余向前.家族企业治理、传承及持续成长[M].杭州:浙江大学出版社,2010.

[363]余向前.家族企业子女接班意愿的影响因素分析:基于温州地区的调查

[J].软科学，2008(8):55-60.

[364]袁安府,潘惠,汪涛.企业家能力提高的途径——企业家学习研究[J].自然辩证法通讯.2001,131(1):48-54.

[365]张兵.家族企业代际传承模式研究[D].杭州:浙江大学，2004.

[366]张建琦,赵文.学习途径与企业家能力关系实证研究[J].经济理论与经济管理,2007(10):65-69.

[367]张维迎.企业的企业家——契约理论[M].上海:三联书店,上海人民出版社,1996:122-123.

[368]张学华,陈志辉.基于"关键事件——解决"的企业家学习模式研究[J].企业经济,2005(2):86-87.

[369]赵晶,王明.利益相关者、非正式参与和公司治理——基于雷士照明的案例研究[J].管理世界,2016(04):138-149.

[370]赵永杰.基于企业家精神的动态能力生成机理研究[D].大连:东北财经大学，2011.

[371]郑伯埙.差序格局与华人组织行为[J].本土心理学研究,1995(3):142-219.

[372]郑兰琴,黄荣怀.与大学生个人发展相关的隐性知识测量工具的研究[J].开放教育研究,2005(3):47-52.

[373]周其仁.市场里的企业:一个人力资本与非人力资本的特别合约[J].经济研究,1996(6):71-79.

[374]周任重,肖丹.创业者知识转移与华人家族企业代际传承[J].科技管理研究,2011(16):178-181.

[375]周志明,张乐江,熊义萍.内外倾人格特质如何影响在线品牌社群中的知识分享行为——网络中心性与互惠规范的中介作用[J].南开管理评论,2014,17(3):19-29.

[376]朱素英.家族企业继任中的企业家精神形成传承研究[M].北京:经济科学出版社，2007.

[377]朱亚丽,徐青,吴旭辉.网络密度对企业间知识转移效果的影响——以转移双方企业转移意愿为中介变量的实证研究[J].科学学研究,2011,29(3):427-431.

后 记

　　企业家隐性知识的研究,尤其是代际转移的企业家隐性知识的研究是一项艰巨而又充满挑战的科学研究。我们可能涉及的部分只是冰山一角,不积跬步无以至千里,希望这项研究能够唤起更多学者的注意,让冰山融化得更快。此项研究是笔者在近几年围绕家族企业持续发展与企业家成长主题的切入口,但因为其科学跨度大、涉及调研范围广、隐性知识难以量化和测量,对于笔者来说是一次难度较大的考验,研究中势必存在诸多不足之处。本研究得到了由余向前主持的 2015 年国家社会科学基金立项课题"基于知识基础观的家族企业接班人成长模式与企业核心能力研究"(项目批准号:15BGL108)、2018 年温州市哲学社会科学规划课题重点项目"温州新生代企业家成长及其对企业动态核心能力影响"(项目批准号:18wsk108)、2018 年温州市统战部专项横向课题"温州市新生代企业家参政议政:政企纽带的建立"、2017 年温州市统战部专项横向课题"温州市非公有制经济人士'青蓝接力'探索与研究"、2018 年温州大学重大科研成果预研课题"代际转移的企业家隐性知识:家族企业持续发展与企业家成长"和 2020 年温州大学浙江省温州人经济研究中心的资金资助,在此本人表示衷心感谢!

　　在完成这项研究的过程中,南京大学商学院博士生导师张正堂教授对本研究进行了精心指导和细致修改,为本研究第 3 章和第 4 章的研究奠定了基础。张老师是一位学术严谨、人品高尚的学者,能够在学术道路上点起一盏灯引导笔者去领略学术研究的博大精深。张老师对笔者的指导改变了笔者很多为人处事的态度,对于学术灵魂的塑造具有深远的影响。另外,温州大学商学院张一力教授对企业家研究的共同爱好使我们在工作上有更多合作的机会,他主要研究的对象是企业家人力资本与区域经济发展。本研究最初温州地区的家族企业接班人调研的牵线人就是张一力教授,通过他的介绍笔者承接了温州市工商联的温商家族企业接班人健康成长的课题,长达半年的主题调研以及后期跟进奠定了此项研究的基础。

在此研究得以全部完成特别需要感谢在研究初期构思阶段得到南京大学多位老师答疑解惑、指点迷津,他们分别是赵曙明教授、刘洪教授、贾良定教授、彭纪生教授、刘春林教授、蒋春燕教授、姜嬿教授、毛伊娜教授;在本研究的数据收集和实地调研工作中,我们得到了温州市委统战部曾翰清处长、蔡文琪处长,温州市工商联陈芳铭书记、周有铭副会长、周志斌副处长及各地区工商联在调研过程中给予的帮助;感谢美国密苏里大学圣路易斯分校工商管理学院的 Dr. Cody Ding、Dr. Gerald Yong Gao、Dr. Gaiyan Zhang 为本研究提出的建设性意见;感谢师门的丁明智师姐对于研究构思阶段给予指导性的意见,我的研究生李小情、潘珍莹参与了研究调查,其中潘珍莹为本研究的第6章做出了重要的贡献,研究生谢娇和翁羽参与了后期出版校对工作,同样予以感谢!

本书的出版主要源自于国家社科基金的资助,在项目结项之后感谢浙江大学出版社对于本书出版给予了大力支持,傅百荣先生、汪萧女士、郑孝天先生做了大量的编辑、校对工作。十年前在浙江大学出版社完成了笔者第一本专著,十年后继续在浙江大学出版社出版专著,十年间很多事情物是人非,但是浙江大学出版社的服务质量没有打折,编辑工作敬业,内容把控能力强,与专著作者沟通依旧是温暖如初,一并再次致谢!

在项目完成之际,笔者也要感谢家庭对我的支持。爱妻——周平心,每天工作辛劳之后还要照顾一家老小,在笔者完成科研工作的同时,对于她来说是一种艰苦的承受和默默的付出,将来能做的事情就是让你和孩子们日子过得更好!感谢父母和岳父母给笔者无私关爱,你们虽已年迈,但还要分担笔者的部分家务,使笔者时刻感受到亲情的温暖。

最后想说一句话:"有你们真好!"

余向前 于自家书房

2020 年 03 月 11 日

图书在版编目（CIP）数据

企业家隐性知识：家族企业持续发展与企业家成长 / 余向前著. —杭州：浙江大学出版社，2020.11

ISBN 978-7-308-20513-9

Ⅰ.①企…　Ⅱ.①余…　Ⅲ.①家庭－私营企业－企业管理－研究－中国　Ⅳ.①F279.245

中国版本图书馆 CIP 数据核字(2020)第 159752 号

企业家隐性知识——家族企业持续发展与企业家成长

余向前　著

责任编辑	傅百荣	
责任校对	郑孝天	
封面设计	周　灵	
出版发行	浙江大学出版社	
	（杭州天目山路 148 号　邮政编码 310028）	
	（网址：http://www.zjupress.com）	
排　　版	杭州隆盛图文制作有限公司	
印　　刷	广东虎彩云印刷有限公司绍兴分公司	
开　　本	710mm×1000mm　1/16	
印　　张	14	
字　　数	244 千	
版 印 次	2020 年 11 月第 1 版　2020 年 11 月第 1 次印刷	
书　　号	ISBN 978-7-308-20513-9	
定　　价	58.00 元	